地方自治史研究の課題と方法

地域公共圏像の相克

石川 一三夫

晃洋書房

は　し　が　き

　　本書は二部構成になっている。第Ⅰ部「村落二重構造論の形成と展開——戦
前戦中から2000年まで——」は、村落二重構造論の歴史を「戦前戦中期」「戦
後改革期」「60年〜70年代」「80年〜90年代」の４期に区分し、様々な視点から
研究史を理論的に整理したものである。第Ⅱ部「大区小区制下の村の自治と内
済——岐阜県可児郡久々利村の『戸長日記』——」は、第Ⅰ部で得た研究成果
を手掛かりに、明治初期の村の自治の実態（その活力）に迫ろうとした実証研
究である。

　　第Ⅰ部が「理論」（課題）に重きをおいているのに対して、第Ⅱ部は「実証」
（方法）に重きをおいている点に本書の特徴があるといえようか。そうした特徴
をふまえ、幾分大きく構え過ぎた観はあるが——理論と実証の高嶺を遥か彼方
に遠望しつつ——本書のタイトルを『地方自治史研究の課題と方法』というこ
とにした。

　　本書のサブタイトルをどうするかについても迷うところがあった。当初は「中
間媒介領域像の諸相」とか「中間媒介領域像の探究」などとしていた。しかし、
最終的には思い切って「地域公共圏像の相克」ということにした。国家と個人
の中間媒介領域としての公共圏（Public sphere）という、多くの研究者が近年共
有しているハーバーマスの概念を援用したほうが、混乱が少なく、本書の論旨
が分かり易いものになると考えたからである。

　　本書においては「地域公共圏像の相克」という点が重視される。本書第Ⅰ部
の村落二重構造論史の展開過程を見れば明らかなように、誰しもが等しく認め
る地域公共圏像というものは存在しない。地域公共圏像はつねに複数存在し、
相克する関係にある。しかも、その相克は学説上だけでなく、現実の村々の内
部にも見られた。たとえば、本書第Ⅱ部で詳述する久々利村の事例が雄弁に物
語っているように、一村の歴史上においても国家的公共圏像と様々な住民レベ
ルの地域公共圏像が併存し、それらが日々相克していたという点が見落とされ
てはならない。

　　しかし、本書の意図は、地域公共圏像の相克関係を一方的に強調することに

はない。地域公共圏像をめぐる様々な人たちの対話可能性すなわち相関関係を
探ること、それが本書の究極の目標となる。

　　2023年 4 月

　　　　　　　　　　　　　　　　　　　　　　　　石川　一三夫

目　　次

は し が き

第Ⅰ部　村落二重構造論の形成と展開
──戦前戦中から2000年まで──

第1章　村落二重構造論の研究意義 ……………………………… 3

第2章　自然村擁護論の展開 ……………………………………… 9
──戦前戦中期の研究──

2.1　自然村観念の形成　（9）

2.2　村落研究の開始　（13）

2.3　村落二重構造論の展開　（16）

2.4　村落二重構造論の深化　（20）

2.5　講座派理論と村落二重構造論　（24）

2.6　補　　　　論──清水三男の自然村落史論　（26）

お わ り に　（28）

第3章　部落共同体解体論の登場 ………………………………… 33
──戦後改革期の研究──

3.1　課題意識の転換　（33）

3.2　共同体再編利用論　（36）

3.3　ムラの前近代性と法社会学　（39）

3.4　二重構造論とファシズム研究　（45）

3.5　部落共同体の再評価論　（48）

お わ り に　（52）

第4章　転換期における村落二重構造論 ……………………… 59
　　　　——60年〜70年代の研究——
　4.1　村落二重構造論の新展開　　(59)
　4.2　村落二重構造の動態的把握　　(62)
　4.3　村落共同体論の新展開　　(67)
　4.4　共同体再評価論の系譜　　(72)
　4.5　共同体再評価論への批判　　(77)
　お わ り に　　(81)

第5章　地方改良運動の研究 ……………………………………… 86
　　　　——60年〜70年代——
　5.1　三つの研究視角　　(86)
　5.2　共同体再編利用史観・人民闘争史観・民衆史観　　(88)
　お わ り に　　(93)

第6章　村落類型論と村規約論争 ……………………………… 96
　　　　——60年〜70年代——
　6.1　法社会史研究の登場と村落類型論　　(96)
　6.2　村規約論争　　(102)
　お わ り に　　(106)

第7章　村落二重構造論の多様な展開 ……………………… 109
　　　　——80年〜90年代の研究——
　7.1　市民主義的発想への転換　　(109)
　7.2　地域的公共関係論の視座　　(112)
　7.3　近代史研究の新展開　　(119)
　7.4　近世村の再発見　　(121)
　7.5　内発的発展論とコモンズ研究　　(123)
　お わ り に　　(129)

目　次　v

第 8 章　総括と展望 ……………………………………………… 134
　　8.1　研究史の総括　　(134)
　　8.2　展　　　望——継承すべき課題　　(140)

第Ⅱ部　大区小区制下の村の自治と内済
——岐阜県可児郡久々利村の『戸長日記』——

第 9 章　大区小区制と戸長役場 ……………………………… 149
　　9.1　岐阜県の大区小区制　　(149)
　　9.2　久々利村の戸長役場体制と士族　　(152)
　　9.3　十人組頭集会と村中惣寄合　　(154)
　　9.4　村の行財政　　(156)

第10章　多様な自治事務 ……………………………………… 161
　　10.1　村田地世話人問題　　(161)
　　10.2　橋　普　請　　(163)
　　10.3　山　境　見　分　　(164)
　　10.4　祭礼・遊日　　(165)

第11章　村　の　内　済 ……………………………………… 168
　　11.1　戸長役場に持ち込まれた事件　　(168)
　　11.2　長之助が他村にて財布の置忘れ　　(169)
　　11.3　老後の養子縁組一件　　(170)
　　11.4　知人の家で財布の紛失一件　　(172)
　　11.5　村の内済の特徴　　(175)

第12章　国政事務の増大と村内の対立 …………………… 176
　　12.1　課題山積の学校関係事務　　(176)
　　12.2　地租改正事業の停滞　　(178)
　　12.3　盆前勘定と村内の対立　　(180)
　　12.4　盆前勘定争論の特徴　　(183)

第13章　戸長役場総辞職と検見嘆願運動 ················· 186

13.1　懸案の累積と戸長役場総辞職　（186）

13.2　検見嘆願運動の展開　（190）

13.3　郷社祭礼届失念一件と検見願の撤回　（191）

13.4　検見嘆願運動と譴責処分の特徴　（193）

第14章　村の合併と制度設計 ························· 199

14.1　合併村の制度設計　（199）

14.2　旧村（組）の制度設計　（201）

あ と が き　（211）

「歴史に学び、歴史を超える」（役重眞喜子）　（213）

参 考 文 献　（219）

人 名 索 引　（227）

第 I 部

村落二重構造論の形成と展開
──戦前戦中から2000年まで──

村落二重構造論の歴史

　村落構造とは何か。「本家分家関係」や「同族結合」「講組結合」といった村落の内部構造を思い浮かべる人が多いであろう。しかし、本書においては、そうした村落の内部構造をひとまず脇におき、たとえば従来「自然村と行政村の二重構造」と表現されてきたところの村落の二重構造に着目する。すなわち、本書が関心を寄せるのは、町村制（1888年）の実施にともなって創設された近代的公法人としての行政村と、その行政村の下に組み込まれた地縁的組織としてのムラ（自然村・近世村・旧村・部落・区・字）との矛盾対立の問題である[1]。ただし、ここでは、村落二重構造そのものを論じるのではなく、村落二重構造論の歴史（研究史）が叙述の対象となる。すなわち、村落二重構造という近代日本に見られた特徴が、研究者の目にどのように映ったかという認識の歴史を叙述すること、それが本書第 I 部の当面の課題である。

　専門分野あるいは理論的立場の相違から、「自然村と行政村」（鈴木栄太郎）という表現に代えて、「実在的総合人と抽象的擬制人」（中田薫）、「生活協同体としての村と行政単位としての村」（戒能通孝）、「共同体的秩序と近代公法人」（渡辺洋三）といった様々な表現がこれまで試みられてきたが、多数の研究者が村落二重構造に理論的関心を持ちつづけてきたという事実は、それ自体が注目すべき現象といえよう。

時 期 区 分

　本書第 I 部においては研究史を大まかに、① 戦前戦中期、② 戦後改革期、③ 60年〜70年代、④ 80年〜90年代の研究動向に区分して叙述する。第 1 に、村落二重構造論はいつ提起され、それはその後どのように批判され継承されてきたか。第 2 に、村落二重構造論は各々の時代のいかなる実践的・理論的課題と結びつき、どのような論点が形成されてきたか。第 3 に、村落二重構造論の形成と展開過程においては、いかなる理論的相克が見られたか。第 4 に、各時代の違いを超えて村落二重構造論に通底する課題意識とはそもそも何であったか。

本書では、主としてこうした問題が時系列に沿って論じられる。[2]

注
1)　本書第Ⅰ部においては便宜上、自然村・近世村・旧村・部落・区・字などを指す用語として、「ムラ」という言葉を使用する。また、正しくは「行政町村」と称すべきかもしれないが、慣用にしたがって「行政村」という言葉で代表させることにした。
2)　あらかじめ次の諸点をご了解いただきたい。第1に、本書第Ⅰ部においては、もっぱら「発想様式」や「課題意識」のレベルが問題にされるのみで、肝心の研究内容に足を踏み入れていないという点である。学問の深奥ともいうべき「理論の精緻さ」や「実証の堅実さ」、あるいは法史学・法社会学・政治史・経済史などの「専門分野の違い」を精査する作業は、ほとんど手付かずのままである。第2に、本書第Ⅰ部の目的はあくまでも時系列にそって研究史を概観することにあるのであって、個々の研究を批判したり、自らの観点を強く前面に打ち出したりすることを課題にしていないという点である。

第1章

村落二重構造論の研究意義

1　二つの視点──実践的課題と理論的課題──

　村落二重構造をどのように理論化するかという問題は、戦前戦後を問わず重要な研究テーマであった。

　村落二重構造論が重要なテーマでありつづけた背景には、第1に、実践的課題との密接な関係が認められる。村落二重構造論の歴史は、単なる抽象的理論史にとどまるものではなく、町村合併・神社統合・部落有財産・入会・水利など、近代日本の農山漁村のいわば死活問題と密接不可分であった。村落二重構造に関する理論が近代史上いかなる役割を果たしたか、いかなる実践的課題に応えたかという観点を抜きにして、その研究史を語るのは抽象的に過ぎるであろう。

　第2に、村落二重構造論が重要なテーマでありつづけたもう一つの理由としては、その理論が有する射程距離の長さという点を指摘しなければならない。村落二重構造論の歴史は、単に実践的課題に関わっていただけでなく、いやまさに実践的課題に深く関わっていたがゆえに、近代日本社会が内包した基本的矛盾に関する一連の論争史と密接な関係にあった。すなわち、これまで村落二重構造論として議論されてきたことの中には、まず戦前の資本主義論争以来の大テーマである「日本の農村における階級支配の二重性」(野呂栄太郎)ないし「半隷農的資本主義」(平野義太郎)といった論点と重なる部分が少なくない。そして、そこにはまた「近代と伝統」「官僚制と共同体」「集中と民主」「制度と意識」など、近代日本における重要な一連の論争史とも交差する部分が見られるであろう。村落二重構造論の歴史を単なる農村史研究の枠内でのみとらえるのは、狭きに失すると考える[2]。

　本書が対象とするのは、そのようなものとしての村落二重構造論の形成と展開の軌跡である。村落二重構造論史の研究意義はおのずと明らかであろう。

2　地域公共圏像の探究

　問題はどのような観点から村落二重構造論史を整理するかであるが、本書においては国家と個人の中間に存在する多様な生活空間に着目する。すなわち、その多様な生活空間を「中間媒介領域」（地域公共圏）[3]——村民が共同で意思決定する連帯的結合の場、すなわち地域住民が地域的公共関係を自治的に形成し展開させる場（Public sphere）——としてとらえ、その活性化と成熟化を図ろうとする近年の議論に学びつつ[4]、村落二重構造論史の整理を試みたい。

　そもそも村落二重構造論の歴史とは何か。それは、町村合併によって、① 国家にも個人にも還元できない独自の機能を有する中間媒介領域としての地域公共圏がいかなる変容を受けたか、② その原因は何か、③ 理想としての地域公共圏はいかなるものでなければならないか、等々を探究しようとした人たちの課題意識の多様な現れ、つまり先学の努力の跡を示すものではないだろうか。近代日本の町村自治史を行政村とムラの二重構造として把握しようとする方法は、一方において官僚制の権力的性格（国家主義）を批判し、他方において資本の一発現形態であるところの寄生地主制の反社会性（利己主義）を批判することによって、国家と個人の中間に存在する媒介領域を理論的に開拓し、そのことによって住民自治に関する理論を豊富化していこうとする問題関心と深く関わっていたと考えられる。村落二重構造論は、中間媒介領域としての地域公共圏をいかに守り育てていくという課題と密接不可分である。

　もしも行政村を官僚機構と同一のもの、ないしはほとんど同一のものとして理解する見地に立つならば、行政村という概念は不要であろう。官僚制の概念だけで十分である。他方、もしもムラを地主制と同一のもの、ないしは地主中心の様々な機能集団に取り込まれることによって地主制とほぼ同一のものに変容したとする見地に立つならば、ムラという概念は不要であろう。地主制の概念だけで十分である。あるいは行政村とムラを同一視し、「行政村＝ムラ」という見地に立つならば、これまた行政村やムラという概念は不要となる。単に「村」という概念だけで十分であろう。すなわち、官僚制と地主制に解消できない中間領域が存在することに意味を見出し、またそこに行政村とムラという二つの世界が存在することを重視しようとする問題意識が存在しなければ、「行政村」「ムラ」という概念は不要であり、したがって両者の二重構造を認識枠組みにする必要はまったくなくなるわけである。

　それゆえに、地方自治論を官僚制論や地主制論に事実上解消してしまうよう

な方法を克服して、両者の中間に存在する領域を様々な視点から開拓すること。そして、そのことによって行政村やムラの中から自発的に展開してくる地域公共圏――村民が共同で意思決定する場――のあり方を探究し理論化すること。それが、明治時代に端を発する村落二重構造論の系譜（研究史）に通底する課題ではなかったか、というのが筆者の一応の見通しである。近代日本においては官僚制と地主制に挟撃されて、人々の自発的連帯が形成する中間媒介領域としての地域公共圏が過小化し、そのことが自主的な存在であるべき地方自治の発展にとって大きな障害になったと考えられるが、そうした現実を見据えた先学の「知」、すなわち学問的軌跡を村落二重構造論の形成と展開の中に読み取っていくことが、本書の課題である。

3　村落二重構造論の4類型

なお、本書においては、多分に入り組んだものになるであろう論旨――地域公共圏像の相克――を少しでも分かりやすくするために、村落二重構造論に関する「発想様式の4類型」を示す図1-1を利用する。

この図1-1は、1888（明治21）年の町村制の理念（タテマエ）を二次元の座標に移し換えたものである。横軸（x軸）が「法律による町村の権義保護」（＝行政村）の評価の強弱を、縦軸（y軸）が「隣保団結の旧慣尊重」（＝ムラ）の評価

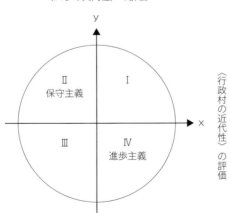

図1-1　発想様式の4類型
出典：筆者作成。

6　第Ⅰ部　村落二重構造論の形成と展開

の強弱を表している。すなわち、x軸プラス方向には〈公法人としての行政村の近代性〉に対する評価が高い理論、つまり町村レベルでの近代化や民主的契機の発展に着目するなど、行政村の展開過程を肯定的に評価しようとする研究が位置する。他方、y軸プラス方向には〈地縁組織としてのムラの共同性〉に対する評価が高い理論、つまり全員一致制の寄合や惣代の輪番制に着目するなど、公務の共同執行・共同負担をはじめ共同労働・山林利用・水利灌漑・冠婚葬祭などに示されるムラの協働性と連帯性を肯定的に評価しようとする研究が位置する。

　したがって、論理上、たとえば「保守主義的発想」は第Ⅱ象限に位置すると考えられる。〈地縁組織としてのムラの共同性〉を評価するが、〈公法人としての行政村の近代性〉を評価しない傾向が強いからである。他方、「進歩主義的発想」は第Ⅳ象限に位置すると考えられる。〈公法人としての行政村の近代性〉を評価するが、〈地縁組織としてのムラの共同性〉を評価しない傾向が強いからである[7]。かくして、x軸y軸プラス方向の第Ⅰ象限には、行政村の近代性とムラの共同性をともに評価しようとする研究が位置し、その対極の第Ⅲ象限には、両者をともに評価しない研究が位置することになる。

　すなわち、町村制を制定した山県有朋ら専制的官僚の地方自治観（ホンネ）は、論理上第Ⅲ象限に位置する[8]。

4　保守主義と進歩主義の対話可能性

　図1-1のメリットは、村落二重構造論の発想様式を4類型化し、相互の共通点と対立点を明確な形で示すことができる点にある。これにより、本書で紹介する様々な地域公共圏像の相克がより明確なものとなろう。

　以下、図1-1を一応の目安として、戦前から2000年に至るまでの村落二重構造論史を概観したいと考えるが、筆者の意図は、各々の発想様式の対立関係を強調することにはない。そうではなく、行政村もムラも一括して官僚支配の枠組みの中でとらえようとする専制的官僚主義的発想（第Ⅲ象限）に対抗するものとしての、諸学説の対話可能性を検討することが、本書の目指すところとなる。すなわち、x軸プラス方向に位置する進歩主義と、y軸プラス方向に位置する保守主義の対話可能性──その究極は図1-1の第Ⅰ象限──への道を少しでも浮き彫りにすること、それが本書の究極の目標である。

注

1) 平野義太郎［1934］第3篇第三節、野呂栄太郎［1954］第二、四の四「要約——日本資本主義崩壊過程に於ける重要なるモメントとしての農村」、参照。また小山弘健［1953］第一章・第二章、参照。

2) 村落二重構造論の研究意義については、松沢裕作も次のように述べている。「日本社会の特質を社会科学的に探究することを試みた研究者たちは、さまざまな側面からこうした村の二重構造について思索を重ねてきた。法学、経済学、経済史、政治学、政治史、政治思想史、歴史学、社会学など多くの学問分野の研究者がこの問題に取り組んだ。問題が研究者の関心を引いたのは、この問題が近代日本それ自体がかかえる二重性（近代的なものと前近代的なもの、資本主義的なものと共同体的なもの、等々）と二重写しにして考えられたからである」（松沢裕作［2016：119]）。

3) 「公共圏」概念は、ドイツの社会学者ハーバーマス（Habermas, J.）が提唱したもので、人々が共通な関心事について語り合う空間（Public sphere）のことを指す。すなわち、政治・経済権力から独立した自立的なコミュニケーション空間、市民社会を支える制度的な基盤のことである。この公共圏概念がハーバーマスによって提唱されたのは1960年代のことであるから（細谷貞雄＝山田正行訳／ハーバーマス（Habermas, J.）［1973]）、本書が研究対象とした村落二重構造論史の大半と公共圏概念との間にはもとより直接の理論的関係が存在しない。また、そもそも「普遍的な読書する公衆」（ドイツ）や「社交界のサロン」（フランス）、「コーヒーハウス」（イギリス）などが舞台となった18世紀〜19世紀初頭における西欧の市民的活動の場、すなわち「小さいが、批判的に討議を行う場」に注目したハーバーマスの市民的公共圏概念（中岡成文［2018：56-58]参照）と、江戸時代のムラ社会の特徴を継承する近代日本の中間媒介領域としての地域公共圏を同一視することはできない。しかし、本書で紹介する村落二重構造に関する諸理論——たとえば戦前戦中期の自然村擁護論や、戦後改革期の部落共同体解体論、60年〜70年代の民主的契機発展論など——が、今日で言うところの公共圏とくに地域公共圏の実現を目指すものであったこともまた否定できないところといえよう。すなわち、正確には様々な但し書きや注記、補足説明が必要になるが、ハーバーマスの公共圏論と日本の村落二重構造論との間には軌を一にした発想が認められる。

4) 金泰昌「今何故、公共哲学共同研究会なのか」（佐々木毅・金泰昌［2002]参照）。同著には、水林彪［2002]、小路田泰直［2002]が掲載されている。このうち水林論文は、一方において「公共たるべき領域が私的な利害によって簒奪される傾向」、他方において「公ないし公共によって私が侵犯されやすい構造」を有する日本的公私観念の特質を分析したものであるが、そうした課題設定は中間媒介領域としての地域公共圏を研究することの重要性を示唆するものであり、学ぶべき点が多い。

5) 辻清明［1976a：209-212]参照。同著に登場する福沢諭吉・徳富蘇峰・陸羯南らの地方自治論が問題にしたのも、近代日本における中間媒介領域の狭隘さということであった（石川一三夫［1995]参照）。図1-1を別の角度から説明したものとしては、拙稿「福

8　第Ⅰ部　村落二重構造論の形成と展開

澤諭吉の地方自治論」（安西敏三・岩谷十郎・森征一［2002：121-124］参照。

6）　『市制・町村制上論』には「隣保団結ノ旧慣ヲ尊重シテ益之ヲ拡張シ、更ニ法律ヲ以
テ都市及町村ノ権義ヲ保護スルノ必要ヲ認メテ」云々という文言（市制・町村制の立法
趣旨）が存在する。前段の「隣保団結の旧慣尊重」が縦軸（y軸）に、後段の「法律に
よる町村の権義保護」が横軸（x軸）に対応する。

7）　論理上、x軸は啓蒙主義的発想の強弱を示し、y軸は歴史主義的発想の強弱を示す、
と見ることもできよう。保守主義と自由主義、歴史主義と啓蒙主義の関係については、
富沢克＝谷川昌幸訳／ニスベット（Nisbet, R. A.）［1990］参照。その他、森博訳／マン
ハイム（Mannheim, K.）［1969］、高橋徹ほか訳／マンハイム・オルテガ（Ortega, y. G.）
［1971］所収の「イデオロギーとユートピア」、石母田正［1952］、樺俊雄［1967］、橋川
文三［1968］所収の「日本保守主義の体験と思想」など参照。

8）　官僚主義的発想、つまり戦前から今日に至るまでの村落二重構造論が対抗しなければ
ならなかった理論は、図1-1のどこに位置づけられるであろうか。図1-1の見方の説
明にもなるので、若干説明を加えておくと、『市制・町村制上論』の趣旨（前掲注6参
照）からすれば、それは第Ⅰ象限に位置づけられるようにも見える。なぜならば、「隣
保団結の旧慣尊重」と「法律による町村の権義保護」を重視するということは、〈地縁
組織としてのムラの共同性〉と〈公法人としての行政村の近代性〉をともに評価する発
想様式を想起させるからである。しかし、その上論の背景にあるホンネ、ないしは運用
の実際を検証してみるならば、官僚主義的発想は第Ⅲ象限に位置づけるのが正しいであ
ろう。たとえば山県有朋は行政村を設置することに熱心であったが、それは〈公法人と
しての行政村の近代性〉を評価していたからではない。町村制が実際に権利義務関係の
体系として展開すること、たとえば行政争訟が頻発することに山県は反対であった。ま
た山県はムラの隣保旧慣に強い関心を示したが、それは〈地縁組織としてのムラの共同
性〉を尊重していたからではない。ムラの共同性を擁護しようとする政策、たとえば部
落有林野の存続に山県は反対であった。かくして、タテマエとホンネの乖離は大きく、
明治時代の山県ら専制官僚の発想様式は、全体として第Ⅲ象限に位置づけることができ
るのである（本書5.2、橋川文三の「地方」擬制論を参照）。宮本憲一や大石嘉一郎も、
山県有朋の地方自治論は「官＝公」「民＝私」という二元論に立って合併町村の公共性
をもっぱら「国家的公共」として設定し、その枠内で伝統的ムラ（隣保旧慣）を支配し
利用しようとするものであったと述べている（本書7章参照）。

第2章

自然村擁護論の展開
——戦前戦中期の研究——

　まず、戦前戦中期の村落二重構造論の主流である自然村擁護論の系譜から見ておこう。自然村擁護論は、全員一致制の寄合や村協議費の共同負担をはじめ、共同労働・山林利用・水利灌漑・冠婚葬祭などに示されるムラの協働性と連帯性を肯定的に評価しようとする理論である。

2.1　自然村観念の形成

　1888（明治21）年に天下り的で輸入模倣的な町村制が制定されると、〈地縁組織としてのムラ〉を擁護しようとする視点から自然村観念の重要性が説かれるようになるが、そうした潮流を代表するものとしては徳富蘇峰や陸羯南らのジャーナリストのほか、とくに南方熊楠と柳田国男の研究が重要である。

1　公共心の衰退と自治事務の不振

　町村制の実施は各地において農民の様々な抵抗に直面し難航するが、論壇においては当初、町村制歓迎論が多数を占めていた。たとえばその一人、徳富蘇峰は町村制実施期に論説「公共心」（1889年）を執筆し、「公共心多き村民の在る村落は、健全なる村落なり。公共心に富む市民衆き市町は、繁栄なる市町なり」とする論陣を張っていた。そこには、自由な国家というものは中央の官吏によってではなく市制町村制、すなわち「自動的なる公共心」によってこそ担われるべきであるとする若き日の徳富蘇峰の気概（平民主義）が込められていた。[1]　しかし、国家と個人の中間媒介領域としての地域公共圏——村民が共同で意思決定する連帯的結合の場——の理想を、近代日本に実現するということがいかに困難であったかは、その後の歴史に照らしても明らかである。

　第1に、〈公法人としての行政村〉の設置にもかかわらず、それが地域住民に支えられた自治体としては容易に発達せず、かえって官僚行政の下請け機関

としての色彩を強めたという問題があった。第2に、徳富蘇峰のいわゆる「官化と私化」、すなわち官僚主義と利己主義の影響を受けて、地方自治の担い手として期待された「田舎紳士」が寄生地主化することによって「堕落」するという弊害も深刻であった。第3に、江戸時代以来の農山漁村のアイデンティティーが否定されて、地縁組織としてのムラの共同性が解体の危機に瀕したという問題も大きかった。かくして、早くも日清・日露戦争後には、町村レベルにおける公共心の衰退と自治事務の不振がくり返し指摘されなければならなかったのが、近代日本の現実であった。そうしたなか、徳富自身、その理論的重心を自然村擁護論（近世村再評価論）へと移動させていく。[3]

2　村落二重構造論の原点

　町村自治の実態に対する批判は様々な形で表明されたが、本書の主題との関係でいえば、日露戦後経営の一環として推進された地方改良運動などの官製的な農村自治振興政策に対する批判が最も重要であろう。すなわち、町村合併の強行と部落法人化の否認のもと推進された部落有財産の統一、神社の統合などの農村自治振興政策は、上記のような町村自治の実態をさらなる官治行政の推進──村民が共同で意思決定する連帯的結合の場のさらなる解体──によって解決しようとするものであったから、当然そこには反対論が起こらざるをえなかった。

　官製的な農村自治振興政策への反対、すなわち江戸時代以来の農山漁村のアイデンティティーが否定されて、従来の農民の生活を支えてきたムラが解体されることに対する学問的な異議申し立ては、まず民俗学の中から現れた。やや肌色は違うが、ともに官製的な自治振興政策に反対した南方熊楠と柳田国男の農村研究がそれである。村落二重構造論のそもそもの淵源（理論的萌芽）は町村制が実施された明治20年代にまで遡るが[4]、学問的な意味での原点としては、それよりもやや遅れて登場した南方と柳田の自然村擁護論を逸することができない（図2‐1参照）。

3　南方熊楠の自然村擁護論

　南方熊楠は、『日本及日本人』に「神社合併反対意見」（1912年）を発表している。これは小社小祠を廃止して一行政村に一社だけを残そうとする神社合祀令（1906年）に反対する、村民の声を代弁したものである。第1に、神社の統

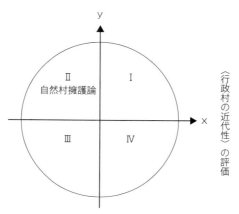

図 2-1　戦前戦中期の自然村擁護論
出典：筆者作成。

廃合による神木・雑木林・下草などの濫伐が、自然を破壊し、地域住民の生活を脅かすものであること。第 2 に、小社小祠の廃止が民間信仰を衰退させるだけでなく、住民が集う公共の場（Public sphere）を奪うことによって地域住民の連帯感を喪失させるものであること。南方はこの二つの点を強い調子で指摘している[5]。

微生物学者であり民俗学者でもあったタフな思想家ならではの、ラディカルな自然村擁護論といえよう。南方が重視したのは、地域の外から押し寄せてくる官僚主義や経済主義に反対し、行政的にも経済的にも自立した固有の歴史を有するムラを、自治の最小単位として後世に残すことであった。ここに学問的な自然村擁護論の一嚆矢を見ることができるが、南方民俗学は村落二重構造論それ自体を理論的に提起していたわけではない。

4　柳田国男の自然村観

これに対して柳田国男は、「作られた村」と「自然に出来た村」の概念を提起している[6]。前者は経済圏の拡大にともない領主が一定地域に新たに住民を動員して作った村のことであり、後者は外部の力によらず「住民の先祖が自身でこしらえた村」のことである。柳田民俗学は、その自生性のゆえに後者の「自然に出来た村」を評価する。

柳田民俗学における「作られた村」「自然に出来た村」という概念は、すぐあとで見る鈴木栄太郎の「行政村」「自然村」と同一ではない。しかし、柳田民俗学が事実上すでに自然村の観念を発見し、行政村よりも自然村の精神を高く評価する視座を確立していたことは、たとえば『日本農民史』中の次の文章からも明らかであろう。

> 我々の農民史に於て取扱はんとする「村」は、今少しはつきりした個体で無ければならぬ。農民の生活に何等かの制限と影響とを、与へ得る力のあるものであらねばならぬ。勿論現在の市町村と云ふ公共団体にも、既に統一せられた意思があり、個々の農人の活動は之を離れて自由に行はれて居るわけで無い。例へば町村農会の指導、補習学校や講習会の教育も、次第々々に生活の様式を改めつゝあるが、しかも久しい過去に遡つて考へて見ると、斯んな仕事の全く無かつた時から、もつと纏まつたもつと強い力を持つた在来の「村」が、今も引続き存在して居るので、我々があの村の人と謂ひ、此村の習はしと謂ふ場合のムラは之を意味して居る。(史料中の下線は筆者、以下同じ)

また、柳田国男「採集事業の一画期」(1935年)には、次のような文章が見られる。柳田は、① 公共団体としてのムラの共同性は町村制などの近代法によって創設・維持されたものではない。② ムラ内部にはもともと共同性を守ろうとする「不文の契約」が存在した。③ 長い歴史をもつムラの共同性の崩壊は大事件であるから、それに代わるべき新たな連帯をムラ内部から創り出していかなければならない、と述べている。

> 村が従来如何なる種類の法則によつて、久しい間その結合を続けて居たかと云ふ問題は、判つても判らぬでもよいといふやうな、軽微な事柄では決してない。町村制が出来てから約50年、人はこの力ゞ一つで、公共団体を統括して居るかの如く、思つて居る者は無いとは言はれぬが、現に郡内には旧大字の対立があり、烏合の移住者の集まつて居る新地には、説くに忍びぬやうな背徳が往々にして公行し、僅かに以前の組織を承継して居る者に於て、ほゞ満足なる生活機能を認められるのを見ても、不文の契約は頹廃したとは言ひながら、まだ暗々裡に其力を施して居るのである。〔中略〕とにかくに住民は法令の条文だけに服従して、その生存を保障されて居るのでは無いやうである。従うてこの輪郭〔村の共同性のこと——引用者注〕の崩壊は大事件であり、もし免れ難くんば是に代るべきものを見つけねばならぬ。

この柳田の文章中には、町村制実施期に盛んに論じられたような近代国民国家の創出といった壮大な構想は見られない。しかし、徳富蘇峰・陸羯南・宇川盛三郎・竹越与三郎らが近代国家の創出期に提起したムラ擁護の思想は確実に継承され、かつ理論的に深みを増していたという点が重要であろう[9]。行政村の成立に先だって存在する自然村の精神〈地縁組織しとしてのムラの共同性〉を高く評価し、その創造的発展の必要性を含蓄ある文章で表現しているところが、柳田民俗学の魅力である。

2.2 村落研究の開始

日本の農村研究者に村落二重構造論の重要性を広く認知させたのは、鈴木栄太郎と中田薫であった。まず鈴木栄太郎の業績から見ておきたい。

1 鈴木栄太郎の「行政村」「自然村」概念

南方熊楠・柳田国男の民俗学においては、その明確な自然村思想にもかかわらず、いぜん自然村の概念が学問的に定義されていたわけではない。自然村の概念を行政村のそれとの対比で明確に定義し、それを最初に体系的に叙述したのは、農村社会学者の鈴木栄太郎である。

鈴木はまず行政村について次のように定義する。① 行政村とは中央機関の指導奨励によって設置された官製集団が累積する地区のことである。② 行政村は江戸時代以来の村の歴史的個性とはほとんど関係がない。③ 行政村は江戸時代の村を人為的に連合したものであるから、自然村に見るがごとき「一つの精神」を保有していない。④ 行政村には自発的な「道義的自治」が生まれない。官製的集団に関連するもの以外には、人々の共同関係が蓄積され深化されるということがないからである[10]。

鈴木栄太郎によれば、行政の対立概念が自然村である。すなわち、自然村は明治維新以前に自生的に形成されたものであり、歴史的個性と「一つの精神」を保有し、自発的な道義的自治の源泉となるべきものであった。非国家的にして非利己的な自然村の理念、つまり〈地縁組織としてのムラの共同性〉が迫害され解体されることを惜しんで、鈴木は次のように述べている。

旧村の中には二つ以上の自然村を含んでいたところもあるようであるが、大体

に旧村は一つの自然村であつたようである。そして現在わが国の農村に存する共同社会的ないろいろの慣行や態度は、みなこの旧村の框のうちに成育したものである。明治以後の行政や一般社会状態は、この旧村の框と共にそのうちに存していたいろいろの共同社会的なるものを迫害して、新しき町村制、及び新しき経済組織に全国画一的に適合せしむるように促進してきたのである。明治以後に町村に加えられた革新は、わが国の農村より自然村を撤去せんとする事であつた。これはわが国の農村社会史上、未曽有の大事件であるという事ができる[11]。

　村落二重構造という理論的枠組みの淵源は、明治20年代の町村制実施期にまで遡る。したがって、村落二重構造論それ自体が鈴木社会学の独創に負うものであったとはいえないであろう。しかし、かの有名な「行政村と自然村」というシェーマによって村落二重構造論を学問体系にまで高めたのは、鈴木が最初であった。それゆえに、鈴木説は村落二重構造論の礎石としての意味を有していたといっても過言ではない。この鈴木説を継承し、批判することによって、村落二重構造論が深化発展していく。

2　中田薫の実在的総合人説

　概念法学が中心であった日本の伝統的法解釈学においては、村落が法的なものとして研究されるということはなかった。しかし、鈴木栄太郎の研究に呼応するかのようにして、法律学の分野においても村落二重構造論の礎石になるような重要な研究が現れた。中田薫の「村の人格」の研究である。

　中田薫は、これまで法学界では問題にされることのなかった江戸時代の村（近世村）を取り上げて、その法的性格を検討している。そして、中田は「第1に徳川時代の村は一の独立せる人格者である。第2に然れども此人格は羅馬寺院法的法人の如く擬制人（persona ficta）では無くして、日耳曼独逸法の Genossenschaft の如き実在的総合人（reale Gesamtperson）である」と結論している[12]。次の3点が重要であろう。

　第1に、「実在的総合人」概念の実体を法令史料や裁判記録などによって明らかにした点である。町村の訴訟が同時に町村民の共同訴訟を意味し、町村の権利義務が同時に町村民の共同権利義務を意味するような関係、すなわち団体としての町村とその構成員であるところの町村人民がいまだ分離せず、単一性

にして複多性を有する法人格が江戸時代の村には存在した、というのが中田説の要点である。

　　要するに村役人と云ひ村寄合と云ひ、一方に於ては各々単一体としての村自身の機關たる機能を有しながらも、他方に於ては複多体としての村民の惣代であり、総会であると云ふ性質を示して居る点に於て、複多的総体としての村に内在する単一性の抽象程度が、尚薄弱であつたことが容易に看取される。従て我村は総合人ではあるが、其組織に於ても又其活動に於ても、常に単一性よりも複多性が勝を占めて居るのである[13]。

　第2に、中田は、日本の町村の法人格は1888（明治21）年の町村制によって新たに創設・付与されたものではなく、江戸時代のそれを継承したものであるとしていた。すなわち、明治維新以後、法律によって町村の固有事務として明言されたところのものは、近代法理論の産物ではなく、江戸時代における村方の自治事務を歴史的に継続したものである、というのが中田説の真髄部分といえよう。中田は自らの村の研究に関して、「維新後の町村は、全く徳川時代に於ける町村そのものヽ歴史的継続に過ぎないものであると云ふことを論証して、以て永く忘却されて居た我固有法の団体観を、再び世人の記憶より喚び起こさんとすることに在る[14]」と述べている。

　第3に、中田は、実在的総合人たる江戸時代の村を一挙に近代的擬制人に変更した町村制の制定に対して否定的であった。中田が江戸時代の村のゲルマン的性格を評価する自然村擁護論者であったことは、次の文章からも明らかであろう。

　　明治21年の町村制が、往時の町村総有地を一挙にして悉く町村専有財産に変更して、其片影をだに剰す所がなかつたことは、頗る急激なる改革であつたと云はねばならぬ。此の如き非歴史的立法が、其当時の政策上果して当を得たるものなりしか、將来に向つても尚之を支持せねばならぬものであるか等の問題を、論議するは本論の主旨ではない[15]。

　中田薫の研究は、法律学の研究対象外に放置されてきた近世村落を取り上げ、それを法的なものとして理論構成した点において画期的なものであった。とくにその実在的総合人説が、入会研究の発展に大きく貢献したことはいうまでもないが、公法の観点から見ても、それが自治体固有説の立場に立っていたがゆ

16　第Ⅰ部　村落二重構造論の形成と展開

えに高い評価が与えられるべきものであった。[16]

　後年、井ヶ田良治は中田法史学を評して、ゲルマニステンでありデモクラットであったと述べている。[17]

3　中田薫説批判と部落有財産の帰属問題

　中田薫の実在的総合人説は、村を構成している単一性のモメントと複多性のモメントという二つの契機——それは鈴木栄太郎の「行政村」「自然村」概念に対応している——を指摘している点において、これまた村落二重構造研究の学問的原点と呼ぶにふさわしいものであった。しかし、中田説には問題が残されていた。それは、法理論上、江戸時代以来の実在的総合人としての村が、町村制の制定によってその性格をローマ法的な擬制人に一変させたと解釈していた点である。すなわち、町村制は日本古来の町村の本質から、複多性を完全に駆除し尽くして単一性のみを残留せしめた点において、日本の町村史上において画期的なものであった、と中田薫は断定している。[18]

　この中田説の結論部分は、部落有財産の帰属問題ないし公有地入会権の性格をめぐって深刻な問題を提起することになった。中田説によれば、ムラが実在的総合人から抽象的公法人へと一変したのだから、従来のムラ総有財産が「町村専有財産」に変化し、入会権の性質もまた町村（抽象的公法人）という他者の所有地を目的とする一種の他物権に変化するのは理の当然ということになり、[19]部落有林野に対する農民の権利が事実上否定されるに至ったからである。

　こうして、中田説を乗り越えて町村の所有に帰した部落有林野に対する農民の権利を擁護する理論が求められたが、この難問に挑戦したのが法社会学や行政学などの分野に見られた研究——末弘厳太郎・福島正夫・徳田良治・戒能通孝らの研究——である。法社会学や行政学の分野における新たな村落二重構造論の展開と、中田説批判は密接な関係にある。

2.3　村落二重構造論の展開

　末広厳太郎をはじめ福島正夫・徳田良治・戒能通孝らの研究によって、村落二重構造論がその後いかに展開したかを見ておこう。

1　末弘厳太郎の入会研究

　中田薫の実在的総合人から抽象的擬制人への進化説は、町村の近代化を法的概念によって論理的に説明するものであったから、亀卦川浩・石井良助など、様々な分野の研究者に継承されることになった。しかし、中田説には、部落有林野の帰属問題などにおいてムラの権利——より正確には零細な小農経営農民の林野利用権——を保護しえない難点があったこと、すでに述べたとおりである。この節では、そうした難点に挑戦しながら村落二重構造の理論化に寄与した研究者の努力の跡を見ておこう。まず、末弘厳太郎の中田説批判である。末弘は次のように述べている。

> かくの如きは実にローマ法流の法人思想と排他的・独占的個人所有権思想との外に Genossenschaft の Gesamteigentum の制度あることを理解し得ない現代我国人の思想を遺憾なく暴露したものたるに過ぎぬ。何故なれば徳川時代の「村」が今日の如き「村」に変つた以上、入会地の「所有権」は村に属し、村民が全体として其上に入会権を総有すると云ふ関係を認めることは少しも変ではない。村民全体が入会権を総有する。何故にその際の村民全体を——ローマ法流の——法人でなければならぬと考へる必要があるか。権利は個人又は——之に擬へたローマ法流の——法人にあらざれば之を所有し得ずと云ふが如き考は、民法施行後十数年の間あやまられたるロマニステン法学が一時吾国にはびこつた時代の夢に過ぎないのである。

　農村内部に現実に存在する入会権の観察をつうじて「生ける法」を発見し、中田説に残る抽象性と観念性を批判しようとしたところに、末弘法社会学の新しさがあった。この新しさを支えていたのは、「明治以来当局者の施し来つた政策は多く輸入的翻訳的であつた」「農村のことは之を農村の人に聴かねばならぬ」とする、末弘の自然村擁護の視点であろう。末弘法社会学が、農村における国家法（近代法）と生ける法（慣習）のズレを指摘することによって、村落二重構造の存在を法学界に知らせたことの意味は大きい。末弘が発見したテーマは、福島正夫・徳田良治・戒能通孝らの戦中期の諸業績を媒介にして、戦後改革期における法社会学の村落二重構造論の新展開に接続していくからである。

　しかし、末弘法社会学においては村落二重構造論の体系的展開は見られなかった。

2 福島正夫・徳田良治の町村会研究

　中田薫説に対する批判は町村会の史的研究という視角からも現れた。地方史料を駆使した福島正夫・徳田良治の町村会研究がその第一着であった。福島・徳田の研究の斬新さは、各地の村役場の倉庫や地方名望家の家に眠っていた村規約・村会規則・議事録などの史料を渉猟して町村会の史的研究を試み、次の点を明らかにした点にある。

　　　古い歴史と伝統とをおび、現実の社会的経済的生活関係において堅く結束された町村の団体的実在は、新たな地方行政の改革によって直ちに動かされるものではなかつた。地方官が旧慣打破にいかに大胆であろうとも、こうした団体性は生活それ自体であり、その人為的な作り変えは不可能である[24]。

　地方に眠っていた町村史料によって従来の研究を乗り超え、ムラの団体的実在性を明らかにしようとする福島・徳田の共同研究は、徳田良治の個人研究へと引き継がれていった[25]。徳田良治の研究の独創性は、明治初年まで継続していた寄合が次第に町村会へと進化したとする中田説を批判して、「町村会は決してわが国旧来の寄合を改造して作られたのではなく、むしろ外来的に移植され寄合とその機能を分担して来たものである[26]」とする町村会移植説を主張した点に認められる。すなわち、日本における寄合（全員一致制）を基礎にして首長の総（惣）代制を採用する実在的総合人と、町村会（多数決制）を基礎にして首長の代表制を採用する抽象的擬制人との間には連続性がない、と徳田は主張したのである。徳田によれば、町村制の導入により町村そのものの法的性格が一変したのは事実であるとしても、その内部構造、すなわち従来の寄合を基礎にした〈地縁組織としてのムラの共同性〉にはなんら影響がなかったとされる。したがって、ムラの寄合で話し合われてきた秣場や入会山の権利関係にもなんら変化は生じなかったというのが徳田の結論で、この徳田説が中田薫説の一角を覆すものであることは明らかであった。

　実在的総合人と抽象的擬制人の概念を区別し、村を構成する単一性と複多性という二つの契機に着目している点において、徳田説は中田説を継承していた。しかし、中田説においては両概念が歴史的進化の関係にあったのに対し、徳田説においては同時並存の関係に読み替えられたのである。中田説が日本の伝統的慣行から西洋の近代的制度への移行を見たところに、徳田説は並行的に存在した東西の原理上の違い（日本のムラの独自性）を見たという点が注目される。

3 戒能通孝の入会研究と生活協同体説

　末弘厳太郎が発見し、福島正夫・徳田良治が一歩深めた村落二重構造論——実在的総合人と抽象的擬制人の並存説——を、より明確な形で展開したのは戒能通孝である。戒能は「生活協同体」概念に力点をおいた村落二重構造論を展開するが、この学説もまた中田薫の実在的総合人説を批判的に継承するところから生まれたものであった。

　第1に、法社会学的方法の強調。戒能は、中田説が主として中央政府の法令や裁判例の文面だけを分析することによって成り立っていることを批判し、「少くとも一歩農村生活の内面に足を踏み入れてみる限り、厳として存在する農村協同体の実在を、全く無視せられている」と述べている。近代法が関知しない歴史的事実としての生活協同体を発見し、それを概念化して法的意味を持たせたところに、戒能説のすぐれた着想が認められるであろう[27]。

　第2に、江戸時代における村の二面性の強調。江戸時代の村には租税の対象となる「行政単位としての村」の側面と、入会や水利の主体である「生活協同体としての村」の側面が一体のものとして存在していたが、両者は理論上区別されなければならない。なぜならば、抽象的公法人化する要素（単一性）を有している前者と、総合的実在人としての機能（複多性）をますます発揮せんとする傾向にある後者との間には、分裂を来たすべきモメントが隠されていたからである。江戸時代の村の行為を見る場合には、それが行政村としての行為なのか、それとも生活協同体としての行為なのか、その間に存在する微妙なニューアンスに留意しなければならない。法令上の文言に「村の行為」と記されているからといって、短絡的に「村の行為＝抽象的公法人としての村の行為」と即断してはならない、というのが戒能説の新基軸であった[28]。

　第3に、先に紹介した徳田良治説と同様、寄合から町村会への移行過程における断絶の強調。戒能は、寄合から町村会への連続的な進化過程を認めず、両者の断絶説を採用している。もともと町村会が旧来の寄合に代わったのは、寄合そのものが継続的に自然的成長を遂げたからではない。そこには官治行政を推進するため、旧来の寄合に由来する全員一致制の慣習を破壊し、多数決原理を強制的に導入しようとする国家の意思が介在していた、と戒能は述べている[29]。

　戒能説の概略には以上のような特徴が認められたわけであるが、そうした生活協同体を大切にしようとする戒能の理論、すなわち〈地縁組織としてのムラの共同性〉を守ろうとする理論には、いかなる実践的課題が対応していたであ

ろうか。それは近世村の総有財産である部落有林野が行政村の専有財産になること——ムラの総有財産の公権的収奪——をいかにして防ぐかという課題であった。旧村の農民を主体とする入会・牧場・水利などに関する部落有財産の権利関係は、町村制の施行によってもなんら影響を受けない、というのが戒能の主張であった。[30]

　幕末から維新期にかけての入会や水利に関する共同組織は、零細な家族労働にもとづく小農経営の農民によって支えられていた。そうした当時の状況を念頭におくとき、部落有財産に対するムラの伝来的権利を守ろうとする戒能説の民衆的性格は明らかである。そして、それは歴史的に形成された中間媒介領域としてのムラの公共性（地域公共圏）に強い関心を寄せる理論でもあった。

2.4　村落二重構造論の深化

　農村経済史研究者の小野武夫と地方財政史研究者の藤田武夫の村落二重構造論も、戒能通孝説と同様、民衆的性格を有しムラの公共性に強い関心を示すものであった。

1　小野武夫の自然村落論

　小野武夫も中田薫説をふまえながら村落二重構造論を展開した研究者である。永小作権の研究者として知られる小野武夫には、農民史観の視点から執筆した『日本村落史概説』（岩波書店、1936年）や『農村史』（東洋経済新報社、1943年）などがあるが、そこでは自然村落史を基調にした村落二重構造論がかなりの頁をさいて次のように展開されている。

(a) 「自然村落」の起源について。自然村落は林産物や水産物などの生活資源に富み、地質気象や水利灌漑などの農業生産条件に恵まれている地域に誕生する。その数は、原史時代以来、上世・中世・近世を経て7万余に及ぶが、そこには「先人が苦心経営の程も偲ばれて、過去の村落人が如何に悠遠の路程を辿り来つたかを想察せしむる[31]」ものがある。

(b) 自然村落の歴史について。江戸時代の実在的総合人としての自然村落は同時に行政村落でもあったが、明治維新後になると町村の抽象的法人化により自然村落から行政的側面が失われて、自然村落は単なる地域集

団に変貌することになった。[32]

(c)　町村制の性格と部落有地の帰属について。町村制には「復古の形跡」
はいささかも見られない。その結果、村落民が原史時代より用益してき
た部落有地の一体両面の性質——法人的性質と複多的総体性——が分化
し、その官有化と民有化が進行した。[33]

(d)　行政村の問題点について。町村制によって創設された行政村は、「自
然発生の聚落地域を無視して新に人為的区域を設けた」ものであるため、
「日本農村の固有文化」と遊離する結果を招くことになった。すなわち、
行政村においては自治意識の健全な発達が見られず、農民の団体たる農
会・産業組合などの成績も期待したほどには挙がらなかった。[34]その結果、
行政村や農会・産業組合に対する官庁の指導監督がますます強化される
という悪環境が進行した。等々。

　このように小野武夫が描く日本農村史は、〈地縁組織としての村の共同性〉
を高く評価している点にその特徴が認められる。小野の農民史観の民衆的性格
は、部落有林野の統一政策に対する批判のなかに端的に示されている。小野に
よれば、行政村強化のために推進された部落有林野の統一政策は、飼料・緑肥・
薪炭などの供給地を奪うことによって、結局のところ零細な小農経営を衰退さ
せ、古来の美風たる隣保共助の経済的源泉を喪失させることを意味した。国家
が農民を動員するときに利用する抽象的な「隣保共助精神」ではなく、中小農
民の立場に立った隣保共助の経済的源泉すなわち物質的紐帯が重視されている
ところが、小野説の特徴である。失われつつある〈地縁組織としてのムラの共
同性〉、つまり歴史的に形成されてきた中間媒介領域の活力をいかにして再生
するかという問題意識がそこに込められていたといえよう。

　小野は自然村落の基盤、とくに部落有林野の意義について次のように述べて
いる。

　　部落民をして協同的に結合せしむるには、部落民を何等かの物質的な繋りに
　　つて結び附くる必要がある。斯る事実によつてこそ最も鞏固に部落の協同性が
　　維持せらるるのである。部落有地の天然資源を確保し、村の総百姓の経済的利
　　益を促進せんとする心理が部落民間に旺盛である時、部落の団体的生活は円満
　　に進展する。村が自然協同体として真に隣保共助の美風を発揮するには実に部
　　落有林野の如き、物質的紐帯を必要とするのである。徳川時代の村落が協同体

22 第Ⅰ部 村落二重構造論の形成と展開

としての機能をよく果し得た原因は、当時未だ個人の生産力低くして協同の力を必要としたことにあつたとは云へ、部落民が部落有林野の如き物質的根拠を持つてゐたからである。斯る効用を有したる部落有林野を明治政府は前に述べたる如き理由を以て一気に統一しようとしたのである。[35]

2 藤田武夫の地方財政二重構造論

　この時期には、本書の主題から見てとりわけ重要な研究がもう一つ存在した。それは中田薫説に導かれながら新たな研究分野を開拓した、藤田武夫『日本地方財政制度の成立』(岩波書店、1941年) である。同書においては、町村財政の二重構造とその問題点が究明されている。いくつか重要な点を抽出しておこう。

(a)　村の財産 (公益) は同時に村民の財産 (私益) であるとされた江戸時代においては、村財政と村民の私経済は未分離の状態にあった。すなわち、「村財政は、村民の私経済から独立した一個の経済体たるよりも寧ろ村民の私経済の総合たる性格[36]」を有していた。

(b)　「総百姓持」であった部落有林野の多数は、地租改正の実施によって官有地・私有地に分化し、それにともなって公私未分化の状態にあった村財政も分化し始めたが、その仕上げは町村制の実施であった。村の財政が住民の私経済とは別個の公財政となるためには、その村が抽象的存在としての公法人格を獲得しなければならないが、これを制度的に完成させたのが町村制である。[37]

(c)　町村制が、抽象的人格者たる町村の財政とその住民の私経済との分離を宣言し、町村と住民の権利義務関係を明記したかぎりにおいて、すなわち両者の一体的な関係が法制的に切断されていた点において、それは財政史上画期的な近代的制度の成立を意味した。財政の個人主義的・自由主義的な編成替えが実現したからである。[38]

(d)　しかし、それは天下り的に設定されたものであったから、必然的に「官製的性格」「輸入的性格」を賦与され、強度の「官治性と画一性」を備えたものにならざるをえなかった。[39] すなわち、伝来の部落協議費財政が町村財政とは別に存続することになり、ここに財政の二重構造が固定化されることになったのである。このことは、部落協議費財政は住民の共同生活に欠かせないものであるが、行政村の財政は住民の共同生活とは

あまり関係がない、とする観念を広く住民の中に定着させることを意味した[40]。

(e) かくして行政村は自治体としての強固な団結を欠き、それは長らく村民生活の中に定着することがなかった。換言するならば、官製的なものとして設置された行政村には、近代的地方自治団体として発達する余裕が与えられず、地方団体住民の共同生活上の欲求充足よりも国家事務の分担を優先させる方向、つまり国家の支援と保護を必然化させる方向が確定することになったのである[41]、等々。

以上が、藤田武夫『日本地方財政制度の成立』の要旨である。そこには住民の側から見た村落二重構造の意味が、財政学の言葉を使ってみごとに整理されているといえよう。近代的制度と前近代的制度の並存とそこにおける矛盾が、いかなる条件のもとに発生し、いかなる機能を果たしながら、いかなる方向に町村の運命を決定づけたかが実証的かつ理論的に整理されているからである。藤田は次のように述べている。

> 部落有林野は、従来自足経済を営みつゝあつた村民にとつては、その生活を維持する上に不可欠のものであつた。それだけに村民は、部落有林野、入会地の利用に於て、村よりの恩恵を深く体得すると共にその村民としての自覚と責任感が、そこに当然強く意識された。用水、溜池、灌漑、防水、備荒等と共に部落有林野は、村と村民を、又村財政と村民の生活を固く結び付ける最も有力な紐帯であつたのである[42]。

藤田がこのように述べたのは、もとより古き良きムラ（近世村）の復活を願ってのことではない。住民の自覚と責任感を基礎にした地方行財政を確立するための、新しい条件を求めてのことであった。

その後、様々な形で引用されることになる「官製的性格」「輸入的性格」「官治性と画一性」などのタームを駆使しながら理論展開している点に藤田説の特徴が認められるが、それらのタームの中には新たに展開することができずに低迷していた中間媒介領域としての地域公共圏の実態が象徴的に表現されているといえよう。藤田の村落二重構造論の中にもまた、戒能通孝や小野武夫らの問題意識と軌を一にする自然村擁護思想、つまり〈地縁組織としてのムラの共同性〉を大切にしたいとする民衆史観的姿勢が貫かれていた（図2-1参照）。

24　第Ⅰ部　村落二重構造論の形成と展開

2.5　講座派理論と村落二重構造論

　ここで日本のマルクス主義、とくに講座派理論における村落二重構造論の特徴を見ておこう。

1　講座派理論の特徴

　本書は国家と個人の中間に存在する多様な生活空間を中間媒介領域（地域公共圏）としてとらえ、その視点から村落二重構造論の歴史を整理しようとするものであるが、日本のマルクス主義とくに講座派理論においても二重構造に対する理論的関心が強かった。しかし、これまで本章で見てきた一連の村落二重構造論と、講座派のそれは問題の立て方がまったく異なるものであった。なぜならば、前者が「行政村と自然村」の対立関係を問題にしていたのに対して、後者は行政村と自然村を一体のものとしてとらえ、その基底をなす「寄生地主制のブルジョア的側面と封建的側面」の二面性を問題にしていたからである。比喩的にいうならば、前者が縦軸にムラ、横軸に行政村を置いて発想していたのに対して、後者は縦軸に「封建的支配」、横軸に「ブルジョア的支配」を置いていたといってもよい。

　たとえば野呂栄太郎は、「地主は、小作農民に対する関係に於て、地主たると共に亦一種の資本家である。だが、彼等が資本家であると云ふのは、農業企業家としてではなく、利子取得資本家としてである。彼等は地主として年貢を強取する。それは本質に於て封建的搾取である。然し、彼等は、その年貢を、資本化された地代たる土地価格の利子として計算する[43]」と述べているが、この文章が端的に示しているように、野呂らが問題にしている二重構造とは町村制の基底をなす支配関係、すなわち「地主小作関係に貫徹する封建的・ブルジョア的支配の二面性」を指してのことであった。講座派の二重構造論は、あるいはまた次のように表現されることもある。

　　外観では、地主対小作人の関係はいかにも自由な貨幣関係＝賃貸関係であるかのようなすがたをとっているが、それは単に伝統的・慣習法的関係をブルジョア法律的概念によって契約化したものにすぎない。かくて、このような実質上の経済外的強制によってはじめて、土地所有者は直接生産者（小作人）からの全

余剰価値を、この通例の形態である地代として徴収することができるのである。[44]

　ここでは、外皮としてのブルジョア的法概念と内実としての封建的搾取関係の二重性が問題にされている。

2　平野義太郎の半隷農的資本主義論

　こうして、講座派的視点からすれば行政村と自然村の二重構造ではなく、「地主小作関係の搾取の二重性」を投影するものとしての村落の二重構造、すなわち封建的にしてブルジョア的な村落支配の二重構造が問題にされることになる。この点にやや詳しく言及しているのは、平野義太郎『日本資本主義社会の機構』（岩波書店、1934年）である。

　この著書は、地方自治制の二重構造に直接言及している数少ない講座派の文献の一つであるが、同著には「半封建的寄生的土地私有が、一つの支配的な制度となった以上、それは一切の政治的支配に自己を組織だてしめねばならない[45]」として、町村制の二重性を位置づけている個所が見られる。すなわち、「半隷農的資本主義」を基礎に、「中央集権的官僚組織の一構成部分」であるとともに「地方における半封建的地主の自治組織[46]」である町村制が制定された、というのが平野の見解であった。「官僚組織」と「地主自治」の矛盾・対立関係ではなく、「官僚組織と地主自治の構造的結合」（抱合）を問題にし、それをトータルに否定しようとしている点が平野の二重構造論の特徴といえよう。

3　講座派理論の位置づけ

　これまで本章で概観してきた自然村擁護論の系譜とはまったく発想の次元が異なるが、講座派理論が村落二重構造論にその後も大きな影響を与えたことは否定できないところである。しかし、その理論のラディカルさにもかかわらず、いやまさにラディカルであったがゆえに、同理論の位相は〈地縁組織としてのムラの共同性〉だけでなく〈法的権利義務の体系としての行政村の近代性〉も評価しない第Ⅲ象限——中間媒介領域としての地域公共圏論が展開されにくい象限、山県有朋らの専制的官僚のそれと真っ向から対立するかに見えて実は同じ象限——に位置づけなければならない（図1-1参照）、というのが筆者の見方である。

　そうした講座派の理論については、のちに大石嘉一郎によって「〔講座派的視

26 第Ⅰ部 村落二重構造論の形成と展開

点では——引用者注〕何故に近代法的形態をもった地方自治制が創設されたかが理解されない」と批判されている。講座派理論は、第1に〈地縁組織としてのムラ〉の半封建性をとりわけ強調していた点において、また第2に〈法的な権利義務の体系としての行政村の近代性〉に対しても、それをブルジョア的欺瞞と断じて条件付きでしか評価していなかった点において、まさにそれは一切をトータルに批判する理論にとどまり、あるべき地域公共圏像を探究しようとする村落二重構造論としては依然未完の域にあったといえよう。

相次ぐ思想弾圧のため、この講座派理論が戦前戦中期において多様に展開する機会はついに与えられなかったが、その「半封建的資本主義論」が——その理論の体系性とラディカル性のゆえに——その後の日本の村落二重構造論に様々な理論的インパクトを与えることになる。

講座派理論が戦後改革期以降の村落二重構造論にいかなる影響を与えたかについては、次章以下でふれる。

2.6 補　　論——清水三男の自然村落史論

近代を対象とする本書の範囲をやや逸脱するが、ここで清水三男『日本中世の村落』(日本評論社、1942年) について簡単にふれておこう。戦前戦後における自然村思想の良き学問的表現をそこに見ることができるからである。[48]

1 村落史研究の重要性

第1に、清水は「農村研究の熱はさめた。しかしそれは農村研究という対象の悪さでなく、方法の悪さがその衰えの原因であった」と述べている。そして、国家を構成する要素としての村落に着目し、村落を通じて国家の形成を見ることの重要性を強調している。第2に、清水は「懐古的に農村生活に残る我々の古い生活を懐かしみ、これを出来るだけ旧態のままに保ちたいという如き希望や努力は、全然無意味ではないにしろ、甚だしく困難」であるとして、いま必要なのは「真に新しい今後の村落の行くべき道に資する研究」であると述べている。第3に、清水は「自己の家族限りの内的生活」にのみ閉じこもって井の中の蛙のように生きるのではなく、「隣保共助の精神」が求められている今日においては、「何が村人の協力を阻むか、何がこれを助けるかを、史的に考察する事が必要である」と述べている。ここでは時局がらか、「国家」とか「隣

保共助」という言葉が使われているが、それが意味するところのものを今日的に表現するならば、中間媒介領域としての地域公共圏論の探究ということになる。

2 自然村落概念の意義

以上のような課題意識のもと、清水三男は中世農村史の研究を精力的に行ったわけであるが、氏が研究の主題にしたのは「自然村落の再発見」ということであった。清水にとって自然村落とは何か。清水は次のように述べている。

> 一体自然村落とは何かと考えれば、難しい問題である。行政的区分でなく、経済的要素を中心とする村民の結合形態としても、その広狭は様々のものが考えられ得る。政治的または経済的権力によって、上から設定された村落形式に対し、村民の現実に作っている集団生活の一単位とでもいうべきものを、主題として考えるのが私の目的である。しかしそれは前述の如く、非自然ともいうべきもの、即ち政治的または経済的な支配の形態とある程度重なり、またその影響を蒙こうむっているのであるから、純粋な形をのみ追求する事は困難である。また現実を求める限り、純な形でなく、現にそうある姿として、色んな力のはたらいている結果の姿を研究して行かねばならぬと思う[49]。

また清水は、「純粋な自然村落はほとんど存在しない。常に政治生活の支配下にある[50]」「自然村落生活は一種の抽象物で、具体的な村落生活は、常に政治的経済的支配の下にあり、即ち荘園や守護地頭の支配の下にあり、純粋に村人の自主自治的な生活は極めて特殊な場合に属する[51]」とも述べているが、このように純粋の自然村というものは存在しないとする清水が、なぜ「自然村落」の研究に精魂込めたのであろうか。言葉を換えていうならば、あえて誤解されるおそれのある自然村落の語を学問的タームとして使用した理由は何か。この点については、後年、馬田綾子が二つの点を指摘している[52]。

一つは、当時の研究状況との関係で、荘園や保の下にひっくるめて村落を論じることへの批判。もう一つは、「自然」という語には、権力的にではなく人々の主体的な意志によって形づくられたという意味合いが込められているという点。すなわち、「個人生活や階級生活でなく、共同生活をのみ取り扱おうとする[53]」清水の研究方法の中には、村落に結集した人々の意志を積極的に評価しようとする意図が認められるのである。上掲の引用文中において清水は、「政

治的または経済的権力によって、上から設定された村落形式に対し、村民の現実に作っている集団生活の一単位とでもいうべきものを、主題として考えるのが私の目的である」と明記しているが、そこには軽く読み飛ばすことのできない確固とした氏の方法論が宣言されているといえよう。

　清水三男の自然村落論にはおおよそ以上のような特徴が見られるわけであるが、そうした発想は、対象とする時代と専門分野こそ異なれ、この章で紹介してきた戦前戦中における先学の業績の中に共有されていたところである。非権力的にして非階級的・非利己的な「自然村落を基盤とする人々の結合」に意味を見出し、そうした人々の結合こそが国民国家の健全な構成要素にならなければならないとする主張が、鈴木栄太郎や小野武夫らの理論にも認められたからである。

おわりに

1　自然村擁護論の民衆的性格

　以上、戦前戦中期における村落二重構造論の系譜を概観してきたが、ここで確認できることは、南方熊楠・柳田国男をはじめ、鈴木栄太郎・中田薫・末弘厳太郎・福島正夫・徳田良治・戒能通孝・小野武夫・藤田武夫・清水三男らは、いずれも自然村の理念——村落に結集した人々の共同生活——を擁護し、それを近代国家の中に生かしていこうとする研究者であったという点である。したがって、彼らの業績は全体として〈地縁組織としてのムラの共同性〉を高く評価する第Ⅱ象限に位置づけることができよう（図2-1参照）。

　彼らが共通して主張したことは、第1に、自然村の基盤である部落有財産を町村有財産と私有財産に分解させる政策は誤りであるという点。第2に、自然村を基盤とする人々の結合、つまり〈地縁組織としてのムラの共同性〉を無視しては、真の村の自治は形成されないという点。第3に、自然村から遊離した官製的・輸入模倣的な行政村においては、ほとんど見るべき自治の実績があがらなかったという点。第4に、そのようなものとしての行政村は、結局のところ国家の監督的・後見的介入を促し、村民が共同で意思決定する連帯的結合の場を破壊するものでしかなかったという点、等々である。

　一般に、幕末～明治維新期に見られた手作地主の段階とは違って、寄生地主制の下における水利や入会に関する共同組織は、地主によってではなく、零細

な家族労働にもとづく小農経営の農民によって支えられていた。なぜならば、土地所有と経営が分離し、小作料収入のみを目的とする寄生地主制下の地主にとっては、水利や入会の組織を直接支配し自己中心的に運用する利益はほとんどなく、その限りにおいて、寄生地主はムラの共同組織から浮き上がった存在になっていたからである。すなわち、寄生地主は〈地縁組織としてのムラの共同性〉そのもの（入会集団・労働組織など）には基本的に関心がなく、耕地整理組合・産業組合などの組織を含むところの行政村を丸ごと、機構的に支配しておればそれで良し、という態度をとることが多かった。そうした寄生地主制が内包する矛盾を見据えるとき、部落有財産に対する旧村の伝来的権利を守ろうとした自然村擁護論が、天下り的な行政村のあり方に反対するだけでなく、寄生地主制のあり方にも異議申し立てをする小農的理論としての性格（民衆的性格）を有していたことは明らかであろう。

2　地域公共圏の活性化を求めて

　戦前戦中期における村落二重構造論は、主として部落有財産・神社合祀などをめぐる実践的課題と密接な関係にあった。したがって、その論点は一見限定されたものであるかに見える。しかし、その論点の背後に存在する課題意識にまで目をやってみると、自然村擁護論の射程距離は意外に長いものであったことが理解できるのである。たとえば戒能通孝は次のように述べている。

> 明治初年の入会地収公政策は、多くの財産を旧来の村落自体から喪失させ、かつ新たなる町村に対してもこれを還附し与えなかつた。その結果旧来入会地の共同収益関係を、一個の有力なる契機として結びついていたところの、村落の精神的団体性が解体もしくは微弱化し、これに代るべきものとして、新たなる町村の精神的団結性を促進させる具体的根拠が失われていたのである。換言すれば明治初期の地租改正に関連した、多くの行政的処分の或るものは、意識的にか無意識的にか、<u>国民の精神的団体生活を、国家と家族のただ二つだけに整頓し、その中間に家族と国家とを連絡する地域的団体組織の存在をむしろ否定</u>⁵⁴⁾<u>した</u>。

　この文章が明確に示しているように、戒能の村落二重構造論には、国民の精神的団体生活が国家と家族（＝個人）という二つの要素に分解されてしまうことへの批判が込められていた。すなわち、明治維新以後の農村政策は、国民生

30　第Ⅰ部　村落二重構造論の形成と展開

活の精神的側面に「平板的平等性」を導入し、「内面的な深み」を欠除させてしまった、と戒能は見る。なぜならば、幼者弱者の扶助ということ一つをとってみても、古い時代にはムラの当然の義務として観念されていたが、いつしか「国家と個人の事業」と決め付けられて、町村はかえってこれを迷惑視するに至ったからである。戒能は「日常生活に於ける団体的共同者意識の発現形態を、家族と国家とに限定するような行き方は、社会生活に於ける人々相互の親密感を希薄化し、これを精神的に掘り下げていくような面を阻害することは確かである」と述べている。[55]

　戒能通孝ら自然村擁護論者が求めていたものは、いわば温故知新の光によって〈地縁組織としてのムラの共同性〉を再生することにあったといえよう。すなわち、国家と個人の間に存在する中間媒介領域としての地域公共圏——村民が共同で意思決定する連帯的結合の場——の活性化をいかにして図るかという近代史上の難問に取り組むことが、戒能ら自然村擁護派の理論的課題であった。

　なお、マルクス主義とくに講座派理論は戦前昭和期の社会科学に大きな影響力を有していたが、村落二重構造論ないし地域公共圏論の探究という観点から見れば、その役割は限定的であった。

注
1)　徳富蘇峰「公共心」、藤原正人編『国民之友』第6巻（明治文献）、109頁参照。
2)　徳富「中等階級の堕落」、藤原編、前掲第11巻、239〜240頁参照。また徳富「地方人士」、藤原編、前掲第17巻、28頁参照。
3)　当時は町村制の規定（第114・115条）により、「町村内の区」（旧村）には特別財産と営造物を所有する権利、および区会または区総会を設置する権利が一応承認されていた。しかし、行政実例や行政裁判例などにより、区の権限には次のような制限が課せられていた。①区の権限は特別財産・営造物に関する事務に限定される、②区は基本財産を設置することができない、③区は起債の権能を有しない、④町村長が町村会の決議を経て部落有財産を処分した場合、区は行政裁判所に提訴することができない、⑤土地・水利・租税などにつき、区が「大字行政ノ共同利益ヲ図ル為メ組合会議体」を組織しても、それは法人としての事業には該当しない、等々。戦前戦中期の村落二重構造論が主として問題にしたのは、ムラの権利擁護の観点から、そうした法的制限をいかにして緩和・撤廃していくかということであった。
　　そうしたなか提起されたのが、徳富の国家有機体説と江戸時代再評価論である［石川一三夫 1995：150-153］。
4)　次の諸点が重要である。①村落二重構造論の淵源は、徳富蘇峰・陸羯南・宇川盛三

郎・竹越与三郎らが論壇で活躍した明治20年代の町村制実施期にまで遡る。②当時に
おいては町村制歓迎論と自然村擁護論がともに主流であった。③すなわち、近代的公
法人たる行政村と伝来の自然村をいかに調和させるかが、明治20年代の理論的課題で
あった。④換言するならば、町村制の実施期においては粗削りながら自由主義的発想
と保守主義的発想がワンセットになって、官僚主義的発想に対抗するという関係が見ら
れた。⑤彼らの議論はいずれも「国民国家の創出」という大テーマにつながっており、
そのさらなる淵源をたどっていけば、1877（明治10）年の福沢諭吉の「治権論」（＝市
民的な地域公共関係論）にまで行き着く、等々。これらの点については、石川一三夫［1995］
参照。

5) 鶴見和子［1998b：354-373］参照。

6) 柳田国男［1969a：178］参照。

7) 同上、171頁。

8) 柳田国男［1969b：526］。

9) 徳富蘇峰・陸羯南・宇川盛三郎・竹越与三郎らの地方自治思想については、石川一三
夫［1995］参照。

10) 鈴木栄太郎［1968：131-132］。

11) 同上、327頁。

12) 中田薫［1938：985］。初出は「徳川時代に於ける村の人格」（『国家学会雑誌』第34
巻8号、1920年）。

13) 同上、1084頁。

14) 同上、1105頁。

15) 同上。

16) 機関委任事務の肥大化が地方自治を極度に圧迫するようになったこの時期、渡辺宗
太郎［1933］や宮沢俊義［1943］などが公刊されている。それらは総じて従来の通説で
ある自治体従属説の妥当性を再確認し、機関委任事務の理論を追認するものであった。

17) 井ヶ田良治は、潮見俊隆・利谷信義［1974］の中で、中田薫を評して、「ゲルマニス
テンたらんとすることは、前近代を再評価するという点で『近代主義』を批判するもの
であると同時に、西洋拝跪から脱却し、日本の固有法を再評価する点で、国民主義的立
場に立つことでもあった」（224頁）と述べて、中田法史学の歴史主義的・国民主義的・
民衆的性格を評価している。また井ヶ田は、「美濃部達吉や末弘厳太郎の仕事とならん
で法律学における市民的成果のひとつとみなすことができよう」とも述べて、中田法史
学の市民主義的性格——正しくは「保守的市民法学者」「保守的自由主義」的性格——
を評価している。本書の図1-1に当てはめれば、中田の村落構造論は〈第Ⅱ象限的発
想〉にして〈第Ⅰ象限志向〉を萌芽的に示した理論でもあったということになる。

18) 中田薫［1938：1102-1103］。

19) 中田薫［1938：788］、戒能通孝［1958：285］参照。

20) たとえば、石井良助［1954：156-157］参照。

32　第Ⅰ部　村落二重構造論の形成と展開

21)　末弘厳太郎 [1924]、近藤康男 [1977：74] に所収。

22)　同上、50頁。

23)　千葉正士 [1956：35]。

24)　福島正夫・徳田良治 [1939]、明治史料研究連絡会 [1956：126] に所収。

25)　徳田良治 [1940] [1942] [1943] 参照。

26)　徳田良治 [1942]、明治史料研究連絡会 [1959：111]。

27)　戒能通孝 [1958：405-406] 参照。

28)　同上、284頁参照。

29)　同上、402〜403頁参照。

30)　同上、405〜406頁。

31)　小野武夫 [1936：370]。

32)　同上、357頁参照。

33)　同上、370〜372頁参照。

34)　小野武夫 [1943：374-376] 参照。

35)　同上、369頁。

36)　藤田武夫 [1941： 9] 頁。

37)　同上、181頁参照。

38)　同上、参照。

39)　同上、227頁参照。

40)　同上、184〜185頁参照。

41)　同上、228頁参照。

42)　同上、35頁。

43)　野呂栄太郎 [1954：223-224]。

44)　小山弘健 [1953：63-64]。

45)　平野義太郎 [1934：257]。

46)　同上、278頁。

47)　大石嘉一郎 [1961：11]。

48)　清水三男 [1996：15-22] 参照。

49)　同上、23〜24頁。

50)　同上、23頁。

51)　同上、279頁。

52)　同上、361〜369頁。馬田綾子の解説、参照。

53)　同上、24頁。

54)　戒能通孝 [1958：510-511]。

55)　同上。

第3章

部落共同体解体論の登場
——戦後改革期の研究——

　戦後改革期の村落二重構造論としては、丸山真男と石田雄らに代表される共同体再編利用論、川島武宜と渡辺洋三らに代表される日本農村の前近代性論などが重要である。それらの研究はいずれも、諸個人の自由や権利が尊重される社会を希求しつつ、村落（部落）の民主化を旗印に〈公法人としての行政村〉の近代化、すなわちその法的な権利義務化を志向するものであった。それゆえに、共同労働・山林利用・水利灌漑・冠婚葬祭などに示される〈ムラの共同性〉に対しては手厳しく批判する点に、その特徴があった。総じて「部落共同体解体論」と称されるゆえんである。

　また、この時期には、蝋山政道や竹内利美らによる〈ムラの共同性〉（とくにその協働性と連帯性）を評価する研究も存在したが、少数派にとどまらざるをえなかった。南方熊楠や柳田国男、鈴木栄太郎らの系譜を継ぐ自然村再評価論が多くの研究者に受け入れられるようになるのは、60年～70年代以降である。

3.1　課題意識の転換

　戦後改革期においては全体として自然村擁護論が後退し、本来自由であるべき諸個人を部落共同体の拘束から解放しなければならないとする部落共同体解体論が主流となった。

1　自然村美化論への批判

　民衆の立場にたった自然村擁護論の主張にもかかわらず、戒能通孝らが期待したような中間媒介領域としての地域公共圏——国家と家族の二要素にのみ分解するのではなく、国民生活の精神的側面に「内面的深み」をもたらす場——を国民の統合化が進む戦中の日本に実現することは困難であり、また危険なことでもあった。戦時体制下において「自然村の精神」を強調し、国家と個人を

媒介する「隣保共助の精神」を美化し高唱することがいかに危険なことであったかは、ここであらためて述べるまでもない[2]。自然村擁護論と自然村美化論はもとより別のものである。しかし、戦時体制下においては、両者の境界線が必ずしも明確とはいえなくなり、学問としての手続きや内実を欠落させたまま、ひたすら過去への郷愁や民族的エゴイズムの発露に陥った権藤成卿らの自然村美化論が高尚されたのも事実である[3]。「或る民族や或る国民にしか理解されないように出来ている哲学や理論は、例外なくニセ物である[4]」と言われるが、そうした俗耳に入りやすい観念的な自然村美化論は戦後、徹底的批判に曝されることになった。

こうして、戦後改革期においては「自然村」という概念自体が否定され、「部落共同体」概念が広く使用されるようになった。すなわち、戦前戦中期は自然村擁護論が主流であったが、戦後改革期は部落共同体解体論が通説的になるという逆転現象が生じた。ムラ社会の横糸である協力連帯関係を評価する理論から、ムラ社会の縦糸である支配服従関係を批判する理論への転換である。「隣保共助」を重視する視点から「個々人の自立」を強調する視点への転換といってもよい（図3-1参照）。

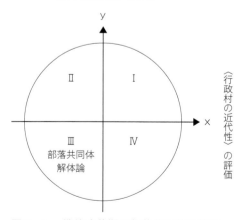

図3-1　戦後改革期の部落共同体解体論
出典：筆者作成。

2　丸山真男の部落共同体否定論

　そうした理論的転換を鮮やかに示しているのは、やはり丸山真男の次の文章であろう。リベラリストの目から見た部落共同体像が含蓄に富んだ凝縮した文言で表現されている。

　　底辺の共同体的構造を維持したままこれを天皇制官僚機構にリンクさせる機能を法的に可能にしたのが山県の推進した地方「自治制」であり、その社会的媒介となったのがこの共同体を基礎とする地主＝名望家支配であり、意識的にその結合をイデオロギー化したのが、いわゆる「家族国家」観にほかならない。
　　この同族的（むろん擬制を含んだ）紐帯と祭祀の共同と、「隣保共助の旧慣」とによって成立つ部落共同体は、その内部で個人の析出を許さず、決断主体の明確化や利害の露わな対決を回避する情緒的直接的＝結合態である点、また「固有信仰」の伝統の発源地である点、権力（とくに入会や水利の統制を通じてあらわれる）と恩情（親方子方関係）の即自的統一である点で、伝統的人間関係の「模範」であり、「国体」の最終の「細胞」をなして来た。[5]

　丸山理論においては、「官僚機構」と「部落共同体」が異質なものとして二重構造的に把握されている。しかし、丸山理論にあってはその対立ではなく、地方自治制と地主制を媒介にして両者がいかにリンク・抱合しているかが問題にされている。また、戦前戦中期においてあれほどまでに維持することの必要が説かれた隣保共助の旧慣や固有信仰の問題が、ここでは個人の析出を許さない要因であったとして批判の対象にされている。そして、かつては農民の紐帯の基盤であるとされた入会や水利の慣行までが、権力的統制の媒体をなすものとして俎上に載せられているのである。

　丸山は、部落共同体的人間関係はいわば日本社会の「自然状態」であるから、上からの官僚化（国家状態）に対する日本的な抵抗形態のモデルを提供していると述べている。しかし、そこからは決して新しい市民的な秩序形成力は生まれない、というのが丸山共同体論の基本命題であった。なぜならば、部落共同体は個々の実感に閉じこもる情緒的紐帯の世界であったから、個人の自由と責任のもとに普遍的規範を形成していこうとする主体的意識が、そこにおいては欠如していると見なされたからである。[6]かくして日本の部落共同体は、戒能通孝らの主張とは異なり、「国体の細胞」つまりファシズムの基盤としての役割を果たした、というのが丸山の結論であった。

3　戦後改革期の通説

　丸山真男の上掲文章中には、リベラリズムの視座から見た戦後改革期における村落二重構造論のエッセンスが明晰に表現されている。以下この章では、戦後改革期の学界と論壇において圧倒的な影響力を有していた丸山理論を継承する政治学と、川島武宜の理論を継承する法社会学を中心に、戦後改革期における村落二重構造論を概観しておこう。

　結論を先取りして言えば、戦後改革期の村落二重構造論の位相は、〈地縁組織としてのムラの共同性〉を否定的に評価して y 軸マイナス方向へと移動し、第Ⅱ象限から第Ⅲ象限へ転換したと見ることができよう。戦後改革期の研究が目指した「近代化」と「民主化」の理念に照らすとき、その活動の中心は x 軸プラス方向の第Ⅳ象限にあったと考えられる。しかし、こと村落二重構造論に関しては、本章で見ていくように——講座派理論の影響を受けて「日本農村の半封建性」を余りにも強調し過ぎたため——勢い第Ⅲ象限が主舞台となった観が否めない（図 3-1 参照）。

　本書においては、戦後改革期の通説を——様々な但し書きや多くの例外、条件付きのうえではあるが——第Ⅲ象限の理論として位置づける。

3.2　共同体再編利用論

　まず、石田雄・大島太郎・阿利莫二の共同体再編利用論から見ておこう。

1　石田雄の戒能通孝説批判

　村落二重構造論にみる戦前と戦後の断絶を明瞭に示しているのは、丸山政治学を継承した石田雄の研究である。

　石田はまず、戒能通孝『入会の研究』（日本評論社、1943年）を批判することから始める。第 1 に、国家と家族の両極だけを残し両者の中間にある「地域的団体生活」の生存が否定されたとする戒能説への批判。地域的団体生活つまり部落共同体は否定（解体）されたのではなく、時代と共にますます再編強化され、国家統合に利用されたと石田は述べている。第 2 に、行政村と自然村を分離してとらえる戒能説への批判。たしかに行政村と自然村の乖離現象が見られたのは事実であるが、このことは決して両者の本質的対立を意味するものではない。地方改良運動などの「似非地方自治の奨励」策によって、両者は容易に妥協し

あう関係にあった、と石田は断じている。[7]

　このように石田雄は、戒能に代表される従来の村落二重構造論を正面から批判する。すなわち、従来の理論においては自然村が美化され、ノスタルジアな評価さえ見受けられたが、現実の自然村は決してそのようなものではない。それは明らかにファシズムの政治構造の基底をなすものであった、というのが石田理論の眼目であった。石田は、「我国においては、しばしば行政村の強化、そこにおける官僚的色彩の濃厚化は、部落秩序の強化とうらはらをなして起って来る。それは部落共同体的関係の中に国民の自発性を擬制的な形ですいあげ、これを真の意味での地方自治にまで政治化させないことが官僚的支配の強化の為に必要だからである[8]」という点をくり返し強調している。また、石田は次のようにも述べている。

> 再編された共同体的な秩序は、単に農村において地主小作間の階級対立を顕在化させないための中和装置であっただけではなく、下からのエネルギーの政治化の契機を断ちきり非政治化しつつくみあげる濾化装置であると同時に、上からの権力的統合と心情的服従をリンクさせる転換装置でもあったという意味で、文字通りわが国におけるファシズム的政治構造の基底を構成していた。[9]

　戒能通孝らが民衆的な団結の基盤として高く評価したムラが、石田の政治構造論においては、階級対立の「中和装置」であり、下からの人民のエネルギーを断ち切る「濾過装置」であるとされる。そして、それは権力的統合を心情的服従に変える「転換装置」であり、ファシズムの政治構造の基底となった、とまで位置づけられるに至ったのである。こうした理論的転換が生じた背景には、近代日本の地域社会には現に民主化のエネルギーが存在していたにもかかわらず、民主化が実現しなかったのはなぜかと問う、戦前戦中の歴史に対する切実な反省が存在した。石田説は一般に「共同体再編利用論」と呼ばれている。

2　大島太郎の村落共同体論

　狭義の制度史としてではなく、政治構造との関係で明治地方制度史を本格的に研究したのは大島太郎が最初である。大島の村落二重構造論は、石田雄らの理論枠組みをふまえつつ、また後でふれる潮見俊隆・渡辺洋三ら法社会学者との共同研究をもとに理論化されたものであるが、それは近代日本の地方自治制が内包した「病理現象」の解明を目的とするものであった。[10]

近代日本の地方自治制が内包した病理現象とは何か。大島によれば、一般に近代においては、公権力を独占する中央集権国家が私的所有権の確立を前提とする「個の自立」社会を基盤にして成立する。しかし特殊近代日本においては、「近代的＝権力的性格」を有する行政村と「封建的＝民衆的性格」を有する部落共同体によって構成される村落二重構造が、国家と個人の中間領域に温存されることになったとされる。すなわち、政治構造が「公権力と個人」あるいは「法の支配と私的自治」という純化された形態では展開せず、そこに様々な病理現象が生じることになった、というのが大島の見解であった[11]。病理現象の最たるものは、法的規制を媒介にした公権力支配が日本社会の底辺にまで浸透せずに、自己の体系を異質な共同体的秩序によって補完せざるをえなかったという点にある。あるいはまた、「農村社会に残存する共同体的秩序にもとづく集団としての部落が行政の底辺にあるために、地方自治法の原理がゆがめられる[12]」という病理現象、すなわち近代法原理の不貫徹という問題も深刻であった。

　このように、村落二重構造の存在が前近代的な病理現象をもたらしたとするのが大島の主張であった。大島説もまた学説史上、「共同体再編利用論」ないし「政治的中間層培養論」として理解されている。

3　阿利莫二の部落会・町内会研究

　共同体再編利用論や政治的中間層培養論を継承した研究者としては、阿利莫二の名も挙げなければならない。阿利の部落会・町内会研究もまた、次の2点を重視していた。第1は、日本における近代的行政能力の貧困のゆえに、地方団体に対する官僚の後見的支配が必要であったという点。第2は、そのため幕藩体制から継承したムラならびに「旧慣」の利用と、政治的中間層の培養と組織化が不可欠であったという点である[13]。すなわち、阿利にとっても村落二重構造とは、「官僚の行政能力の貧困」を補う、「旧慣的性格を帯びた共同体規制＝封建的連帯規制を介した後見支配的行政浸透」のことであった[14]。こうした基本的視点を設定したのち、阿利は村落二重構造の歴史について次のように要約している。

　　すくなくとも内務省の公式態度の面からするならば、明治から終戦に至るまでの期間を大きくわけて二つの段階に画することができよう。すなわち、旧慣の社会的解体化傾向を背景とする旧町村の自治能力の収奪とその地方制度上の地

位の否定による市町村強化を一般的傾向とする明治―大正全期間にわたる前段
階と、部落会町内会等の機能の増大を背景とした「旧慣」の積極的再構成と地
方制度上における部落会町内会の行政補助機関化による市町村強化を一般的傾
向とするその後の後段階とがそれであり、このうち明治末から昭和初頭にかけ
てはその過渡段階を構成するともいえよう。[15]

　阿利は明治から終戦に至るまでの部落会・町内会の歴史を二つの段階に分け、
明治・大正期をその前史、昭和戦中期をその実現過程としている。

3.3　ムラの前近代性と法社会学

　法社会学における村落二重構造としては、川島武宜を筆頭とする潮見俊隆・
渡辺洋三・石村善助・中尾英俊らの研究が注目される。

1　前近代的村落構造への批判

　川島武宜『日本社会の家族的構成』（学生書房、1948年）が刊行されたのは敗戦
後3年目のことである。同書は、日本社会を支配する反民主主義的な家族的原
理に対して「仮借なき反省批判」を求めたものであるが、それが部落共同体批
判を射程内においていたことはいうまでもない。[16]

　川島が『日本社会の家族的構成』を世に問うてから約10年後、渡辺洋三「村
落と国家法」が出されたが、そこにおいても「村落は、いうまでもなく、近代
市民社会の対立物である。そして、村落支配の強さは、民主主義の成熟度に反
比例する。村落支配が強ければ強いほど、民主主義は浸透しない」[17]という基本
認識が示されていた。この渡辺洋三の文章は、戦後改革期における通説がいか
なる視座から村落（＝部落）を観察していたかを、如実に示したものといえよ
う。村落支配が強ければ強いほど、民主主義は浸透しない。これが戦後改革期
の通説的見解であった。〈地縁組織としてのムラの共同性〉を完膚なきまでに
全面否定しようとする視座がそこに見られる。

　本節では、川島が問題提起をしてから約10年の間に、法社会学の分野ではい
かなる村落二重構造論が展開されたかを見ておきたいと思う。当為と存在、規
範と事実の二元構造のあり方を研究する法社会学は、論理必然的に近代法と前
近代的社会とのギャップに鋭い関心をもつ学問であったから、村落二重構造論

とは切っても切れない関係にある。

2 法的制度と社会的規範の二重構造論

　1950年代の後半、潮見俊隆・渡辺洋三・石村善助・大島太郎・中尾英俊らの共同研究の成果が、『日本の農村』（岩波書店、1957年）という形で発表された。この著書の序論（渡辺洋三・潮見俊隆執筆）には、法社会学の立場から見た村落二重構造論が提示されており注目される[18]。

　当時の法社会学にとって村落二重構造とは何であったか。第1に、国家権力によって定立される法的制度と、農村社会の中で実際に生きていた社会的規範との間に存在するギャップのことである。すなわち、国家権力の意思を媒介にして上から制定される法的制度と、農村内部において自生的に下から形成されてくる社会的規範が原理上二重構造になっていることを指す。第2に、純粋の公法関係である地方行政機構の一環としての行政村と、公法と私法が未分化状態になっている現実のムラとの矛盾もまた、村落二重構造と呼ばれた。

　近代国家は原則として公法・私法未分化の封建村落を解体させて、家族・土地などを純粋の私法的秩序とし、行政村については純粋の公法的秩序として把握しようとする。しかし、日本においては明治民法や町村制の制定にもかかわらず、封建的存在であるムラを解体することができなかった。そのため、国家法上否認されていたにもかかわらず「村の掟」（慣習）がムラ内部の私法的秩序に関与する一方、公法秩序たる行政村レベルにおいても近代的法制度と半封建的な慣行（生ける法）の二重構造現象が見られた。戦後改革期の日本の法社会学が俎上に載せたのは、そうした法制度と現実のギャップである。

3 規範主義的発想と啓蒙主義

　こうして、戦後の民主化の課題を担った法社会学においても、必然的に村落二重構造が研究の対象とならざるをえず、そこでは戦前戦中のように「自然」の側から人為（近代法）を批判するのではなく、人為の側から自然を批判する視点への転換現象が見られた（図3-1参照）。総じて戦後改革期においては、当為と存在、規範と事実、理念と実態という二元構造を重視し、前者の立場から後者を手厳しく批判する方法が有力になったといえよう。言葉を換えていえば、法社会学を支えていたイデオロギーは近代主義ないしマルクス主義であったが、両者ともに理想主義（啓蒙主義）の旗幟を鮮明にしていたところに戦後改革期

の大きな特徴が認められたのである。

　そうした戦後の変化に留意しながら、つぎに漁業権・水利権・入会権の研究にみる村落二重構造論の特徴を概観しておこう。

4　潮見俊隆の漁業組合論

　西洋の市民社会の中で形成された観念・論理によって構成される近代法が明治期の日本に継受されたとき、農山漁村の生活様式との間に大きなズレが生じることは避けられなかった。戦後改革期の法社会学が問題にしたのはまさにその点で、「封建的」であった日本の農山漁村の近代化＝市民法化を目指すことがその理論的課題となった。そのためには、まず農山漁村の実態調査を行い、地域社会の民主化を阻むものは何かという点が究明されなければならなかった。潮見俊隆の漁業権の研究は、その一先駆をなすものといえよう。

　潮見は、近代日本の漁村が法的に二重構造を有していたことに関して、概略次のように理論化している。

　(a)　1901（明治34）年の漁業法の公布によって、新たに近代的な法人格論を適用した漁業組合が設置された。
　(b)　しかし、現実の漁業仲間は封建的な内部構造をもつ部落入会団体、つまり旧来の「生活協同体としての村」に他ならなかった[19]。
　(c)　したがって、そこには「ブルジョア的法理論による擬制」（近代的法人）と「封建的漁場利用関係」（生活協同体）との乖離現象が顕著となる[20]。
　(d)　かくして、日本における近代法の制定が漁村において結果したものは、「沿岸の小生産漁業を広汎に維持させ、これを畸型的な日本資本主義の足場としての再生産運動にくみいれる法的な枠[21]」の設定ということであった。
　(e)　すなわち、「ゲヴェーレ的な現実支配を基礎としながら、しかも、概念構成としては、近代的な権利範疇の衣をきせられている[22]」法的二重構造がここに定着することになった。

　このように、潮見は講座派理論をベースにしながら、近代的な物権として認められた漁業権の実態を法社会学的に研究し、外皮としての近代的な法概念と内実としての封建的な漁場利用の矛盾を摘出して、漁村二重構造論を展開したわけであるが、そのねらいが漁村の民主化にあったことはいうまでもない。対

外的には社会性の欠如、対内的には強度の閉鎖性を有する漁村協同体——直接的には網元・船元らに支配され、間接的には魚市場・魚問屋・遠洋漁業会社らの資本に支配されている、零細な小生産漁民が大半を占める協同体[23]——の半封建的構造をいかにして解体するかが、潮見の理論的課題であった。国家の統制や資本の支配を受けない自主的で民主的な漁業組合を設置して、勤労漁民の漁業権を守っていこうとする潮見法社会学のねらいが〈法的な権利義務の体系としての公法人の近代化〉、すなわち中間媒介領域としての地域公共圏の民主化にあったことは明らかである。

5 渡辺洋三の水利組合論

潮見俊隆の漁業権研究と同じ課題意識のもと、渡辺洋三は水利権の研究を行っている。渡辺は『農業水利権の研究』（東京大学出版会、1954年）の中で次のように述べている。

> 町村制の施行とその発展は、主として旧時代の村の持っていた行政機構としての側面と、生活共同体としての側面のうちの、前者の側面に限られること、戒能教授の指摘されるとおりであって、村落の人民の生活の重要な内容を構成する水利等の事業は、あたらしく生誕した法人としての町村ないし町村組合の事業内に組み入れられる性質の事業とは、本来その性質を異にするものであった。したがって、町村制が第2条において「町村ハ……慣例ニ依リ……町村ニ属スル事務ヲ処理ス」と定め、町村または町村の一部あるいは町村組合に用水管理を行う権限をあたえたにもかかわらず、現実には町村制に準拠して創設された水利団体の数は——正確な数字的統計を欠くのであるが——その比重において言うに足りないほど僅かであるにすぎなかったのである。[24]

この文章からも明らかなように、渡辺の研究は、戒能通孝の村落二重構造論を継承しつつ、その意味を転換させたところに成立したものである。「行政機構としての側面」と「生活共同体としての側面」の対立関係を重視するという点では戒能説が継承されていた。しかし、渡辺説においてはその目的が「生活共同体としての側面」を擁護することにはなく、むしろそれを近代法の観念によって批判し否定することにあった。

渡辺も、潮見と同様、近代的公法人は設置されたが、その内実は依然として旧態の半封建的・前近代法的・ゲヴェーレ的・地主的なものであったとする点

に、理論の重心が置かれている。すなわち、河川法が適用されているような大きな河川流水域における「堂々たる公法人としての普通水利組合」の場合でさえも、現実の用水支配者として水利権をその手中に掌握しているのは、「生活共同体としての旧村」（部落）を母体とする「法人格を持たない水利共同体」なのであって、そこには形式的に整備された法制度の理念とその実態との二重構造が存在した、というのが渡辺説であった。[25]

　それでは、渡辺洋三は当時の水利共同体の性格をどのような概念によって把握しようとしていたであろうか。この点においても、戒能説と渡辺説との間には非連続の関係が認められる。戒能説は生活協同体の概念をフラットな内部構成を有するものとして理解する傾向が強かったが、渡辺説はそれを明確に否定しているからである。渡辺は「協同体」ではなく「共同体」という概念を使用しながら、次のように述べている。

　　日本の封建制のもとにおける（そして現在まで生き延びている）水利共同体において、共同体的所有と私的所有との関係は、右に見たマルク共同体におけるそれと同じ性質のものであったろうか。すくなくとも水利秩序との関係において問題を扱うかぎり、日本の水利共同体においては、マルク共同体におけるような、自由な私的所有の主体性を基礎にした・共同体と個人との対抗関係が十分に成立しえたかどうかは非常にうたがわしい。結論的に言うならば、水支配の規制という点では、共同体的水支配は、むしろ、マルクスのいうアジア的所有としての性格を残存させていると言うことができる。[26]

　このように、近代日本の水利共同体を個人の自立性が極度に低い停滞的な「アジア的所有形態」の残存として理解していたところが、当時の渡辺説の特徴である。渡辺は、江戸時代の水利組合の性格について「単一的総体と複多的個別権の組合的結合を有するゲノッセンシャフト的なものであった[27]」と結論した法制史研究者の大竹秀男を批判して、日本の水利組合をドイツ中世のマルク共同体に近づけて理解するのは誤りで、マルクスのいわゆるアジア的生産様式論（アジア的共同体論）によって理論化しなければならないとしていた。[28] この渡辺説の背景には大塚久雄の共同体論、とりわけそのアジア的共同体論が存在した。

6　西川善介の生活協同体概念批判

　潮見俊隆や渡辺洋三も、戒能通孝の村落二重構造論とくにその生活協同体概

念を批判していたが、そうした視点は戦後改革期の研究に広く見られたところである。その例を入会権の研究について見ておくならば、徳川林政史研究所の西川善介が著した『林野所有の形成と村の構造』（御茶の水書房、1957年）が好例となる。

　第1に、西川は、戒能通孝が江戸時代の村に関して、「行政単位としての村」と「生活協同体としての村」が未分化状態のままで「成長のモメントを蔵しつつ眠って居た」としていたことに対して、そのような理解では近世の村の性格を把握することができないと批判している。そして、両者は理論上分離可能であるのみならず、現実に峻別されて存在しており、「しかも例外的にではなしに、ごく一般的な形で生活共同体が存在した」と述べている。

　第2に、西川は戒能の考える生活協同体の概念に対して、「近代的な契約的結合に基づく団体」を推測させると批判している。戒能の見解に従えば、入会地ごとに一個の生活協同体を認めることも可能となるが、そうした理解では身分的地域的性格を有していた封建的共同体の本質を見逃すことになる、とする批判である。[29]

　第3に、戒能の近世村落に対する理解はあまりにも観念的かつ市民的に過ぎるとする西川の批判は、同時に中田薫説にも向けられていた。すなわち西川は、本百姓のみならず水呑・分附・家抱に至るまでが村財産の総有者であったとする中田説は近世村落内部の身分階層制を無視したものであり、受け入れがたいとしている。[30]「実在的総合人」概念（中田説）にしろ「生活協同体」概念（戒能説）にしろ、その最大の問題点は身分的地域的性格を有していた封建的共同体の本質を把握しえない点にあるとする西川の実証研究は、戦後改革期の課題意識を林政史研究に投影したものといえよう。

7　大塚久雄のアジア的共同体論

　ここで、戦後改革期の村落二重構造論に決定的な影響を与えた大塚久雄の共同体論にふれておこう。大塚久雄『共同体の基礎理論』（岩波書店、1955年）には、マルクス（Marx, K.）やウェーバー（Weber, M.）の所説によりながらアジア的共同体について次のような記載がある。

　　(a)　「アジア的形態」の共同体においては「土地」の永続的な私的占取（私的所有）はいまだ「ヘレディウム」という形態でわずかに橋頭保を形成

しているにとどまり、「富」の基本形態たる「土地」の主要部分は「共同マルク」として直接「種族」共同体自身による「共同占取」（＝種族的共同所有）のもとにおかれている。各家族はたかだかそれの個別的利用（＝一時的な私的占有）を許されているに過ぎない[31]。

(b)　このことはまた、共同体の成員諸個人に対する種族的「共同態規制」の圧倒的な強さを意味する。すなわち、個々人は共同体にきわめて強い規制力でもって従属せしめられており、「共同体に対して自立的となることはない」（マルクス）のである[32]。

　上記(a)(b)が、戦後改革期の村落二重構造論に決定的影響を与えた、大塚久雄のアジア的共同体に関する定義である。個々人の私的占取（私的所有）が弱く、圧倒的な強さを有する共同体的規制のもと個々人が従属されていたと定義されている。

　この大塚の共同体論は経済史総論として書かれたもので、資本主義の発生と発展の過程を解明するためには、アジア的形態 → 古典古代的形態 → ゲルマン的形態（封建的）という三つの歴史的過程を整理しておく必要があるとして、まとめられたものである。ところが、その発展の３段階説を並立する３類型説として理解し、その後「村落二重構造下のムラ＝日本の近世村＝アジア的共同体」とする認識のもと、近代日本の農山漁村を共同体的規制がとりわけ強靭な特殊社会として理解する研究者が少なくなかった（第Ⅲ象現的発想）。

　法社会学の立場から漁村社会の半封建性を指摘した潮見俊隆だけでなく、水利組合の歴史と現状を研究し、ムラ解体論を説いた渡辺洋三もその一人であった。

3.4　二重構造論とファシズム研究

　以下、この節では視点を少し移動させて、戦後改革期のファシズム研究に現れた二重構造論を見ておこう。ただし、ここで紹介する藤田省三・神島二郎の理論は村落構造論の枠内におさまるものではなく、むしろ国家論レベルが問題にされている。

1　藤田省三の権力国家・共同態国家論

　まず藤田省三説であるが、それは天皇制国家の構成原理を「権力国家」と「共同態国家」という二つの異質な原理の対抗・癒着として把握し、それが天皇支配のダイナミクスを決定したとするものであった。すなわち、近代日本の天皇制国家の歴史は、「国家を政治権力の装置乃至特殊政治的な制度として構成しようとする」原理と、「共同体に基礎付けられた日常的生活共同態そのもの乃至はそれと同一化できるものとして構成しようとする」原理の対抗・癒着の歴史であったとされる。あるいは、「国家内における社会対立は当然存在すべきもの」と見なす原理（権力国家の側面）と、「国家内における社会対立は本来存在すべきでない」と見なす原理（共同態国家の側面）の対抗・癒着の歴史であったともされる[33]。そして、そうした原理の対抗・癒着の結節点をなしたのが明治地方自治制下の町村、すなわち官僚制的支配装置の一環たる行政村（権力）と「隣保団結の旧慣」（共同態）が抱合するムラであった、というのが藤田理論の概要である。

　行政村と自然村は異質なものではあるが、対抗的であるよりもむしろ抱合癒着の関係にあり、両者あわせて天皇制国家支配に不可欠なものであったとする藤田は、イギリスと日本の地方自治制を比較して次のように述べている。藤田の村落二重構造論——というよりも二原理抱合癒着論——は、近代市民社会に見られた法の支配が日本においてはなぜ脆弱であったかと問う理論でもあった。

> **イギリスに典型的な近代的地方自治が市民社会の一般的価値体系としての法の具体的執行＝行政を担当するものとして展開したのに対して、ここでは個別村落の日常生活における心情と慣習を中核として国内社会を調和せしめようとする。彼にあっては「法」の観念の普遍性に媒介されて、議会＝一般的法の定立と地方自治＝法の具体化という均衡的分業体系が形成され、そこに官僚制は存在の余地を奪われて追放されるが、われにおいては、社会の調停弁は共同体の情緒に求められて、法はその本来の存在理由を喪わなければならないこととなる[34]。**

　日本における法の支配の不貫徹を俎上に載せる研究はこの時期多数見られたが、藤田の場合はその原因を、とくに「個別村落の日常生活における心情と慣習」「社会の調停弁としての共同体の情緒」など、丸山真男と同様、情緒的日本社会の特異性に求めている点が注目される。

2　藤田省三の権藤成卿批判

ここで藤田が戦前戦中期の権藤成卿の自然村美化論を批判していた点にふれておこう。藤田は次のように述べている。

(a)　人為を排して自然に戻るべしとする権藤の「自然而治」説は[35]、具体的生活を重視し抽象的理論を排するものであったから、国家が膨大な専門技術人を作り出して全人格的人間結合（ムラの共同性）を解体することには一応、異議を申し立てる理論であった。

(b)　しかし、それは零細農民が地主や官庁を相手に入会権・水利権・漁業権のために戦うことにも反対する理論であったから、柳田国男らの自然村擁護論とは対立するものであった。

(c)　すなわち、人為一般、規範一般を非難し、普遍的規範精神を否認する点において、そして当為と存在の二元的構造を否定して渾然一如の「自然而治」を高唱している点において、権藤の自然村美化論は自然村擁護論とは異質のものであった。

こうした見地に立ち、官僚主義（国家）や資本主義（個人）に警戒感を示すが、ホンネのところでは地域において法治主義や民主主義が進展することに嫌悪感を抱いていた権藤成卿らの自然村美化論は、ファシズムへの呼び水にならざるをえなかった、というのが藤田省三の結論である[36]。

3　神島二郎の自然村・擬制村論

村落二重構造論の援用によるファシズム研究は、丸山政治学と柳田民俗学を架橋したとされる神島二郎の研究にも見られた。神島は「自然村」概念と「擬制村」概念を対比しながらユニークな説を展開している。

神島によれば、日本社会の基底に存在する「自然村」（第一のムラ）には、神道主義・長老主義・家族主義・身分主義・自給自足主義などの原理が生きていたが[37]、それは天皇制支配の正統性の根拠をなすものであったとされる。これに対して、都市には近代日本の中間層が住む「擬制村」（第二のムラ）が存在したが、そこにおいては社会の単位が家族ではなく個人によって構成され、帰住への愛着、消費的遊民化の傾向、出身地ごとの集団化、過去への回想などの諸特徴が見られた。そして、この擬制村の諸特徴が文武官僚・企業・組合の組織の中にも持ち込まれて、郷党閥・学閥などを中心にした「群化社会」が形成され[38]

48 第Ⅰ部　村落二重構造論の形成と展開

ることになった、というのが神島説である。

　神島は、このように自然村と擬制村を日本近代史の文脈中に位置づけたのち、擬制村について次の点を強調する。すなわち、急速な近代化にともなう社会の流動化によって、第1に、擬制村の中に不適応による不安が顕在化したという点。第2に、故郷回帰や共同体の幻想化など日本浪漫派的なユートピア志向が強くなったという点。第3に、「自然村秩序の回復」というスローガンが唱えられたという点。第4に、かくして、それらの動きが合流してファシズム化を促す要因になったという点、等々[39]。擬制村の否定的側面が本来近代的であるべき諸制度に影を落として、それが近代日本の運命を決定する促進剤になったというのが、神島理論の結論である。

　自然村に対して容赦ない批判を加えた藤田省三説と、自然村への共感をにじませた神島二郎説は、その立脚点が異なる。しかし、二重構造論をファシズム研究に適用している点、および「自然村への回帰」がファシズムの基盤を形成したとする点において、両説には軌を一にしたところが認められるといえよう。

3.5　部落共同体の再評価論

　本章では、ここまで〈地縁組織としてのムラの共同性〉を否定的に評価する理論である部落共同体解体論ないし部落共同体再編利用論を中心に学説を整理してきた。それらの学説は、日本社会の近代化・民主化を図ろうとする観点から、村落に二重構造――近代性と前近代性の併存――が存在すること自体を俎上に載せ、容赦ない批判を加えていた。しかし、それらが戦後改革期における議論のすべてであったかといえば、もちろんそうではない。戦後改革期においても、日本の民主化という新しい同じ地平を展望しながらも、〈地縁組織としてのムラの共同性〉を積極的に評価し、中間媒介領域としての地域公共圏――村民が共同で意思決定する連帯的結合の場――を確保しようとする視点からの部落共同体再評価論が存在した。

　蝋山政道『農村自治の変貌』（農林省農業綜合研究所、1948年）と、渋沢敬三編『明治文化史 12 生活編』（洋々社、1955年）所収の竹内利美論文を取り上げて、戦後改革期におけるムラ再評価論の一端をうかがっておきたい。

1 蝋山政道のムラ再評価論

　まず、蝋山政道『農村自治の変貌』である。この著書は、東京都北多摩郡久留米村や山形県南村山郡堀田村などの農村調査をふまえて「農民自治の運用状況と農民の自治能力」を検証しようとしたものであるが、その序文には、大正デモクラシー期ではなく日露戦後経営期を自治隆盛期として位置づける史観が表明されている。すなわち、蝋山によれば、日本の地方自治制は村是が策定されて立派な村長が輩出した日露戦後経営期に活況を呈したが、その後は中央集権制のもと自治を求める気運が次第に後退し、大正・昭和期には国政遂行のための便利な道具になってしまったとされる。そうした蝋山の歴史認識の背景には、「個々農村の個性を生かし、生きた行政、農村民の心胸にひびくような自治[40]」を実現するためには、今なにをしなければならないかという課題意識が存在していた。蝋山は次のように述べている。

> 　村は忘却された。自治は単なる形骸と化してしまつた。かかる環境には決してつよい意味の郷土愛も、従つて祖国愛も住民の聖霊の中に湧きいでることが無いであろう。村に就いて思考をめぐらし、国に於ける村、村を通じての国に思いをいたすことを少くし、ただ命これ従うの風を醸成するのみである。村は国の構成要因たるよりも国の被創造物となつてしまつた。人材が村にとどまり村につくすことに誇リをもつことの可能性がなくなつたのである。
> 　日本は斯くて今や再び新しく農村自治を建て始めねばならぬ。農村は自己固有の個性と仕事をば自村民の手によつて生かしてゆかねばならぬ。そうして夫れは当然に地方分権の拡大と中央集権の制約を生んでくる。「何処へゆくも悉く同じ」と云うが如き国家は外観は仮に壮麗であつても、それは画一体であって統一体の強靭性をもたない。多元的な構成体の上にたつている統一体こそ初めて統一の意味をもつ。自治の促進はかかるものでなくてはならぬ。[41]

　蝋山は戦後期の農村調査を経て、「村は忘却された。自治は単なる形骸と化してしまつた。かかる環境には決してつよい意味の郷土愛も、従つて祖国愛も住民の聖霊の中に湧きいでることが無いであろう」と慨嘆している。「何処へゆくも悉く同じ」というような国家であってはならない。近代国家は自治的にして多元的な統一体でなければならない、というのが蝋山の立脚点であった。

　この蝋山の農村報告書が書かれたのは、川島武宜『日本社会の家族的構成』（学生書房、1948年）が出版された年である。民主主義の実現を求めていること

において、両論文は同一方向を目指していた。しかし、部落共同体をどのように評価するかという点では、真逆とはいわないまでも、相当の開き——地域公共圏像の相克——があること明白である。農村に対して仮借なき批判を加えてその解体を図るのではなく、村落共同体の個性を尊重して、それを多元的民主国家の構成要素にしたいというのが蝋山の基本戦略であった。まさにそうであったからこそ、蝋山は川島らとは対照的に、マッカーサーの指令による部落会廃止政策に異議を唱えて、次のように述べていたのである。

> 部落は又大字とも区ともいうのであるが、今日まで農村自治政上において、多くの自治事務、委任事務を分担し、重要な地位を占めてきたのである。今年三月、末端行政機構である、町会、部落会が廃止されたことは、従来この部落が、自治行政上に占めてきた関係が余りに大きかつただけに、農村自治政運用上に、大きな打撃を与えているのである。農村の現状はこの部落組織の復活か、乃至はその変形としての存続を熱心に要求しているといえよう。また末端行政組織としては廃止されても、社会生活上の一単位としては未だ死滅してはいないのである。むしろ伝統的な社会単位として鞏固な生命力を維持し、農村自治上、有力な働きをなしつつあるのである。[42]

　ここには、戦前戦中期における自然村擁護論と軌を一にする問題意識が見られるであろう。蝋山は部落の生命力の強さについて、「この部落制度の法制上の地位は必ずしも明確でないにも拘らず、部落内には各種の自治的団体又は仕組みが独創的に生まれていた[43]」と述べている。そして蝋山は、戦後においても部落が実力を発揮している証左として、第1に、農地委員会・食糧調整委員会・実行組合・氏子会などの基礎単位が部落内に存在していること、第2に、部落会の廃止指令にもかかわらず様々な創意工夫によって部落会の温存策がとられていることを指摘している。要するに、日本の民主化を進めていくためには部落組織——仮にそれが「個性や人格の自主性」に欠ける非合理的なものであったとしても——の実践力に依拠しなければ一歩も前進することができない、行政村の努力だけではとても不可能である、というのが蝋山の主張であった。[44]

2　竹内利美の村落二重構造論

　蝋山政道の農村調査は農林省の企画で実施されたものであったから、その主張にはあるいは一定のバイアスが認められるかもしれない。しかし、部落共同

体の生命力を再評価しようとする視点からの村落二重構造論が決して学界の孤児でなかったことは、渋沢敬三編『明治文化史 12 生活編』の存在によっても明らかであろう。竹内利美が執筆した同書第 8 章には、かなりの頁を割いて「住民の生活」の側から見た村落二重構造論が展開されている。[45]

(a) 第 1 に、町村制は「旧慣の尊重」を謳っていたが、実際には西洋近代の地方自治制の翻案という色彩が濃いものであった。

(b) 第 2 に、町村制によって行政村が設置されたが、それは集落——竹内は集落という言葉を使用している——の協同生活における内部的な問題を黙殺するものであった。また住民の間にも、集落内部の協同生活の改良を行政村に期待する動きはほとんど見られなかった。

(c) 第 3 に、行政村と旧来の集落との関係についての政策が不斉一であり、不明確であった。そのため、集落の結合基盤をなす共有山林・漁場・用水・鎮守祭祀・檀那寺などの重要問題が近代的法制度の枠外に置かれ、行政村レベルでの公共性を獲得するには至らなかった。

(d) 第 4 に、かくして、公法的規制の外に置かれた旧村内部の自治組織が、かえって行政村への対抗意識を強めて再編強化されるという、皮肉な現象が各地で見られることになった、等々。[46]

とくに竹内利美が、行政村が設置されたことによってかえってムラ（集落）内部の団結が強まり、自治的活動が活性化したとしている点は注目されてよいであろう。竹内は村落二重構造下のムラの自治的活動力の強靭さについて、次のように述べている。

村落生活内部の協同に関する問題は、ただちに新村全般の自治の課題とはなりがたく、ただ全般あるいは大部分のものに共通する問題のみが、とりあげられるにとどまった。即ち行政的機能は新村の当事者に全く移り、自治的機能は慣行的存在としての旧村の統率者の手に委ねられたと、きわめて大まかには、とらえることができよう。新自治行政村の発足と相関して、旧村の基盤となっていた集落（区・部落・耕地・組・字・フレ・木戸・カイトなど雑多な名称をもつ）が、規約をつくり、あるいは申合せをおこなって、その体制をととのえる動きが、ひろくみられたのも、実は協同生活の運行のために、それが必要であったからにほかならない。関西地方などで、新村をソン、旧村をムラと呼びわけている慣習も、そのような事情を反映しているとみてよい。[47]

竹内にとって村落二重構造とは、「行政的機能をもつ新村」と「自治的機能をもつ旧村」の単なる並存ではなく、条件次第では再生産・拡大されるかもしれない根強い対立を意味した。まさにそれゆえに竹内は、合併による行政村の誕生を機に、行政村の権限との間に明確な一線を画そうとする村規約——旧村の住民総体の名において集落内の協同生活に関する諸事項を自治的に処理していこうとする村規約——が、各地で多数制定されたことの意味をとりわけ重く見ていた[48]。なぜならば、集落というものは、行政村の設置によってすぐさま行政村化されるような脆弱なものではなく、部落共有林・地先漁場・用水慣行・神社寺院などを基盤にした結合によって生命力を維持しつづける強靭な存在であったことが、そこに示されていたからである[49]。

竹内利美の村落二重構造論——地域公共圏像の探究——は、先の蝋山政道の見解に一脈通じているだけでなく、戒能通孝・小野武夫・鈴木栄太郎、さらには柳田民俗学にも接続しているといえよう（図2-1参照）。しかし、〈地縁組織としてのムラの共同性〉を再評価しようとする蝋山政道や竹内利美の村落二重構造論が、「部落共同体の解体 → 自発的結社の創出 → 日本の民主化」という論理を重視した戦後改革期の通説的見解と相容れないことは明らかであった。

部落共同体再評価論が論壇・学界において受け入れられるようになるのは、60年〜70年代になってからである。

おわりに

1　部落共同体解体論の特徴

戦後改革期における村落二重構造論については、次の諸点が重要である。

第1に、戦前戦中期の研究においてはムラ社会の横糸である協力・連帯関係を理論化する研究が中心であったが、戦後改革期においてはムラ社会の縦糸である共同体的な支配服従関係を理論化しようとする研究が重視されるようになった。その結果、村落二重構造論の意味するところも大きく変化し、戦前戦中期においては自然村擁護論が主流であったが、戦後改革期においては部落共同体解体論——官僚制と地主制によって再編された前近代的なムラの解体論——が主流になるという理論的転換が生じた。

第2に、この戦後改革期の研究を主導したのは丸山真男・川島武宜・大塚久雄をはじめ、石田雄・大島太郎・阿利莫二・藤田省三・神島二郎・潮見俊隆・

渡辺洋三らである。この時期、日本社会の近代化と民主化を目指す多彩な研究者が輩出し、精力的な研究活動が展開された。リベラリズムないしマルクス主義による村落二重構造論の最盛期といってもよい。

　第3に、そうしたなか、戦後改革期における村落二重構造論の戦略目標は、部落共同体を解体して多数の自発的結社（Voluntary association）を創出し、それを媒介にした民主的な公法人（地方公共団体・公共組合・営造物法人）や各種の任意団体を設立することにおかれた。民主的な公法人や各種の任意団体などの自発的結社が有効に機能する地域社会が形成されれば、部落共同体が解体して個々人が析出され、それが民主主義国家の活力を支える不可欠の基盤になると期待されたからである。

　第4に、かくして、戦後改革期における理論的戦略目標に照らすとき、この時代の学問的気運が全体として「近代化」「民主化」を目指す〈第Ⅳ象限志向〉にあることは明白であった。しかし、諸悪の根源と見なした部落共同体の改編・解体を急ぐあまり、〈地縁組織としてのムラ〉内部から自生してくる民主化の動きや、それに照応して展開される〈法的な権利義務の体系としての行政村〉レベルでの民主化の動きを正当に評価することができず、そのため、こと村落二重構造論に関してはx軸マイナス方向の〈第Ⅲ象限的発想〉にとどまる理論が少なくなかったという点が見落とされてはならない（図3-1参照）。後年、宮本憲一や大石嘉一郎が戦後改革期の通説、たとえば丸山真男の理論を評して、「明治官僚の理念を、そのまま無批判的に理論化したものにほかならない」と批判している（本書7.1、7.2参照）。

　第5に、他方、戦後改革期においても蝋山政道や竹内利美など〈地縁組織としてのムラの共同性〉を積極的に評価しようとする研究（第Ⅱ象限志向）が存在した（図2-1参照）。すなわち、この時期においても地域公共圏像をめぐる相克が見られたが、その相克はあくまでも学界や論壇の一部にとどまるものであった。当為と存在、規範と事実、理念と実態という二元論の観点に立って、前者から後者をきびしく批判するという「啓蒙主義的発想」（進歩主義）が主流を占めた戦後改革期においては、多元的にして複合的な共同体のあり方や民俗に関心を寄せる「歴史主義的発想」（保守主義）を受け入れる気運に乏しかったからである。

2　戦前と戦後に通底する課題

　このように、戦前戦中期と戦後改革期の間には発想上に大きな転換が見られ、そのかぎりで両者は断絶していた観がある。しかし、そこでの議論の内奥にまで立ち入ってみるならば、官僚制と地主制の挟撃によって狭隘化した中間媒介領域（地域公共圏）をいかにして再生するかといった難問に挑戦しようとしていた点において、両者の間には共通項が見受けられるのである。すなわち、戦前戦中期の理論は歴史的産物であるムラなどの自生的共同体（自然）を評価し、戦後改革期の理論は法的な権利義務の体系としての公法人などの理念（人為）を評価していたという点で、好対照をなしている。しかし、両者ともに官僚的中央集権主義に対する抵抗体としての「中間集団」の役割を理論上とくに重視していた点で、通底したところが認められる。

3　自発的な中間集団・機能集団の役割

　南方熊楠や柳田国男らの民俗学だけでなく、実在的総合人説を唱えた中田薫の法史学、「自然村」観念を提唱した鈴木栄太郎の社会学、「協同体としての村」観念によって農民の入会訴訟を支援した戒能通孝の法社会学など、戦前戦中期の自然村擁護論が中間集団としてのムラを重視する学問であったことについてはすでに述べたが、視点こそ異なれ、そうした中間集団を重視しようとする研究それ自体は戦後改革期にも継承されていた。たとえば、丸山真男らが、あれほどまでに部落共同体における「情緒的・直接的結合態」を批判し、個人の自由と責任のもとに普遍的規範秩序を形成していくことの必要を説いたのも、また潮見俊隆・渡辺洋三らが漁業組合や水利組合の前近代性をきびしく批判し、福武直が村落の機能機関化を提唱したのも、自発的な中間集団ないし機能集団の役割を高く評価してのことであった。福武は、部落共同体の解体は日本民主化の成否を左右すると述べたうえで、部落を民主化していくためには「部落の平和と団結」という殺し文句が無力になるような方向が考えられなければならない、と強調している。すなわち、部落が単なる地域社会団体として単純化され、その機能が農事実行組合・消防団・婦人会・青年団などに分化されて、それぞれの機能集団が自律することが日本民主化の大前提である、というのが福武の基本認識であった。

　こうして、自発的な中間集団・機能集団の存在は、国家と個人の間に存する中間媒介領域としての地域公共圏——村民が共同で意思決定する連帯的結合の

場——を活性化させ、そのことによって多様な民意のルートに支えられた民主主義国家を実現することが可能になる、とする戦後改革期の定説が確立したのである。[51]

4　前近代性過大評価の反省

　しかし、戦後改革期が「逆コース」期に入ったといわれる50年代になると、自然村擁護論か部落共同体解体論かといった形での争点は、その抽象性と限界を露呈するようになった。なぜなら、農地解放によって部落共同体が地主制の制約から解放され、そのかぎりでは前近代性が払拭されたにもかかわらず、また新たに「エージェント」が地域社会を支配する構造が浮かび上がってきたからである。[52]ここでエージェントとは、あらゆる近代的公法人や各種の任意団体の役職を独占して公的機関の中央官庁下請け化に貢献し、地方自治の活性化を阻んでいる「地域有力者」のことである。彼らは戦前戦中期に実力を蓄え、戦後改革期における民主化の波に乗って台頭してきた地域の末端指導者層であるが、彼らが一定の影響力を有した背景には官僚・議員・資本の三位一体が存在した。すなわち、地域の民主化の一環として論じられるべきは、単なる前近代性や半封建性をめぐる問題でないことが今や明らかであった。寄生地主制を解体すれば問題が解決するわけではない。地域における「国家的公共」と「住民的公共」とのせめぎ合いは、地主制解体後も依然継続される。

　こうして、近代日本の村落構造を問題にする場合にも、すべてを寄生地主制論に還元するのではなく、また寄生地主制と官僚支配の抱合関係論に帰するのでもなく、国家と個人の中間媒介領域としての地域公共圏（住民自治）の重要性に着目し、もっと動態的に理論構成しなければならないとの反省が生じることになった。

　以下、60年～70年代の研究動向を見ておこう。

注
1)　戒能通孝［1958：510-511］。
2)　自治制50周年記念式典の挙行日（1938年4月17年）に公刊された小冊子、国民精神動員中央連盟『国民精神動員実践網要綱』には、「茲に国民精神動員実践網ノ完備ヲ図リ、縦ノ伝達系統ヲ明カニシ、横ニ地理沿革ニ基ク住民ノ集団的結束ヲ固メ我ガ国古来ノ旧慣タル隣保協同、相互教化ノ美風ヲ発揚シ、以テ此ノ時局ニ対処スルト共ニ地方自治運

営ノ根基ヲ鞏固ナラシメントス」とある。この小冊子の意図は、伍人組・什人組・隣組・隣保班を基礎単位とした部落会・町内会を基盤にして、「上意下達」「下情上達」による挙国一致体制を固めることにあった。

3) その一例は、権藤成卿［1932］であろう。同書は「生民の自治に任せ、王者は唯だ儀範を示して、之に善き感化を与ふるに留むる」という自治主義、すなわち治めるのではなく「自然に治まる自然而治」を理想としていたが［権藤成卿 1973：46-47］、そこには次のようなことが書かれている。「欧米の個人観に即せる法制の模倣を以て、市町村制の條規を編した為め、共同自治の成俗は冷然一擲され、悉く之を個人化即ち法人となし、而も其自治体の共同権能は、之を地方分権の一部として、政府より之を付与するとの申渡であつた。本と我古俗の自治結束は、民衆の共同生活を基礎として発達せしものなれば、其個人区区の競利動作に依り、共同の福祉を侵害することは、絶対に之を排斥せるものであつた。」（同209〜210頁）。

4) 戸坂潤［1977：153］。自然村美化論などに対する批判については、第1編六「ニッポンイデオロギー」参照。

5) 丸山真男［1961：45-46］。初出は『岩波講座 現代思想 第11巻』（1957年）。

6) 同上、51〜52頁。

7) 石田雄［1954：114-116］参照。

8) 石田雄［1959：70-71］。

9) 同上、64頁。

10) 大島太郎［1968：11］参照。

11) 同上、7〜15頁参照。

12) 潮見俊隆・渡辺洋三・石村善助・大島太郎・中尾英俊［1957：48］。

13) 阿利莫二［1959：165］、鵜飼信成・福島正夫・川島武宜・辻清明［1959a］所収、参照。

14) 同上、173〜174頁参照。

15) 同上、168頁。

16) 川島武宜［1948：3、22］など参照。部落共同体解体論ないし共同体再編利用論は、明治末から大正期にかけての各種調停法の導入に関する川島武宜の記述の中にも見られる（川島武宜［1967：166-178］ほか参照）。

17) 渡辺洋三［1960：204-205］。

18) 潮見俊隆・渡辺洋三・石村善助・大島太郎・中尾英俊［1957：6-9］参照。

19) 潮見俊隆［1951：40-41］参照。

20) 「ブルジョア的法範疇」「ブルジョア的法理論による擬制」については、同上15頁、20頁など参照。

21) 同上、37頁。

22) 同上、41頁。

23) 同上、5〜6頁参照。

第 3 章　部落共同体解体論の登場　*57*

24）　渡辺洋三［1963：193-195］。

25）　同上、256頁参照。

26）　同上、319頁。

27）　大竹秀男［1950：56-］参照。

28）　渡辺洋三、前掲、313〜315頁参照。

29）　西川善介［1957：193-195］参照。

30）　同上、255頁参照。

31）　大塚久雄［1955：54］。

32）　同上。

33）　藤田省三［1966：10］参照。なお、同論文の初出は、「天皇制国家の支配原理」が『法学志林』（1956年）、「天皇制とファシズム」が『岩波講座　現代思想　Ⅴ』（1957年）。

34）　藤田、同上、18〜19頁。

35）　権藤成卿の「自然而治」については、前掲注３）参照。

36）　藤田、前掲、121〜130頁。

37）　神島二郎［1961：24］参照。なお、同論文の初出は、序説と第三部が『国家学会雑誌』（1953年）、第一部が『思想』（1954年）、第二部が『思想』（1957〜1958年）。

38）　同上、30〜31頁参照。

39）　同上、87〜89頁参照。

40）　蝋山政道［1948］、序文。

41）　同上。

42）　同上、272頁。

43）　同上、401頁。

44）　同上、401〜402頁参照。

45）　渋沢敬三［1955：608-］。

46）　同上、623〜625頁参照。

47）　同上、628頁。

48）　同上、638〜642頁参照。

49）　竹内利美はその後、数多くの研究成果を発表しているが、そのうち網野善彦・谷川健一ほか［1984］所収、第四章「ムラの掟と自由」には、次のような村落二重構造論が展開されている。「〔町村制の実施によって──引用者注〕造出された新しい自治行政町村は、主に国家行政の末端事務を分任するにとどまり、旧来のムラ個々の協同仕事とはまったく無縁になった。村長・助役・収入役以下の町村役職員、あるいは町村会議員等の制度上の存在は、いわば近世村役人の百姓代官としての役割を新しい段階において継承したとみてよい。ムラ内部の協同生活の統括者の在り方、いわば百姓総代としての役割は、すべて制度外の存在と化したムラに残されたのである。かくて人民惣代・伍長惣代・村惣代の名称がそこに引き継がれてムラの代表者となり、町村制によってまったく抹殺された隣保制度の残存としての伍長・什長が、その補佐役的な形として定着する。

別段の制令もないのに、不思議にも全国ほぼ似たムラ役職の形がこうして出現した。しかもその存続はムラ自体の選択によるところで、それは単に旧いものの遺存ではなかった。つまりはムラビトの生活防衛のため、なおそれが必要であったからである。明治期の村規約がおおむね明治20年代以降にその形を整えて制定されているのは、すでに制度外の存在と化したムラの協同体制が、なお住民生活保全のため必要であり、しかもその存続には何らの制度的支えもないまま、まったくムラビトの自主的発意で、新しい情勢に即して旧来の仲間規制を再確認するためであった」(同259〜260頁)。この竹内の文章には、ムラの生命力の強さを自治の源泉として再評価しようとする視点が明快に示されている。しかし、戦後改革期においては、総じてそうした〈地縁組織としてのムラの共同性〉を評価しようとする研究が影を潜めた観がある。

50) 福武直［1960：44-55］参照。

51) 笹倉英夫［1988：305-319］参照。

52) 栗原百寿［1961：148-151］参照。

第4章

転換期における村落二重構造論
——60年〜70年代の研究——

　戦後改革期における学問的気運が全体として地方自治制度の近代化・民主化を目指す〈第Ⅳ象限志向〉にあったことは明らかである。しかし、こと村落二重構造論に関しては寄生地主制還元論に陥り、独自の存在であるべき中間媒介領域（地域公共圏）——地域住民が地域公共関係を自治的に形成し展開させる場——に関する理論を十分に蓄積することができない〈第Ⅲ象限的発想〉（図3-1参照）に陥らざるをえなかった、という点が見落とされてはならない（本書3.1参照）。そうしたなか、戦後の重要な転換期とも称すべき60年〜70年代においては、戦後改革期に見られたムラの前近代性・封建性を過大に評価する講座派的発想が批判され、村落二重構造の動態的分析が重んじられるようになった。

　また、この時期は、近代主義やマルクス主義に対立する民衆史研究や共同体再評価論が学界や論壇において有力になり、村落二重構造論の深化に一定の役割を果たしたという点も注目される。

4.1　村落二重構造論の新展開

　60年〜70年代は東京や大阪などの都市部で革新知事が誕生し、戦後地方自治史が新たな転換期を迎えた時代である。そうしたなか様々な論争がくり返され、この時期には、第三の視座が提起されて村落二重構造論も新たな展開を示すことになる。その内容に具体的にふれる前に、従来の理論がどのような形で反省されたかを見ておこう。

1　第三の視座

　戦前戦中期の研究においては自然村擁護論が、戦後改革期においては部落共同体解体論が盛んであった。すなわち、戦前戦中期の村落二重構造論は、国家と個人の間に歴史的存在としての自然村を存続させようとする視点から、画一

的にして官製的な行政村の弊害を批判しようとするものであった。他方、戦後改革期のそれは、国家と個人の間に、個々人の自由意思によって構成される自発的結社や自治体を創出しようとする視点から、閉鎖的にして非民主的な部落共同体の弊害を批判しようとするものであった。

　この戦前戦中期と戦後改革期の対立を理論的に止揚することのできる、「第三の視座」を探求することが60年～70年代の課題であった。第三の視座とは何か。石母田正と渡辺洋三・大石嘉一郎・宮本憲一らによって、その一端を見ておこう。

2　啓蒙主義と歴史主義の統一

　第三の視座について明快に理論化したのは石母田正である。石母田はすでに1952年に発表した論文「二つの歴史意識について」の中で、従来の歴史研究に見られた極端な啓蒙思想史観の一面性を克服すべく、啓蒙主義と歴史主義の統一を志向する方法論を提起していた。

　すなわち石母田は、一方において「変革的思想としての啓蒙思想は歴史の法則的理論的な把握ということを大きな目標としました。法則を探求することなくして、対象の変革を行い得ないからです。変革の科学としてのマルクス主義歴史学はこの点で啓蒙思想の伝統を継承します」と述べている。そして他方、「歴史の法則は、多様な生きた歴史の内部に貫徹するものであり、発展の過程においてのみ自己を表現する歴史の内的本質であり、したがってそれは、啓蒙思想の反歴史的傾向と異って、歴史そのものの全面的な、客観的な探求によってのみ把握され得るものである」とも強調している。[1] 石母田のこの提言は、啓蒙主義と歴史主義の貴重な遺産を理論的に統一しようとしたものであるが、それが啓蒙主義的な公式主義に陥りがちであった従来の歴史学に対する方法論的反省を意味したことは明らかである。

3　「封建性の過大評価」に対する反省

　1950年代末には、歴史学界とくにマルクス主義史学を中心に「アジア的停滞性論」に見られたような過度の公式主義への反省が相次いだが、[2] そうしたなか、たとえば法社会学の分野でも渡辺洋三が次の2点を自己批判していたのが注目される。第1は、学問にとって一つの仮説であるべきものを結論であるかのごとく見なす誤り、すなわち現象を忠実に観察するという実証的・経験科学的態

度をおろそかにしたという点。第2は、日本の社会を全体として構造的に、かつ変化の過程において動的に把握し分析する視点を欠いていたという点である[3]。

　専門領域は異なるが、実証を重視しなければならないとしている点において、渡辺と石母田の反省には軌を一にした点が認められる。

4　従来の村落二重構造論に対する反省

　この時期は方法論上の反省が様々な分野で行われた時代であるが、そうしたなか戦後改革期の村落二重構造論に対する反省も盛んとなった。たとえば大石嘉一郎は次のように述べている。

> 〔従来の村落二重構造論は──引用者注〕必然的に、次のような、本質的に同一の楯の相反する両面に立つ、二つの立場を生んだ。すなわち一方の極では、明治地方自治制の封建的性格を追及するあまり、その幕藩領主制下の地方「自治」組織との等質性が強調され、明治以降の町村の構造が近世封建的村落構造と本質的に同一の、単に再編成された形態として把握される。他方の極では、自生的発展を無視して、旧来からの自然的村落がそのまま存続しているのに対して、新たに設定された地方制度・行政的町村だけが「近代的」形態をもつものとして、それが一方的に旧来の封建的「自治」機構を変えて行ったものとしてとらえられる[4]。

　この大石の文章は、一方においてムラの封建性を過大評価する磯田進・石田雄らの理論を批判し、他方において行政村の「輸入模倣性」──ムラの実態との乖離──を強調する中田薫・戒能通孝・藤田武夫らの理論を批判したものである。戦後改革期の通説と戦前戦中期の通説を両面作戦的に批判し、両者を止揚することのできるような「第三の視座」を探求すること、それが大石の理論的課題であった。

5　歴史研究の本格化

　以上においてその一端を見てきたような様々な理論的反省を経て、60年〜70年代には村落二重構造論が新たな転換を示すことになる。すなわち、入会権・漁業権・水利権など具体的な法律問題と密接に関わっていたがゆえに、また農山漁村の民主化という課題と密接に関わっていたがゆえに、ともすれば価値判断が先行して、一面的・静態的に論じられがちであった従来の村落二重構造論

を、具体的な史実を通して実証的に、そして動態的に再構成しようとする研究が本格化する。

4.2 村落二重構造の動態的把握

60年〜70年代にも当然様々な研究視角が存在したが、本節では当該時期における主流的見解である明治地方自治制の動態的把握論（民主的契機発展論）に焦点を合わせ、村落二重構造論の新展開を概観しておこう。

この動態的把握論は、〈地縁組織としてのムラの共同性〉と〈公法人としての行政村の近代性〉の双方を理論的枠組みの中に入れて、そこに展開してくる「民主的変革」の契機を動態的に把握しようとしたものであったから、それは明らかに〈第Ⅰ象限志向〉の研究であった。しかし、60年〜70年代における動態的把握論は、後で見る鶴見和子らの共同体再評価論が重視する「内発的発展の契機」――ムラ共同体が自らの力で内在的・自発的に変化していく契機――を十分に把握するには至っていない点があり（本書4.4参照）、依然第Ⅳ象限の圏内にとどまる研究であったと考えられる（図4-1参照）。

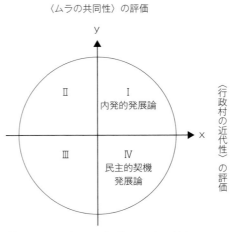

図4-1　60年〜70年代における対立
出典：筆者作成。

1　島恭彦の自然村観とブルジョア発展説

　まず注目すべきは島恭彦の研究視角である。動態的把握を重視する島恭彦は、自然村について次のように述べている。近代日本の自然村は権力への抵抗の場になることはあっても、フランス流の自然法的な地方権思想を生み出すほどの力はなかった、というのが島恭彦の理論的出発点であった。この島の理論的出発点は戦後改革期を代表する丸山真男の理論と一致する（本書3.1参照）。

> 　明治の地方制度ほど人為的な工作物はない。それはある意味で、絶対主義官僚の傑作とも云える。地方制度のどこにも絶対主義官僚の体臭と人工の跡がつきまとっている。そこにはフランス流の自然法的な「地方権」はみられない。基本的人権にも比せられる不可侵の地方自治権はわが国には存在しない。何かそれに似たものが存在したとすれば、封建制下の村の遺制を幾分かうけついだ、合併前の「自然村」であろう。「自然村」は時には百姓一揆や自由民権運動の如き権力者への抵抗の拠点になったかもしれない。しかし「自然村」はついに権力者に対する「自然法的な地方権」を宣言する場所にはならなかった。反対にこの「自然村」すら、町村合併前にすでに絶対主義官僚の人工の刻印をうけていた。[5]

　島恭彦は、丸山真男と同様、近代日本の自然村を「絶対主義官僚の体臭と人工」が刻印されやすい抵抗力の弱い存在として位置づけている。しかし、島の場合は従来の丸山らの学説とは違って、単に近代的なものと前近代的なものとの並存として村落二重構造を論じていたわけではない。自然村を停滞的に把握するのではなく、その発展的契機にも十分考慮が払われていたからである。そうした島の動態的な自然村観の背景には、明治地方自治制を単なる絶対主義官僚の傑作としてのみ理解するのではなく、その制度的枠組みの中にも新たな諸要素が展開してくると見る、ブルジョア的発展説が認められる。島恭彦は次のように述べている。

> 　部落はもはや単に自然発生的な集落、あるいは『自然村』として停滞状態にあったのではない。また必ずしも地主制の足場として残存してきたのでもない。部落は大正期以後商業的農業の展開の軌道に乗って、様々の矛盾と発展の方向をはらんでいた。[6]

2 宮本憲一の民主的契機発展論

島恭彦の共同研究者として出発し、その後も地方自治史研究を終始リードすることになる宮本憲一も、明治地方自治制を内部から掘り崩したブルジョア的・民主的契機の展開過程を見失ってはならないとしている[7]。

宮本理論の斬新さは、村落二重構造に内在する二つの契機（行政村とムラの論理）のうち、とくに〈法的な権利義務の体系としての行政村〉の論理が歴史的に展開していく過程に注目している点に示されている。資本主義の発展とともに、行政村レベルでの「行政能力の拡大 → 地方財政の近代化 → 地方政治の政党化」の側面が主動的契機になり、自然村レベルでの「共同体的秩序の維持 → 寄生地主制の補強 → 地方名望家支配の確保」という側面が従属的な契機に変質したとするのが、宮本の基本的見地であった[8]。この宮本の研究視角は、自然村の生命力を高く評価する鶴見和子らの内発的発展論とは発想が異なるが、ブルジョア的発展ないし民主的契機の発展を重視し（第IV象限志向）、〈法的な権利義務関係としての行政村の近代化〉の発展に着目したものであり、注目される。権利義務関係のさらなる発展の契機を内包した公法人としての行政村の論理が、立法者の意図から離れて、まず寄生地主制を基盤にした名望家支配体制——たとえば等級付き制限選挙制や名誉職制など——と矛盾し、ついで絶対主義的支配体制——たとえば郡制や官選知事制など——とも矛盾するような新しい論理を生み出すことへの、鋭い着眼がそこに見られるからである。

3 大石嘉一郎の動態的把握論

村落二重構造論の新展開を明確な形で提起したのは、当時の地方自治史研究を主導した大石嘉一郎である。大石の理論もまた動態的把握論ないし民主的契機発展論と呼ぶにふさわしいもので、そこには次のような重要な論点が提起されていた[9]。

第1に、従来の二重構造論の問題点を明確に指摘していた点である。大石は、中田薫・福島正夫・徳田良治・戒能通孝・渡辺洋三らの研究を批判して、分析視角に基本的に問題があるとしていた。なぜならば、それらの研究においては、行政村の成立過程が上からの一方的な設立としてとらえられているからである。大石以前の理論にあっては、「古い自然村を無視してその上に新しい行政村が設置された」とする視点、あるいは「実在的総合人が否定されて抽象的公法人が一方的に擬制された」とする視点から、村落二重構造を論じる傾向が強かっ

た。

第2に、村落二重構造をもたらした社会経済的基盤を積極的に理論化していた点である。大石は、行政村と自然村の分離現象を、単なる制度上の問題としてはとらえていない。すなわち、「新たな地方制度の設立は、国家権力によって一方的に遂行されるものではなく、ともかくも社会経済的な基盤の変化を前提とし、そのもとでの社会諸階層の何らかの形態での政治的な対抗・妥協の所産でなければならない」[10]というのが大石のとらえ方であった。町村制の制定と自由民権運動との内的連関を、その経済的基盤にまで掘り下げて明確にしたのは、大石が最初である。

第3に、村落二重構造が「公的なもの」と「私的なもの」の分離として現れてくることの意味を、積極的に位置づけていた点である。ないしは、共同体的関係を温存しながらも、私的所有権の確立を契機として公的法人が形成されざるをえなかった矛盾を、明快に説明していた点も重要である。大石によれば、すべてそうしたことが起こるのは、商品経済の発展にともなって地主的土地所有と零細小農経営の分離——所有と経営の分離——が生じ、しかも前者による後者の支配が確定的になったことの結果であるとされる。

やや長文になるが、大石の文章を引用しておこう。町村制実施期における「公共」の意味（史的連関構造）を考えるうえでの重要な論点が整理されている。

町村制の主要な意義は、旧来の村落において一体化されていた公共的団体としての側面と、私的生活共同体としての側面とを分離したこと、とくに公共的団体としての側面だけを行政機構と結びつけ、その側面にのみ公法的規制と保護とを与える形で分離したことにあった。その場合、その分離は所有関係（とくに土地所有関係）を基軸とし所有主体を確立する方向で、すなわちもともと所有と経営との合体された権利主体（農民的土地所有＝小農民経営）によって構成された旧村の村落に対して、その所有主体を構成基盤とする側面にのみ公法的保護・規制を与え、経営主体を構成基盤とする側面は前者に従属せしめつつ温存するという形で行われた。かかる方針は、後述する部落入会地や水利などに関して最もよく現われているが、一般に町村の構成様式、その公共事務の運営様式を通じて一貫してとられた。ところで右のような内容をもつ町村制による行政村の自然村からの分離は、すでにある程度の土地所有と農業経営の分離（所有主体と経営主体の分離）、前者による後者の支配の生成、すなわち寄生地主制の一定程度の生成を前提にしてはじめて展開されることであると同時に、逆に寄生地主

制の成立を助長するものであった。[11)]

　大石理論において町村制とは何であったか。第1に、町村制は、近世村において一体化されていた公共的団体（法人）と私的生活共同体（住民）が分離したものである。第2に、町村制は、所有と経営が一体となっていた近世の小農によって構成されていた旧村落が、土地所有者（地主）にのみ公法的保護（公民権）を与えることによって成立したものである。第3に、それゆえ町村制は寄生地主制の一定程度の生成を前提にしてはじめて成立したものであり、また逆に寄生地主制の成立を助長するものであった。

4　大石嘉一郎の地域3類型論

　このように、大石嘉一郎の動態的把握論は経済的基礎過程をふまえつつ、それを積極的に理論化しようとしている点に斬新さがあった。この経済的基礎過程を重視した大石の歴史理論の特徴を明瞭に示していたのは、町村制の実施状況──行政村と自然村の二重構造が有する諸問題──の地域的差異に関する3類型論である。すなわち、大石によれば、① 町村制は先進地帯において自己に最も適応した社会経済的基盤を見出したが、② 中進地帯ではその基盤となお矛盾した関係をはらみつつ地主制を強化する機能を果たし、③ 後進地帯においては農奴主的地主を助けて半封建的村落構造の形成を助長する機能を果たした、とされる。[12)]

　すなわち、合併による行政村の設置は、地主的支配圏に即してこそ円滑に実施されるわけであるから、寄生地主制であれ農奴主的地主制であれ、共同体関係を温存しながらも同時に私的所有を基軸とする一定の広さの経済的流通圏が整った場合にのみ、行政村と自然村の関係が安定する、というのが大石の見解であった。

5　経済決定論的な地方自治史論

　この大石の先進・中進・後進の3類型論は、福島県内の実態調査を基礎に理論化されたものであったから、必ずしも全国的な普遍性を有するものとはいえない面があった。また、大石の類型論──ひいては地方自治制と寄生地主制の連関構造に関する理論──には、経済史の一般法則に引き付け過ぎたところがあり、かつ「理論的想定」にとどまる面があった。すなわち、第1に、総体と

しての地方自治制を支えているのは寄生地主制であるとしても、現実に村落共同体を構成しているのは在村地主・自作農・自小作であって寄生地主ではない、という点が十分に考慮されていないという問題があった。第2に、経済発展度を基準とする先進・中進・後進の区分だけでは処理しえず、多様な村落構造の類型的差異を考慮に入れていないという問題もあった[13]。

しかし、その巨視的にして動態的な方法の新しさのゆえに、大石説がその後の研究に与えた影響には特筆すべきものがあった。とくに自由民権運動の社会経済的基盤の解明と明治地方自治制の成立過程の研究、および村落二重構造の動態的把握と類型に関する大石の研究が、60年代以後の地方自治史研究をリードする役割を果たしたことは疑いないところである。従来、村落二重構造論は主として民俗学・法史学・法社会学・財政学・政治学・行政学などによって担われてきたが、ここに経済史に重心をおいた歴史学研究者が加わってきたことの意味は大きかったといえよう[14]。村落二重構造論の動態的研究志向（民主的契機発展論）（図4-1参照）が、より明確なものになったからである。

大石の理論は1990年代に入ってから、さらに新たな展開を見せることになるが、それについては第7章でふれる。

4.3　村落共同体論の新展開

ここでやや視野を広げ、経済史の中村吉治、法社会学の北條浩、行政学の高木鉦作らの実証研究を一部紹介し、その角度からこの時期における村落共同体論ないしは村落二重構造論の様々な新展開を見ておこう。

1　中村吉治の村落共同体論

まず、中村吉治『日本の村落共同体』（日本評論社、1957年）である。同書は、戦後改革期における岩手県煙山村の実態調査などの経験を生かして執筆された概説書であるが、そこには同じく中村が執筆した『日本社会史』（新版）（山川出版社、1970年）などとともに、60年〜70年代の研究をリードすることになる豊富な論点が展開されている。

第1に、中村は、超歴史的な把握による共同体概念の混乱を指摘する[15]。すなわち、本来別個の概念である「制度としての村」「生活共同体としての村」「景観としての集落」「自然村」「共同体」等々が、その意味内容を明確にしないま

68 第Ⅰ部 村落二重構造論の形成と展開

ま使用されているのは初歩的な誤りであるとされる。中村によれば、厳密な意味における共同体とは、生産手段の所有者と非所有者が分離した資本主義社会（階級社会）に対比されるところの、前資本主義社会（身分社会）に存在するものであって、「不分割の生産手段に、不分離の生産者の集団が、不可分に結びついている[16]」生産関係のことをいう。したがって、それは生産力の発展に照応して、原始 → 古代 → 中世 → 近世 → 近代の共同体へと再編と解体の過程をたどるわけであって、一定不変の共同体というものは存在しない。

　共同体の概念を厳密に定義し、その歴史的諸形態を解明しなければならないというのが中村理論のねらいであった[17]。

　第2に、そうした理論的枠組みのもと、日本の近代が所与のものとして受け取った歴史的存在としてのムラ（近世村）に関して、中村はどのように考えていたであろうか。結論的に言うならば、「近世の村と共同体は一致しない」というのが、中村の見解であった。

　私たちはしばしば「近世の村＝共同体」という把握の仕方をする。しかし、中村によれば、そうした理解は非歴史的である。近世の村もまた村落は二重構造になっていたからである。すなわち、太閤検地を経て大名領国の基礎的行政単位たる「制度としての村」が設置されたが、それは年貢徴収・土地処分・作付制限・移転禁止などを支配するにとどまり、農民相互の共同体的関係それ自体は原則として規制の対象外に放置されていたという点が重要である。法制度的にいえば近世の村は共同体の制度化という一面を有していたが、実際には農民相互の共同体的関係についてはほとんど何も制度化されていない、つまり近世といえども「制度としての村」が共同体内部には立ち入っていないのである。中村は、このように「近世の村≠共同体」という点をくり返し強調している[18]。

　第3に、中村は、近代日本の村落の「近代性」についても言及している。かつて講座派理論が強調した「封建的ないしは半封建的村落の残存」ということに対して、中村は明確に反対の立場にたっていた。すなわち、「行政的になりきらず、一種の共同体のような性格をおびた」ムラが町村制の下に存在していたことは否定できないが、そうした現象を指して封建的と規定するのは正しくない、と中村は断じている。そして、安易に封建的ということで片付けてしまわずに、日本資本主義社会の発展過程の中でムラがどのように機能したかを再検討するべきである、と締めくくっている[19]。

2　共同体の機能分化と解体

　中村の共同体論のうち、筆者がとくに重要だと思ったのは、近世における「共同体の機能分化」に関する叙述である。

　私たちしばしば「共同体からの個人の解放」とか「共同体の殻を破って独立農民が自立する」といった把握の仕方をする。しかしその際に、① 個々の農民の自立化が一定の高まりに達したときに共同体の枠が——まるで風船が裂けるようにして——破れ、② そこから自立した諸個人が一挙に出現してくる、というようにイメージしているならばその理解は非歴史的である、と中村は述べている。なぜならば、そこには次のような経緯が存在するからである。

　　(a)　名主・名田から独立しつつあった近世初期の農民は、土地所有・耕作労働・水利・山野利用などを契機にしてそれぞれ別個の共同組織を形成していたが、それは一つの村落共同体として把握できる程度のまとまりをもつ同心円的存在であった[20]。

　　(b)　近世中期から後期にいたると新しい用水路の開削や材木の商品化などが進むが、それに応じて村落共同体を成立せしめていた諸契機が変化し、同心円的存在であったそれぞれの共同組織の内部編成替えがまず進行する。

　　(c)　そのうえで、諸契機ごとに村落共同体の構成要素たることを順次やめていくというプロセスがたどられる。「一体の完結的な共同体があって、その中の農民が独立的になってきて、あるところまでくると共同体の枠が一気に破れ、独立農民が輩出されるというようなものではない。そんな機械的なものでなく、共同体がズレはじめ（近世）、そのズレた一つずつについて順次に不要になる部分が失われていき、最後に独立の農民が成立するという順序がとられるのである[21]」と中村は結論している。

　このように、近世における村落二重構造と共同体の機能分化という問題、および明治時代以後の村落二重構造の近代的性格という問題など、中村吉治の村落共同体論には本書の主題から見て有益な論点が少なからず指摘されている。とくに、村落共同体内の共同組織が次第に分化し、そこに新たな組み替えと結合が進行することによって、古い村落が解体して新しい村落が形成されていく過程——つまり近代的な意味での行政村と自然村の二重構造が生まれてくる過程——を内在的・動態的に説明しているところが、中村共同体論の真骨頂とい

えよう。

3　北條浩の村落構造論

　北條浩『林野法制の展開と村落共同体』（御茶の水書房、1979年）の中にも、本
書の視点から見て有益な論点が整理されている。北條は膨大な入会研究の結果
をふまえた村落論を展開しているが、そのうち江戸時代の村には三つの側面が
あったとしている点が注目される[22]。三つの側面とは何か。

(a)　第1は、「領主支配の単位」ないしは「租税体系の基本的な単位」と
　　　しての村。この村はさらに、① 農民の生活集団をそのまま村としてと
　　　らえたケース、② 農民の生活集団を合体もしくは分合させて村として
　　　とらえたケース、③ 新しい村を設置して農民を集めたケース、に区別
　　　しうる。

(b)　第2は、農民の生活集団としての村。この村は領主権力と利害が対立
　　　する関係にあり、ある程度の自立性を有していた。権力は原則としてそ
　　　の内部には直接介入せず、外部からの支配によってそれに一定の変容を
　　　加えようとする。そうした農民の生活集団としての村は、明治維新以後
　　　も存続したが、その基盤は主として入会地などの零細農民の共同財産す
　　　なわち総有財産であった。

(c)　第3に、農民諸個人がある程度独立した経済主体になることによって
　　　成立する、商品流通などに関する機能集団。この集団はもちろん村とは
　　　別個のものであるが、商品生産の展開にともないその行動が自由になる
　　　にしたがい、上記二つの村の存在を桎梏と感じるようになる。この集団
　　　の主体は、村内の新地主とこれを支持する小商品生産者であるが、彼ら
　　　は従来の村の機構——領主権力と癒着した旧地主の村方支配体制——に
　　　反対する村方騒動を起こし、新しい経済圏の拡大を目指す地方行政組織
　　　の再編を希望する。すなわち、新しい経済発展に見合った形での新村の
　　　成立を促す内的要因となる。

　北條説を筆者なりに要約すると、おおよそ以上のようになる。大石嘉一郎や
中村吉治の理論と同様、近代において村落二重構造が新たに形成されてくる内
的要因を整理しているところが、北條説の新しさといえよう。小商品生産の広
範な展開に照応できず停滞状態にあった「領主支配の一単位」としての行政村

は、明治維新後に租税納入単位としての役割をはずされ、かつ合併によってその外枠を失ってしまう。しかし、上記(c)の機能集団の台頭により、新しい経済圏に見合った形での村域（近代行政村）が成立する。すなわち、ここに村落が近代的な意味での二重構造を有するものとして登場することになるのであって、それは単なる上からの輸入模倣的な行政村の設置を意味しない──。北條浩の「村の3類型論」からは、そうした動態的村落像が浮かび上がってくる。

　この北條説を、大石嘉一郎や中村吉治らの理論と重ね合わせてみると、60年〜70年代を迎えて村落二重構造論がいかに動態的なものになったかが、よく理解できるのである。村落における封建的ないし前近代的な側面を一面的・静態的に把握する傾向が強かった従来の理論は、こうして次々に突き崩されていく。

4　高木鉦作の村落二重構造論

　以上、そのいくつかを紹介してきた動態的把握論とは研究の系譜が異なるが、この時期における行政学の到達点を確認しておこう。辻清明編『行政学講座2　行政の歴史』（東京大学出版会、1976年）所収、高木鉦作論文「日本の地方自治」が一指標となる。高木は近代日本の村落二重構造の歴史に関して、次のように述べている。

(a)　三新法制定以後。「国政事務を中心とした行政事務」（行政の単位）と「住民の共同生活に直接関連した事務」（生活の単位）との分化傾向が明確になったのは、1878（明治11）年の三新法の制定以後である。この分化傾向は、戸長管轄区域の拡大とそれに対応した連合町村会の設置（1884年）、町村合併による新町村の設置（1888年）への変遷の中でいっそう明確なものになった。[23]

(b)　町村制の実施。町村制の実施によって決定的になった村落二重構造とは、「官治と自治の二元体制」「官治の下の自治」を意味した。すなわち、新町村が国家から与えられた機関委任事務・必要事務を遂行し、部落が新町村の本来の事務である「公共事務」（町村制第2条）を肩代わりするという体制の定着を意味した。[24]

(c)　明治後期から大正期。村落二重構造は資本主義の発展にともなう政党政治の発達、行政機能の増大などによって再編を余儀なくされる。とくに大きかったのは、そうした動きの中で、村落二重構造を媒介していた

72　第Ⅰ部　村落二重構造論の形成と展開

　　名誉職体制（名望家支配）が後退したことである。[25]
　(d)　昭和戦前期。かくして昭和期になると村落二重構造のあり方が変容す
　　る。すなわち、家格や財産の権威で地域住民を把握していた名望家との
　　人事的結合によって部落を利用するという体制が破綻し、かわって部落
　　に多様な個別組織（実行組合・婦人会・青年団など）を結成させて、それを
　　機能的ないし技術的に統制するという体制が創出された。[26]
　(e)　戦時統制期。戦時統制期に法制化された部落会・町村会は、古き共同
　　体の復活ではなく、多様に結成された個別組織の総括機関としてであっ
　　た。そして、部落会・町村会の結成は町村当局の指導監督を強化するも
　　のであったから、これまで部落が処理してきた公共事務がここに全面的
　　に新町村の管轄下に移り、「官治と自治の二元体制」が崩れて一元化す
　　ることになった。[27]

　高木の村落二重構造論の概略は以上のようなものである。蝋山政道・辻清
明・阿利莫二らの行政学の業績を継承しつつ、当時における隣接領域の最新の
研究成果も採り入れて、戦後改革期における通説である「部落共同体再編利用
論」の理論枠組みを超え、村落二重構造論の動態的分析を志向しているところ
が、高木論文の特徴である。村落二重構造論に関する多様な論点を凝縮し、70
年代における行政学の到達点を示すものといえよう。

4.4　共同体再評価論の系譜

　以上、この第4章では60年～70年代における村落二重構造論の新展開につい
て述べてきた。しかし、以上に述べてきた村落構造の動態的把握（民主的契機発
展論）がすべてではない。この時期には、動態的把握論とは別の系譜をたどっ
て、南方熊楠や柳田国男らの思想——地域社会内部で持続されていた内発的発
展の契機を重視する思想——を継承し、自然村ないし村落共同体を再評価しよ
うとする研究も活発になった。

1　地域公共圏像の相克
　私たちはともすれば、村落二重構造論の系譜を〈ムラの共同性〉に対する評
価が低い丸山真男・大塚久雄・石田雄・渡辺洋三・島恭彦・宮本憲一・大石嘉

一郎らのラインでのみ整理しがちである。だが、60年〜70年代には、そうした
学界動向に反発する一連の有力な共同体再評価論が常時併存していたという点
が見落とされてはならない。

　思いつくままに、共同体を再評価しようとする研究者の名前を挙げてみると、
後藤総一郎・中村哲・谷川健一・芳賀登・色川大吉・松本健一・桜井徳太郎・
鶴見和子や、次章で紹介する橋川文三など実に多彩である。共同体再評価論の
全体としての特徴は、近代主義あるいはマルクス主義の方法とは一線を画して
いた点にある。1990年以降は必ずしもそうではないが、それ以前においては共
同体再評価論と進歩主義とくにマルクス主義との理論的対立——地域公共圏像
の相克——は決定的であった。少なくともマルクス主義の側に、共同体再評価
論は「コンミューン論」「小集団論」「市民社会論」等々とともに様々な機会に
くり返し現れる小ブルジョア的ユートピア思想の幻影に過ぎない[28]、とする批判
が存在するかぎり、両者が対話することは困難な状況にあったからである。

　共同体再評価論が、戦後改革期の部落共同体解体論や、60年〜70年代の「民
主的契機発展論」とは鋭く対立し、むしろ戦前戦中期の「自然村擁護論」に接
続する面があったことは明らかである。ここでは参考までに、色川大吉の丸山
共同体論批判と、鶴見和子の南方・柳田民俗学に対する再評価論の一端を紹介
し、60年〜70年代におる理論状況の一側面を垣間見ておこう。

2　色川大吉の幻想共同体論

　色川大吉は丸山真男の部落共同体論（本書3.1参照）を批判して、次のように
言う。丸山真男は「国体」の最終細胞を共同体に求め、その共同体を停滞性の
根源であるかのように見なしているが、それはおそろしく非歴史的なとらえ方
である。丸山の共同体概念は、寄生地主制が確立して、農村がまったく活気を
失った明治末期から大正・昭和初期にかけての「停滞期の部落共同体」のイメー
ジから抽象されたものではないか。

　色川は丸山の部落共同体論をこのように明快に批判したあと、自らの共同体
概念を次のように定義している。

　　　部落共同体というのは、それ自体が客観的な実在なのではなくて大衆の結合の
　　　様式にすぎない。ある場合には村寄合いの形をとり、ある場合にはさまざまの
　　　講や結ゆいや社の形をとる。本質は一定の社会的規制力をもった幻想の共同性

にある。だから、この共同体が変革的に生きているときには、**主体的人間が析出されて天皇制は無限におしのけられ、この共同体が停滞したときには主体的人間は疎外されて天皇制が無限に共同体のなかに侵入してくる**。[29)]

　主体的人間になるということと、共同体の存続を願うこととは決して矛盾しない。主体的な認識者がつねに共同体の破壊にばかり向うとはかぎらず、自覚的に共同体を守り発展させる方向に進むこともある、というのが色川大吉の「幻想共同体論」すなわち共同体再評価論の精髄であった。色川説においては、地主制支配とほぼ同義語で村落構造を語ろうとする地主制還元論的な発想が存在しないだけでなく、ムラを封建的なものとか前近代的なものとして裁断する近代主義ないし近代化論、とくにマルクス主義的視点からの歴史研究方法が真っ向から否定されている。

3　鶴見和子の内発的発展論

　色川大吉と同様の発想は鶴見和子にも見られた。鶴見は近代の新しい見方として、「すべての共同体が個の出現を阻むのではなく、個の自立を促すような共同体がある」と述べている[30)]。また、南方熊楠の町村合併反対論に言及しながら、「共同体が崩壊しないほうが個人が自立し、個人の権利が守られる」面があるとも指摘している[31)]。あるいは柳田国男の思想を評価して、「柳田は、明治以来政府官僚を中心として、日本のエリートが一貫して推進した中央集権型近代化の施策を批判しつつ、他方、被治者のあいだに、地方分権型の発展が可能であることを、力説した[32)]」とも述べている。

　鶴見が、南方熊楠や柳田国男の自然村思想を再評価したのはなぜか。それは、官僚や知識人などエリートによって推進される中央集権型の近代化に反対し、地域社会の内部に持続している内発的発展（Endogenous Development）の契機を高く評価したからである。ここで内発的発展の契機を高く評価するとは、どのような方法のことか。鶴見によれば、それは近代化論やマルクス主義に対立する方法のことで[33)]、① 国家単位ではなくて地域単位を、② 経済成長主義ではなく人間尊重を、③ 自然環境の支配ではなく共生を、④ 進歩の観念ではなく伝統の再生を、⑤ エリートではなく地域の人たちを、重視する新たなパラダイムを意味した[34)]。鶴見は次のように述べている。

　　マルクス主義は、近代化論と、その拠って立つ階級的基盤は異なるとはいえ、

共通点がある。どちらも、普遍的に適用できる一般理論として定立されていることである。地球上のさまざまな地域の自然生態系や、住民の文化伝統に基いて、住民の創意工夫によって、異なる内発的な発展の経路が可能であることに、十分な考察がされていない。また、地球的規模での破壊に、マルクス主義も近代化論も、配慮が欠落していると思う。今わたしは、マルクス主義と近代化論との訓練をへて、自分の型——内発的発展論——をつむぎ出したいと考えている。[35]

4 第Ⅰ象限に最も近い理論

鶴見は、マルクス主義や近代化論の限界について、「内発的な発展の経路」が十分に考察されていないと述べている。そして、「今わたしは、マルクス主義と近代化論との訓練をへて、自分の型——内発的発展論——をつむぎ出したい」としている。そうした鶴見の、マルクス主義や近代化論を超克しようとする新しい視点から近代日本を眺めなおすとき、これまで日本の学界や論壇が継承してきた村落二重構造論の意味がまた新たな様相を帯びてくる。

鶴見和子の共同体再評価論ないし自然村再評価論は当初、進歩主義とくにマルクス主義の側から危険思想と見なされたとのことであるが、その後、保母武彦『内発的発展論と日本の農山村』（岩波書店、1996年）などに継承されて、実践的にも大きな役割を果たしている（本書7.5参照）[36]。鶴見和子らの内発的発展論には、色川大吉ら先に挙げた人たちの理論と同様、部落共同体が権力的統合の基盤になったという過去の経験（歴史的現実）が過小に評価されている点が認められる。しかし、そうした点を保留するなど若干の但し書きや注記を付すならば、第1に個人の自立を重視した市民社会を希求している点で、第2に持続可能な社会（Sustainable society）を視野に入れて新たなパラダイムを展望し得ている点で、当時存在した理論中では、基本的に〈第Ⅰ象限に最も近い理論〉（図4-1参照）であったと見ることができよう。[37]

5 在地からの日本農村社会論の新展開

60年〜70年代には、色川大吉や鶴見和子らの共同体再評価論ないし内発的発展論と並んで、米山俊直『日本のむらの百年』（日本放送出版協会、1967年）、守田志郎『日本の村』（朝日新聞社、1978年）、堀越久甫『村の中で村を考える』（日本放送出版協会、1979年）など、在地からのルポルタージュ形式による日本農村社

会論の新展開も見られた。かつては杉浦民平・きだみのる等のいわゆる哄笑文学・破天荒文学などによって描かれたような農村像、すなわち農村の非民主性を基調にしてその実態を戯画化したものが主流であったが、60年〜70年代に至ると、ムラの中から発せられる「農村解体に対する異議申し立て」が人々の注目を浴びるようになった。

　二つだけ文章を引用しておこう。守田志郎と堀越久甫の文章である。守田の文章には、農民自身は決してムラの解体を望んでいないとする村内部の真摯な声が記されている。堀越の文章には、ムラの解体が進行すればますます行政村ないしは国家の介入を招来することになる、とする村内部の率直な意見が記されている。すなわち、ムラの解体とは、要するに国家（官僚主義）と資本（利己主義）の力を強くするだけのことだから、結局はその中間領域で暮らす地域住民の生活と権利を脅かすものでしかないとする深刻な問題提起がなされていた点が注目される。いずれも安易なムラ解体論の虚を衝く内容といえよう。

　理論的には精緻をきわめているが、農村で暮らす人々の心には一向に響いてこない「部落共同体解体論」ないし「部落＝農民抑圧機構論」が村民によって受け入れられないのは当然である。

　　農民にして共同体の解体を望むことは、彼らがみずから農民としての生活を断念することを意味するわけである。そしてまた、さらに重要なことは、みずから農民であることを放棄するかどうかの選択と結びつけるのでないかぎり、共同体を望まないという問題はおこってこないはずだ、ということである。農民であるかぎり、そして農業的な生活の日々を前提とするかぎり、共同体は選択といった地位におくことのできるものではない。つまりは、農家あるかぎり部落は存続する、ということなのだと思う。[38]（守田志郎）

　　いまはムラでは、何か新しいことをしようとするばあいの主導権は、ほとんどが町役場が握っている。ムラの内側から発議されて、それが広がりをもった運動となり、やがて実行に移される、という経過をたどることがまったくみられない。すべてが町役場（その背後には国がいるわけだが）から「こういうことをやらないか」といってくるものをムラビトが受け入れるという経過である（受け入れないこともあるが）。そうなったのは町役場が強力になったからではなく、ムラビトが町役場を強力にしたのである。なんでも「役場でやってくれ」だから、否応なしに町役場は強力になるというわけだ。[39]（堀越久甫）

第 4 章　転換期における村落二重構造論　*77*

　こうした地域からの批判的な声が高まるなか、先に見た鶴見和子に代表される
るような内発的発展論が学界・論壇において市民権を獲得し、やがて80年～90
年代においては多くの研究者の共感を得るに至るのである（本書第7章、参照）。

4.5　共同体再評価論への批判

　以上のような学界と論壇における共同体再評価論に対して、これに反論する
議論が活発になったのも60年～70年代の特徴であった。そもそも共同体とは何
か。自然村とは何か。はたして国家の行政的統制を受けていない、純粋に民衆
的な共同生活体などというものが存在したのだろうか。いわゆる共同体なるも
のも、上からの統治の要請に見合った形で改編され制度化されたものに過ぎな
いのではないか[40]。60年～70年代には、こうした反論が根強く見られたが、ここ
ではこの時期における共同体再評価論へのアンチテーゼともいうべき研究、す
なわち主としてマルクス主義の側から発せられた「共同体・自然村概念」批判
論をいくつか紹介しておこう。

1　河村望・蓮見音彦の自然村概念の批判

　まず、この時期を代表するものとしては、河村望・蓮見音彦「近代日本にお
ける村落構造の展開過程——村落構造に関する『類型』論の再検討——」（『思
想』第407～408号、岩波書店、1958年）を挙げることができる。

　河村望と蓮見音彦は村落構造の概念について、「特定の段階における生産諸
関係の総体たる経済構造のうえに成立する村落の政治的（＝階級的）支配構造[41]」
のことであると定義する。そして、その観点から鈴木栄太郎・有賀喜左衛門・
福武直らの従来の村落類型論を再検討し、それらの理論が、村落構造をもっぱ
ら抽象的な個人の集合体ないしは社会関係一般として理解している点をきびし
く批判している。たとえば、本書のテーマにとって重要な位置を占める鈴木栄
太郎の「自然村」概念に対しては、次のように批判する。

　鈴木は、村落を「社会関係や集団の累積体」と考えている。しかし、村落を
生産関係から切り離し、生活事象における個人間の意識や相互関係から理解す
るのは妥当とはいえない。鈴木の村落構造論がいかに抽象的・超歴史的にして、
かつ階級的把握の観点を欠如しているかは、その観念的な自然村概念が如実に
示しているところである。鈴木が重視する自然村とは、要するに「精神」ある

いは「成員の体系的な行動原理」の累積体のことであって、そこにおいては自然村がいかなる条件のもとで成立し、どのように変化していったかは問題にならない。仮に自然村の歴史が問題にされる場合にも、せいぜいのところ「都市化が漸次加わり、個人主義的自由主義的合理主義的態度が増していくにつれて、自然村も漸次統一性を失う」といった程度の抽象的・観念的理解にとどまらざるをえない。かくして、鈴木理論においては、自然村の自律的性格や、村落の生活協同体的側面と支配関係的側面との対立面が強調されるばかりで、村落内の地主小作関係が明確にされていない、というのが河村・蓮見の見解であった。[42]

2　マルクス主義による村落二重構造論の展開

　このように、マルクス主義の立場から従来の村落類型論を再検討したのち、河村・蓮見は近代日本の村落構造の展開過程を整理するわけであるが、ここでは両氏が行政村と自然村の二重構造をどのように理論化しているかを見ておこう。行政村と自然村があたかも分離しているかに見える根拠を説明して、河村・蓮見は次のように述べている。

　　地主的土地所有の法形式にみられる近代的側面と、旧来の共同体を媒介とした支配という封建的側面との結合と矛盾は、村落における地主支配の性格をも規定するのであって、行政村と自然村の分離はこのことを意味するものにほかならない。すなわち、農民相互の共同体的関係を基盤として成立する自然村における地主の支配は、地方自治制のもとにおける法的な保証をうけないのであって、生活共同体としての村落＝自然村は、かつて社会学者が「自然発生的」なものとして、「官製的」・「中央集権的」なものと対立して存在したと考えたように、行政権力と無関係に存続したかのごとき印象を与えたのであった。わが国の地方自治制は、共同体的秩序を打破することなく、それを前提として成立したのであって、行政村は自然村と対立し後者の否定のうえに成立したものではない。行政村は自然村における地主的支配を前提として、すなわち、土地所有による共同体的秩序の従属を前提として成立したのであり、かかる基盤のうえに町村制における地主支配を意味する法的規制がつくられたのである。[43]

　河村・蓮見によれば、寄生地主制の下における地主的土地所有権は、近代法の形式——所有権の絶対性や契約自由の原則——を媒介にして自己（封建的地主支配）を実現する。すなわち、地主的土地所有の封建的性格つまり共同体的

関係を利用した支配従属関係が、そのままの形で近代法の中に自らを表現するということはない。法的には「支配従属関係」としては表現されないが、近代法の形式を外皮として、事実において支配従属関係を実現するという二重構造がそこに発生する。同様のことは、行政村と自然村の関係についてもいえる。なぜならば、農民相互の共同体的関係を基盤として成立する自然村も、地方自治制の下における法的な保証を受けることなく、放置されたため、あたかも「自然発生的」なものとして、「官製的」「中央集権的」な制度と対立して存在したかのごとき印象を与えるが、実際には、町村制などの近代法の体系（行政村）を外皮として官治行政に従属する関係にあったからである。

　河村・蓮見は村落二重構造の意味を上のようにとらえ、そうした二重構造が形成された背景には、共同体的関係の機構的把握を通じて貫徹する寄生地主制の論理が存在したと述べている。「寄生地主的土地所有にもとづく村落の支配関係は、小作農民に対する個別的直接的な支配を全村的に拡大しておこなわれるのではなく、すなわち、土地所有関係・賃貸関係が、そのまま、それだけで支配関係の内容となるのではなく、共同体的諸関係を全体として掌握し、共同体的秩序を土地所有に従属せしめることによってなされるのである」というのが、河村・蓮見の基本的見地であった。

3　近代日本村落構造論の原型と展開

　そうした寄生地主制に規定された村落二重構造のことを、河村・蓮見は「近代日本村落の原型」と呼んでいるが、その原型は、本百姓相互の対等な関係を基本とする近世村落構造の展開の中から生まれたものである。そして、それはやがて地方改良運動・農山漁村経済更生運動などを経て、行政権力によるムラの直接的掌握が進み、「耕作地主の体制にもとづく村落」へと再編されて、ファシズム期〜戦後改革期へと展開していく、というのが河村・蓮見の理論である。

　村落二重構造の変化を、寄生地主制の形成・確立・再編・解体の過程に照応させて理解しているところが、河村・蓮見論文の特徴といえよう。緻密な理論構成によって村落を動態的に把握しようとしている点に理論の完成度の高さが認められるが、それはもっぱら寄生地主制論の枠内——内発的発展論的視座の欠如——での展開であって、官僚制（国家）と地主制（経済）の間に存在する独自の中間媒領域としての地域公共圏の理論化を目指すものではなかった。

4 中野卓の共同体概念批判

中野卓は、共同体という言葉を使用すること自体に批判的であった。

その第1の理由は、共同体概念の多義性と混乱にある。こうした批判は先の中村吉治にも見られたところであるが（本書4.3参照）、中野の場合は、テンニース（Tonnies, F.）の「ゲマインシャフト」、ウェーバーの「ドルフ・ゲマインデ」、マルクスの「アジア的共同体」、アメリカ社会学の「ルーラル・コミュニティ」などの概念（訳語）が日本の学界に相次いで紹介され、それが混乱の原因になっているという点を強調している。

その第2の理由は、共同体概念の日本的性格あるいは過度の情緒性にある。日本には「共同体」という言葉の愛好者が多く、その系譜はコント（Comte, A.）やスペンサー（Spencer, H.）の「社会有機体論」を好んだ文明開化期の日本人の思考様式にまで遡ることができる、とする中野の指摘は興味深い。自給自足的にして有機体的な村落共同体などは、氏族制時代にも存在しない。共同体とか社会有機体という言葉に魅せられて、学問的手続きを抜きにした情緒的共同体美化論を唱えるのは危険である、と中野は断じている。[47]

5 岩本由輝の自然村概念批判

中村吉治らとともに共同体研究を精力的に進めてきた岩本由輝も、共同体概念の混乱ぶりを指摘している。岩本はとくに共同体と自然村の概念を混同する傾向に対してきびしい批判を加えているが、その批判は色川大吉・鶴見和子らに向けられているだけでなく、自然村論の提唱者である柳田国男・鈴木栄太郎にも及んでいる。

岩本によれば、柳田理論においては、生産と生活が行政的制度ないしは景観的集落の中で完結していた村落を対象にしているため、共同体の機能分化が進んでいる村落——そこでは行政的制度・景観的集落・生活共同体の範囲が一致しなくなる——の実態はほとんど研究されていないとされている。そして、そうした理論的限界が鈴木栄太郎の自然村概念にも受け継がれ、ひいては「自然村＝旧藩政村＝部落＝大字＝共同体」といった図式を安易に立てる誤りにつながっているとしている。岩本は、また「柳田のような共同体に対する景観主義的把握では、ムラは観念的に抽象化され、あたかも一幅の名画のように共同体の現実からかけ離れた牧歌性をもってのみ描き出される」と述べている。牧歌的な自然村概念を共同体概念から切り離すことなしには共同体の研究は前進し

ない、というのが岩本説の要点といえよう。[48]

6　民主的契機発展論と内発的発展論の相克

　以上、本章4.4では色川大吉・鶴見和子・守田志郎・堀越久甫を、そして4.5
では河村望・蓮見音彦・中野卓・岩本由輝の所説を通して、60年〜70年代にお
ける村落二重構造論の対立状況——地域公共圏像の相克——の諸相を整理して
みた。多数の論者が参加して多様に展開された共同体再評価論争を、わずか以
上のような概括で済ませてしまうことには異論もあろうが、ここでは争点がか
み合わなかった村落二重構造論争の一側面——双方ともに第Ⅰ象限を志向しな
がらも共有点を発見できず、互いに反発し合っていた民主的契機発展論と内発
的発展論の相克——を確認しえたことで一応満足し（図4-1参照）、叙述をつぎ
に進めたいと思う。

お わ り に

1　転換期としての60年〜70年代の理論的特徴

　戦前戦中期においては自然村擁護論が主流であり、戦後改革期においては部
落共同体解体論が主流であった。それでは、戦後の一大転換期とも称される60
年〜70年代の村落二重構造論にはどのような特徴が見られたであろうか。粗削
りながら、おおよそ次のような小括が可能である。
　第1に、村落共同体の封建的側面を過大に評価し、それを固定的にとらえる
「講座派的偏向」が反省された。行政村を絶対主義的天皇制機構の枠内で固定
的にとらえる方法も反省された。そうしたなか村落二重構造の社会経済的基盤
の研究が進み、村落を日本資本主義の発展過程の中で法則的に把握しようとす
る動態的研究が活発になった。それと同時に、この時期には村落構造の民主的
変革の視点、すなわちムラと行政村の双方におけるブルジョア的発展＝民主的
契機の発展を分析することの重要性が広く認識されるようになった。
　第2に、60年〜70年代における主流ともいうべき、これらの精緻な論理によっ
て理論的に完成された観のある動態的研究（民主的契機発展論）は、基本的に〈第
Ⅰ象限を志向する〉ものであった。しかし、講座派的理論からの脱却（発想の
転換）は容易でなく、とくに〈地縁組織としてのムラの共同性〉に対する認識
が弱点となって、総じて〈第Ⅳ象限的発想〉の圏内にとどまるものが多く見ら

82　第Ⅰ部　村落二重構造論の形成と展開

れた。

第3に、そうした民主的契機発展論の隆盛に対抗するかのようにして、この時期には南方熊楠や柳田国男らの自然村思想を再評価する内発的発展論も活発となった。この内発的発展論は、官僚や知識人などエリートによって推進されてきた中央集権的近代化に反対し、あるべき地域公共圏像の再生を願う人たちによって理論化されたものである。しかし、この内発的発展論にも、その共同体論の情緒性、甘さのゆえに（本書4.5参照）、第Ⅱ象限にとどまるものが少なくなかったが、その先端部分──たとえば鶴見和子の理論──は第Ⅰ象限を望む位置に達していたと考えられる。ただし、ムラが権力的統合の基盤になったという過去の経験（歴史的現実）が過小に評価されている点など、それを第Ⅰ象限の理論と確定するには依然若干の保留事項（括弧付け）が必要であった。

2　60年〜70年代おける地域公共圏像の相克

60年〜70年代においては、村落二重構造論に以上のような特徴が見られたが、とくに注目されるのは、当時の先端理論の間で深刻な論争──地域公共圏像の相克──が存在したという点である。

一方において島泰彦・宮本憲一・羽仁五郎・篠原一・松下圭一らが提唱する自治体改革論が存在し[49]、他方、この時期には、「経済成長主義ではなく人間尊重を」と言うにとどまらず、「国家単位ではなく地域単位を」「エリートではなく地域の人たちを」といったシェーマで、近代のパラダイムを転換しようとする鶴見和子らの内発的発展論も併存し、両者は深刻な対立関係にあった。すなわち、自治体改革論の側から発せられた民主的契機発展論と、人間尊重や持続可能性論の側から発せられた内発的発展論との相克（理論的違和感・反発）は、当時のイデオロギー状況下においては避けられず、両者の間には越えることのできない壁が存在した[50]。

しかし、その志向するところが、どちらも非権力・非資本の中間媒介領域（地域公共圏）に関する理論の探究と創造にあったという点が見落とされてはならない。民主的契機発展論と内発的発展論の接近と対話可能性の条件が熟するのは、1990年代に入ってからである（本書第7章参照）。

注
1)　石母田正［1952：173-202］。

第 4 章 転換期における村落二重構造論　*83*

2)　戦後改革期から60年～70年代にかけてはマルクス主義の立場にたつ研究者を中心に理論的反省、とくに自己批判が相次いだ。そうした現象自体が注目されるが、当時は「理論と倫理」の間にとりわけ緊張した関係が見られた。

3)　渡辺洋三 [1959：173] 参照。

4)　大石嘉一郎 [1961：5 - 6]。

5)　島恭彦 [1958：4 - 5]。

6)　同上、32頁。

7)　宮本憲一 [1958：50] 参照。

8)　同上、47～50頁参照。

9)　大石嘉一郎 [1961：1 -11、373-417] 参照。

10)　同上、7 頁。

11)　大石嘉一郎 [1990：33-34]。

12)　同上、36頁参照。

13)　同上、47～48頁参照。

14)　1950年～60年代の地方史研究の問題点に関しては、中村正則 [1984：48-56] 参照。「地方は基本法則の検証の場ではない」「地方史を無媒介的に全体史に直結させてはならない」ということが、50年～60年代において重要な争点になった。

15)　中村吉治 [1957：1 - 9]。

16)　同上、8 頁。

17)　世界史の基本法則にまで視野を拡大して共同体論を展開した基本文献としては、大塚久雄 [1955]。本書3.3参照。

18)　中村吉治 [1957：110-111]。

19)　同上、174頁参照。

20)　同上、103頁参照。

21)　同上、169頁。

22)　北條浩 [1979：615-625] 参照。

23)　高木鉦作 [1976：271-272]、辻清明 [1976b] 参照。

24)　同上、279～280頁参照。

25)　同上、283～292頁参照。名誉職体制については石川一三夫 [1987] 参照。

26)　高木、同上、293～294頁参照。

27)　同上、294～296頁参照。

28)　たとえば、芝田進午 [1970：228] 参照。

29)　色川大吉 [1970：295-296]。

30)　鶴見和子 [1998a：57]「土着文化の普遍化への道」参照。

31)　同上、237頁、「常民と世相史」参照。

32)　同上、242頁、「漂白と定住と」。

33)　ここで近代化論とは、1960年代に有力となったドーア（Dore, R. P.）らのアメリ

84 第Ⅰ部 村落二重構造論の形成と展開

の理論を指すから、本書で言うところの近代主義とは必ずしも同じ発想類型に属している
わけではない。むしろ両者は、「前近代的なるもの」「日本的なるもの」の評価をめぐっ
て、対立する関係にあった。しかし、歴史の事実の中から法則性や型を抽出する方法を
重視している点で、近代化論と近代主義、そしてマルクス主義も同じ系譜に属すると鶴
見和子は見ていた。

34) 鶴見和子 [1998a：282-284]「柳田国男の普遍性」参照。

35) 同上、[1997：80]「マルクス主義から内発的発展論へ」。

36) 同上、[1998a：280]「柳田国男の普遍性」参照。

37) 鶴見らの内発的発展論は、〈法的な権利義務の体系としての行政村の近代的な役割〉
を十分に評価する視座を欠いていた。また、歴史における法則性を重視する宮本憲一や
大石嘉一郎らに代表される民主的契機発展論に反発し、それらと論点を共有できていな
かった点で、少なくとも60年～70年代においては依然〈第Ⅱ象限志向〉にとどまる理論
と見なされていた。鶴見らの内発的発展論が第Ⅰ象限志向の理論として学界や論壇で市
民権を得たのは、これまで日本の村落二重構造論に大きな影響を与え続けてきたマルク
ス主義が後退し始めた80年～90年代になってからのことである。

38) 守田志郎 [1978：175]。

39) 堀越久甫 [1979：79]。

40) 菅孝行 [1977：47] 参照。岩本由輝 [1978：347] 所引。

41) 河村望・蓮見音彦 [1958a：735]。

42) 同上、736～737頁参照。

43) 同上、742～743頁。

44) 同上、742頁。

45) 河村望・蓮見音彦 [1958b] 参照。

46) 日本社会の二重構造（半封建的資本主義）の解明は、戦前の講座派以来、マルクス
主義が強い関心を持ちつづけてきたところであるが、その延長線上において新機軸を打
ち出そうとしていた点に河村・蓮見論文の特徴が認められる。しかし、それは必ずしも
村落そのものの内面に立ち入ることを課題にしていたわけではない。村落構造そのもの
の分析という点では、河村・蓮見によってきびしく批判された鈴木栄太郎・有賀喜左衛
門・福武直らの研究のほうが、かえって具体的な内容とイメージを私たちに与えてくれ
る。

47) 中野卓 [1980：66-67、71-72] 参照。

48) 岩本由輝 [1978：325-348] 参照。同著には、柳田国男をはじめ後藤総一郎・綱沢満
昭・色川大吉・桜井徳太郎・鶴見和子・松本健一・芳賀登・木村礎・平山和彦・天沼
香・和歌森太郎・橘川俊忠・福田アジオ・佐々木健らの共同体論が批判の対象として紹
介されている。本書執筆に際して、多くのことを学ばせていただいた。岩本由輝には共
同体に関する理論的・実証的な多数の著書があるが、そのうち岩本由輝 [1989：5] に
は、「かつて否定されようとしたときもそうであったが、いままた肯定的に取り上げら

れようとしている場合にも、共同体の歴史的意義をふまえた議論がはたしてきちんとなされているかということになると、はなはだ心許ないものがある。もしかすると、いずれの場合においても、本来の共同体ならざるものを共同体と誤認したうえで、それを否定したり肯定したりしているだけかも知れないのである。そのことは、結局のところ、共同体の問題が、いつもその本格的な史的考察が十分になされないままに実践的課題と結びつき、いささか流行的にとりあげられることに起因するのではなかろうか」という指摘が見られる。

　なお、余談になるが、東京生まれの岩本がムラを発見したのは満４歳の時で、山形県東置賜郡にある母方の祖母の生家を訪れたことがその機縁になったとのことであるが（同３～５頁）、筆者にはこのエピソードが興味深く感じられた。戦争中の疎開体験や夏季休暇中の親戚滞在などが機縁になって、共同体研究を志した研究者——たとえば川島武宜もその一人——は意外に多いのではないだろうか。宮本常一らの原体験とは異なる。

49）　島恭彦によれば、60年～70年代においては単なる地方自治論ではなく自治体改革論が重要な争点になった。すなわち、この時期においては地方自治の概念を「基本的人権を擁護する地域民主主義運動から民主的な制度や自治的な組織までをふくむはば広い概念」として理解することが重要となり、次のような点が議論された。①これまで国家機関の下部組織とされてきた自治体の民主的側面をいかに活用するかという問題。②高度経済成長によって破壊された地域生活の均衡回復を目指す住民の組織づくりをいかに進めていくかという問題。③国政革新の展望のなかで自治体改革をいかに位置づけるかという問題、等々。これはマルクス主義の側から見た論点整理であるが、そこには当時においていかなる地域公共関係が求められていたかが示されているとえよう。大衆社会といわれる時代において地域の住民を組織し、民主的改革を目指すなどということが果たして可能であろうか。国民国家・官僚制度・議会制民主主義・行政の広域化・地域社会の変貌など、いずれの角度から見ても、地方自治は近現代史の展開にともない衰退過程をたどらざるをえないのではないか。島恭彦によれば、そうした広く流布している通説ないし俗説を克服していくことが現代的課題とされていた。地方自治の役割を過小評価する歴史認識、たとえば地方自治を封建的なものと見る理論や、国家の行財政制度の枠内にあると見る理論をいかに批判・克服していくかが、60年～70年代の課題であった（島恭彦［1975］参照）。

50）　芝田進午編［1970］参照。同書は民主集中制を擁護する立場から、たとえば「官僚制組織に対する小集団の強調」あるいは「中央集権制を小単位の自治におきかえる主張」などを、ユートピア的であると断じている（同250頁、河村望執筆）。

第5章

地方改良運動の研究
——60年～70年代——

　以下、本章と次章においては、村落二重構造論をめぐる理論的対立——地域
公共圏像の相克——が具体的にどのような研究テーマとなって現れてくるかを、
「地方改良運動研究」（第5章）と「村落類型論・村規約論争」（第6章）を中心に
整理しておきたい。いずれも転換期とされる60年～70年代の研究である。

5.1　三つの研究視角

　村落二重構造論に関する60年～70年代における理論的対立を端的に示してい
るのは、この時期以後、様々な視点から実証が進められることになった地方改
良運動に関する研究である。

1　地方改良運動とは

　地方改良運動とは、日露戦後経営の一環として実施された内務省主導の農山
漁村振興運動のことである。この地方改良運動の背景について、当時の内務官
僚は概略こう述べていた。「日清・日露戦争という国難に際して日本が国力を
あげて立ち上がる時に、国家の基礎となる町村自治体の力量がいかに貧弱であ
るかを知り驚いた。当時の町村の実情を見るに、部落間の和というものがまる
で出来ていない。その主な原因は何かといえば、神社を中心として団結すると
か、あるいは部落有林野を中心として団結するなどの部落感情が根強いからで
ある。そこで内務省が考えたのが、部落感情の中心となる部落有林野を町村の
下に統一し、神社を合併することであった[1]」。

　この内務官僚の言葉が示しているように、地方改良運動とは、部落有財産の
統一や村社の統廃合など、村落二重構造のあり方に深刻な影響を与えることに
なる官庁主導の運動のことである。この日露戦後に出現した村落史の一転換期
に着目し、60年～70年代には地方改良運動の歴史的研究が盛んになった。

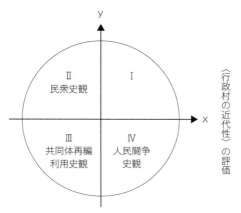

図5-1　地方改良運動研究の3類型
出典：筆者作成。

2　地方改良運動研究の3類型

ごく大雑把に分類するならば、地方改良運動の研究には三つの型が存在する（図5-1参照）。

第1の型は、地方改良運動を伝統的な家族制度や隣保共助の復活強化を目指した官庁主導の運動と見なす視点からの研究である。戦後改革期の通説を継承した共同体再編利用史観（第Ⅲ象限的視点）がこれに該当する。

第2の型は、地方改良運動を単なる旧慣への復活としてとらえるのではなく、同運動を農村のブルジョア的発展（中農層の台頭と小作争議の頻発）への対応、すなわち資本主義の一定の発展段階に照応する帝国主義的国家再編への布石と見なす視点からの研究である。60年代以降に有力になった人民闘争史観（第Ⅳ象限的視点）がこれに該当する。

第3の型は、地方改良運動によっても破壊されることのなかった自然村の生命力、たとえば固有信仰の強靭さに着目し、そこに自治の源泉を見ようとする視点からの研究である。柳田民俗学の系譜につらなる民衆史観（第Ⅱ象限的視点）がこれに該当する。

共同体再編利用史観（第1の型）と人民闘争史観（第2の型）は、地方改良運動を旧原理の復活と見るか新原理への転換と見るかで対立関係にあるが、ムラ（自然村）に内在する旧慣・習俗・信仰などの原理を過小に評価し、その原理の

再編利用が可能だとしている点で共通している。これに対して民衆史観（第3の型）はあくまでも独特で、第1にムラに内在する旧慣・習俗・信仰などの原理を高く評価している点で、第2にそうしたムラの原理を権力的に破壊することは到底不可能だと主張している点で、共同体再編利用史観（第1の型）ならびに人民闘争史観（第2の型）と鋭く対立する関係にある。

5.2 共同体再編利用史観・人民闘争史観・民衆史観

　第1の型を代表する大島美津子と、第2の型を代表する宮地正人、第3の型を代表する橋川文三の所説を見ておこう。[2]

1　大島美津子の共同体再編利用史観

　地方改良運動を共同体秩序の再編利用の枠内で理解する戦後改革期における通説は、大島美津子へと引き継がれていった。大島の初期の研究には、次のような特徴が認められる。

　第1に、大島は、地方改良運動の性格に関して「町村社会に底深く根をおろしそれを構成している所謂『醇風美俗』を、上からの政策浸透ルートの底辺として包摂し固定する政策がとられた」[3]と位置づけている。このことからも明らかなように、大島の研究は醇風美俗の復活を強調した共同体再編利用史観を継承している点に特徴があった。大島は「日本的統治風土の形成」について次のように述べている。

　　上からの理念が実際の生きた成果を挙げるためには、底辺の社会的側面とその変化に適応した形をとらなければならないという認識が政府当局者に明瞭に抱かれるようになる。下からの自生的な小宇宙の成果の全国的拡大である模範町村の設定はこの認識を明らかに示している。このことは、町村制制定過程以来みられる近代的統治方法と封建的諸関係の接触点における権力と共同体との摩擦関係に、権力の側が共同体的関係を自己に必要な限りで積極的に包括するという一つの決定的解決を与えたといえよう。官僚的統治と有力者支配の結合という町村制のシェーマもこれを通じて町村に定着して行き、こゝに日本的統治風土が形成されて行くのである。[4]

　第2に、大島の研究は、地方改良運動期に結成された戸主会・青年会・婦人

会・処女会をはじめ種々の矯風組織や行政補助組織を、もっぱら内務官僚による部落共同体の再編強化の一環として位置づけている。大島は次のように述べている。

> 町村制施行当時には、役場—区と町村会というかたちでしか存在しなかった行政系列のほかに、納税組合、在郷軍人会、共同貯蓄組織、農会、産業組合等をたくさん作り出し、本来被支配層であり、権力に敵対的であるはずの層を体制の側の基盤として巧みに組織化し、彼らを通じて民衆を把握したのである。これは、反体制側に対する、体制側の政治指導の著しい優越性を示し、日本の支配体制の強固さを示す面である。そこには、伝統的な歴史をもって存在する農村内の支配原理——階級的、長老的、保守的、家格的——がすべて内包され官僚的統合と結合した。有力者支配の理念は、町村制によって統治原理としての確立を示したが、それが現実のものとなったのはこの時点であると言えよう。[5]

　要するに、内務官僚がムラを重視するようになったのは、官治行政の効果的な浸透を図るためであったというのが大島の主張であった。こうした大島の地方改良運動研究は、戦後改革期における石田雄らの共同体再編利用論を継承したものである。

2　宮地正人の人民闘争史観

　この大島美津子の地方改良運動研究は、国家権力と人民闘争のダイナミズムの解明を目指す人民闘争史研究へと批判的に継承発展されていった。

　ここで人民闘争史研究とは、宮地正人「地方改良運動の論理と展開」(一)(二)(『史学雑誌』1970年、第79編 8・9 号) をはじめとする、木坂順一郎「日本ファシズムと人民支配の特質」(『歴史学研究』1970年10月別冊)、森武麿「日本ファシズムの形成と農村経済更生運動」(同上、1971年 1 月別冊) など、第 2 の型 (第Ⅳ象限的視点) に属する研究のことである。いずれも従来の政治構造研究に見られた静態的方法 (共同体再編利用論) を批判し、人民支配に内在する矛盾の動態的把握を重視しようとするものであった。そうした研究によって、地方改良運動や農山漁村経済更生運動の研究がそのあと活性化するが、その結果、村落二重構造論が一つの新たな段階を迎えることになったという点が重要である。

　とくに歴史研究の分野において理論的に影響が大きかったのは、日露戦後の政治史に焦点を当てた宮地正人「地方改良運動の論理と展開」である。この宮

地の研究は画期的なもので、帝国主義段階にふさわしい財政的・社会的・イデオロギー的基盤を創出するために共同体的諸関係が破壊され、「国家のための共同体」を作り出す政策が展開されたという点が強調されている[6]。そして、その方向を強行しようとすればするほど、国家官僚は町村内部における生産力の担い手である「篤志家」「有志家」の力量に依拠せざるをえなくなった、という点も強調されている[7]。

　この宮地の結論は、それ以前の通説的見解とは少なくとも次の2点において異なっていた。第1に、地方改良運動が封建的諸関係（醇風美俗）を包摂し固定する政策を推進したものとはとらえていない点。第2に、地方改良運動の担い手、つまり「篤志家」「有志家」らの中間層的役割を明確にし、その成長が人民支配の新たな矛盾を生み出す要素になったとしている点である。

　宮地の地方改良運動の研究は、従来の共同体再編利用史観の枠組みを破って人民の側から成長してくるエネルギー（民主的改革の契機）を正当に評価することのできる動態的方法を提起しており、当時の歴史学界のオピニオンリーダとしての役割を果たした。

3　橋川文三の民衆史観

　最後に、地方改良運動研究の第3の型であるが、ここでは大島美津子や宮地正人の研究視角とはまったく異なった視座からなされた橋川文三の研究を見ておこう。60年〜70年代は、すでにふれたように共同体や自然村に対する再評価論が盛んになった時代でもあるが、橋川の村落二重構造論はまさにそうした理論状況を代表するものであった。橋川の村落二重構造論においては、とくにその「地方擬制論」が重要である。

　橋川はまず、山県有朋らの「旧慣尊重」「郷里郷党」論、すなわち地方を「春風和気」の世界としてとらえる専制的官僚史観を批判するところから始める。すなわち、山県らの官僚史観は一見、自然村を尊重しているかに見えるが、実際には「自然村の実態の内在的過程に対する超越性ともいうべき無関心[8]」をその特徴としている、というのが橋川説の起点であった。橋川は、山県らによって擬制された絶対主義官僚の「傑作」である村落二重構造の制度化を批判して、次のように述べている。

　　　〔山県有朋らは——引用者注〕流動しつつある村落共同体の原理の内在的把握に

よってではなく、むしろその否定的な先取——括弧づけ——によって、いわば自然村秩序一般を擬制的に設定することによって、その制度化を達成したということである。この事情は、「本来、擬制（フィクション）である制度を現実と対置させるのではなく、現実を一定の擬制として設定した上に、制度を設定した」（大島太郎）といわれるものにほかならず、また「天皇制に固有の両極的二元構成の自覚的成立」（藤田省三）といわれるのもそれに関連している。こうして生じた結果を伝統的村落形象の側から見るならば、それはその実体の二重の疎外としてあらわれる。という意味は、それがたんに制度上の権利主体としてローマ法的に擬制されたというばかりでなく、その自然性そのものをもまた制作されたということ、いいかえれば、自然村が自己の内部からする規範創出の能力を奪われたということである。[9]

　橋川によれば、1888（明治21）年の町村制の導入は二重の意味における擬制（フィクション）を意味した。すなわち、第1に「行政村」のローマ法的擬制によって、第2に「自然村」の自然性そのものの擬制によって、それは二重に擬制された絶対主義官僚の傑作であったと橋川は述べている。とくに橋川が、自然村の観念自体が擬制されたものであることを強調し、そこに「地方」の実体が欠落した疎外態の存在を指摘しているところが重要であろう。地方というものは本来、生き生きとした個によって構成されており、自己の内部から発する規範創出力を有する生命体のようなものであった。ところが、山県らはそうした地方の個性を尊重しようとせず、それを外在的に「春風和気の郷党社会」として一般化し固定化し、操作利用する政策を採用した、というのが橋川の批判であった。このように、山県有朋らの官僚主義的発想がそのタテマエとは逆に第Ⅲ象限——〈公法人としての行政村〉も〈地縁組織としてのムラ〉もともに評価しようとしない象限——に位置づけられることを看破しつつ、[10]橋川は次のように理論展開している。

　　しかしこのような特殊な巧妙さをそなえた平準化も、〔日露戦後経営期の地方改良運動期においては——引用者注〕その全面的な進行過程の極限において、必然的に一切の擬制を拒否するような実体形象に撞着せねばならなかった。いわばそれは、日本的平準化の特殊形態が、まさにその特殊性の故に包含した自己矛盾のあらわれともいうべき局面であった。それは端的にいえば、個人の実存であり、その実存の社会形態としての信仰心意の問題であった。われわれが以下に見よ

うとするのは、自治制によっても、教育勅語によっても、ついに内在的に包括しえなかった民間信仰の世界であり、それを一つの契機として展開した「地方」の自己意識化の試み——疎外克服の試み——である。[11]

　この文章中には、橋川の村落二重構造論のいわば精髄のようなものが表現されている。日露戦後経営期においては、村落のローマ法的擬制によっても、また自然村原理の擬制によっても、あるいは教育勅語の普及によっても、さらには靖国神社に象徴される国家的礼拝体系への組織化によっても、ついに掌握し切れなかった「個人の実存」、すなわち村落共同体における即自的な民衆信仰の世界が顕現したと、明記されているからである。橋川は「氏神信仰はいわば自然村落のもっとも深い核心要素として、いかなる擬制的思考をもうけつけない社会的実体にほかならなかった。氏神の存在とその本質をめぐって、行政的集中原理と地方的実体との矛盾が明瞭な輪郭を浮び上らせたのも当然であった[12]」と断じている。そうした表現の中にも、「春風和気の郷党社会」として把握された山県有朋らの地方像とは全く異なる、新しい地方理念を探究しようとした橋川の問題意識がうかがわれるであろう。橋川は柳田民俗学を再評価する視点から、次のように述べている。

　　類型的にいえば、国家官僚の氏神観はその雑多性・猥雑性を無価値な自然状態として、もっぱら行政的規制によって画一化を進めようとする。それに対して、柳田はその雑多性の中に理由を見出し、純粋な地方民衆生活の原理形態を明かにしようとする。前者が絶対主義権力の外発的要求にもとづく地方処理であるとすれば、後者は民衆生活の内発的要求を原理化することによって、かえって国家論理の形態を規制しようとする意味を含んでいる。いわば明治の地方自治制がいわゆる「郷党原理」という擬制的な魂を地方に付与したのに対し、実体としての地方の魂を明かにしようとしたのが柳田の仕事であった。[13]

　官僚の擬制によって画一的な疎外態に陥ってしまった地方を、「民衆生活の内発的要求を原理化」することによって実体化（復権）していこうとする動き——たとえば南方熊楠や柳田国男の自然村擁護論——が、地方改良運動期に顕在化したというのが橋川理論の要諦であった。マルクス主義とも近代主義とも違った〈第Ⅱ象限的発想〉がそこに認められるであろう。宮地正人の「国家のための共同体」論とは明らかに異なる視座からの、村落二重構造論の新展開である。

第5章　地方改良運動の研究　　*93*

おわりに

　以上、60年〜70年代に活発になった地方改良運動の研究を事例として、村落二重構造論の３類型を見てきた。きわめて大雑把な整理ではあるが、この時期には共同体再編利用論を継承した史観だけでなく、その克服を目指した人民闘争史観（動態的研究）や、そうした研究史とは別個の系譜に属する視座（民衆史観）からの研究が存在したことが一応確認できたであろう。

　そのような全体的な相克の構図を念頭におきつつ、ここで、一見対立しているかに見える理論の間にも意外に共通した発想が認められることがある、という点に言及しておきたい。すなわち、橋川文三の自然村再評価論と、海野福寿・渡辺隆喜の市民社会論に見られる課題意識の共通性を確認し、この章の小括に代えたいと思う。

1　海野福寿・渡辺隆喜の市民社会論

　橋川文三の研究は、共同体再評価論の立場からする村落二重構造論の新展開であったが、講座派理論を批判しようとする研究の中からも新しい展開が見られた。イタリアのマルクス主義思想家であるグラムシ（Gramsci, A.）の市民社会論、とりわけそのヘゲモニー論に依拠した、海野福寿・渡辺隆喜の村落二重構造論（地域公共圏論）である。海野・渡辺は近代日本の町村制下の村落二重構造について次のように述べている。

　　もとより制度は現実の直接の反映として成立するものではなく、つねに擬制的・作為的であり、さらに技術的側面をもっている。しかし町村制はたんなる擬制ではなく、二重の意味における擬制・自然村の疎外形態としてつくられた。「擬制」（フィクション）である制度を現実と対置させるのではなく、現実を一定の擬制として設定した上に、制度を設定した」（大島太郎『日本地方行財政史序説』300頁）からである。〔中略〕新施行の町村制は本来的なプロシア町村でもなく、伝統的な自然村でもなかったのである。さらにいえば観念的存在としてのみ制度化が完成したのである。だが、ひとたび制度化されるや、一方で生活実体（住民）と制度はますます遊離＝無関係の間隙を拡げるとともに、他方で観念化された制度は、実体に強い拘束を加え、実体から遊離した次元で（たとえば官治的に）制度自体を固定化しその発展を抑止することを避けることができないであ

ろう。このような制度の下における個々人は、その経験的な生活実感として感
得する矛盾を合理的エネルギーと化する能力を喪失してしまい、市民的秩序形
成＝自治規範創出の能力を失うところとなる。そこでは、かのカリスマ的指導
者に対する家父長的敬愛のみが、生活・行動規範として機能せざるをえない。[14]

　海野・渡辺は、町村制の二重の意味における擬制の下で「市民的秩序＝自治
規範創出の能力」を喪失した近代日本の現実を、以上のように描いたうえで、
そうした近代日本の現実を変革の対象として研究するためにはいかなる国家論
が必要であるかと自問している。

2　非国家的な地域公共圏論の探究

　この問いに対する海野・渡辺論文の結論は、まず「1960年代から現在に至る
までの時期は変革の課題と結びついた国家論の時代である[15]」という点にあった。
ついで同論文は、変革の課題に結びつけて近代天皇制国家論を再構築していこ
うとする場合、従来の講座派の国家機構論（狭義の国家論）をもってしてはカバー
しきれない領域があまりにも広いとして、グラムシの市民社会論に依拠する。
すなわち、「私的・非国家的機関を媒介として、強制によってではなく、イデ
オロギー・レベルでの同意の領域において機能する[16]」ヘゲモニーを重視した国
家論の必要性を論じている点が、海野・渡辺の着眼の新しさであった。そうし
た着眼のもと、上掲のような村落二重構造論が展開されたわけであるが、その
発想が橋川説と軌を一にしている点がとりわけ注目される。

　橋川理論は柳田民俗学を再評価するものであり（第Ⅱ象限志向）、他方、海野・
渡辺論文はマルクス主義の創造的発展を目指すものであったが（第Ⅳ象限志向）、
両者の村落二重構造論には通底したところが認められる。仮に出発点は異なっ
ても、その目指すところが非国家的な中間媒介領域としての地域公共圏——村
民が共同で意思決定する連帯的結合の場——の理論的開拓、すなわち市民的秩
序の形成力の探究であるかぎり、そこには究極的に〈第Ⅰ象限志向〉の課題意
識を共有しうる条件が徐々に成熟しつつあったという点が重要である（図4-1
参照）。

注
1)　遠藤治一郎『公有林野整理統一の沿革』、大島美津子［1977：202-203］所収。
2)　石田雄・宮地正人・橋川文三の発想上の違いについては、山田公平［1991：490-491］

第 5 章　地方改良運動の研究　　*95*

　　参照。また石田雄・宮地正人の発想上の違いについては、大石嘉一郎［1990：168］参
　　照。
3)　大島美津子［1959：73］。
4)　同上。
5)　大島美津子［1994：311-312］。
6)　宮地正人［1970：（9）47-56］参照。宮地正人［1973］に所収。
7)　同上、（9）79〜84頁参照。
8)　橋川文三［1968：42］。
9)　同上、43頁。
10)　官僚主義的発想については、第1章の注8）、参照。
11)　橋川、前掲、44〜45頁。
12)　同上、45頁。
13)　同上、57頁。
14)　海野福寿・渡辺隆喜［1975：276］。
15)　同上、i頁。
16)　同上、201頁。

第 6 章

村落類型論と村規約論争
——60年〜70年代——

60年〜70年代には、法社会学や政治学・経済学・歴史学などの影響を受けた法社会史研究が現れ、この新しい研究領域からも村落二重構造論の深化が見られた。

6.1 法社会史研究の登場と村落類型論

法社会史研究の立場から村落構造論の分野を拓いた研究者としては、熊谷開作・井ケ田良治・神谷力の名を逸することができない。

1 熊谷開作の法社会史研究

熊谷開作の研究はしばしば「庶民法史学」の名で呼ばれるが、その方法の特徴は、法社会学をはじめ生活史・民俗史・道徳史・思想史などの研究成果にも学びつつ、ムラの中で脈々と生きつづけてきた慣習や規範の歴史を明らかにすることにあった[1]。従来のオーソドックスな法制史とはまた違った法社会史の研究領域を開拓すること、そして、「ブルジョア」「官僚」「労働者」などの概念を駆使した闘争史観によっては描き切れない中間媒介領域像を描き出すこと、それが熊谷の研究目標であった。

中間媒介領域ということで筆者がとくに注目したいのは、熊谷の法社会史が、家族法・土地法といった私法史研究を中心に展開されていた点である。私法史を抜きにした地方自治史研究だと、どうしても中間媒介領域を開拓するうえにおいて様々な弱点を残すことになる。熊谷の研究においては国家論のみが肥大化するということは一切なく、「ムラ → 行政村 → 国家」という下からのベクトルが重視されていた。また、熊谷がとくに注目したのは農民の生産と生活が凝集する村落であって、村落を私的土地所有権の成立や入会地の分割などによって解体することには終始懐疑的であった。すなわち、国家論や私権論の肥

大化に抗して、中間媒介領域像の探究を志すのが熊谷の研究スタイルであった[2]。

　熊谷の主たる研究テーマは土地総有権・入会権・水利権・漁業権などであったが、それらは要するに村落の生産と生活のシステムが私的所有権によっていまだ分断されていない世界を意味した。すなわち、森林・牧草地・河川・海浜・漁場といった、自然の生態系がいまだ分断されていない領域の法社会史を究めることが熊谷の終生の課題であった。この熊谷の研究課題は、遠くは柳田国男や南方熊楠、近くは鶴見和子らの自然村再評価論ないしは内発的発展論の系譜、つまり日本における最良の保守主義・歴史主義の系譜につながっているだけでなく、そのチャンネルを通じて市民主義、すなわち反権力的・反営利的運動を支える理論とも一脈相通じるものがあった。

2　神谷力の村落類型論

　しかし、熊谷の研究においては、村落二重構造論を理論的に深めるということはなかった。近代法社会史の分野においてこの研究に最初に着手したのは神谷力である。神谷もまた熊谷開作と同様、ムラの側に身をおいて、国家法の論理が様々な形で貫徹してくる地域社会の諸相を研究することに力をそそいだ研究者である。

　神谷はまず、これまでの石田雄・大島太郎・大島美津子らの研究方法を批判し、それらはいずれも中央官庁の法令分析にとどまっているために、その研究成果が総じて「制度的・行政的視野に跼蹐」したものになっているとする。また大石嘉一郎の研究に対しても、それがもっぱら経済史の側からなされた研究であるために、法令の具体的な分析が欠けていると批判している[3]。神谷は、そうした批判的見地に立って、戸長管区期（1884〜1888年）における「行政単位としての村」と「生活共同体としての村」の二重構造の態様を実証的に研究し、その多様なあり方の定式化を試み、次のように述べている[4]。

　　(a)　一口に村落の二重構造というけれども、その態様は決して単純ではない。地主制の展開度に対応して、様々な類型を抽出することができるからである。

　　(b)　すなわち、戸長管区の成立を契機として、管区内の村は、村会を組織し行政単位としての側面を強めた村（A 型）と、村会を組織せず実質的

に管区内における組合体にとどまり生活共同体としての側面を維持した村（B型）に分類することができる。

(c) A型の村においては、管区戸長―村会系列によって支えられた行政単位としての村（上層農の村方支配）の下に、村惣代―寄合系列の「生活共同体としての村」が従属するという村落二重構造が成立した。

(d) 他方、B型の村においては、村惣代―惣集会を媒介とする共同体的村方支配、もしくは村惣代―「三長会」を媒介とする役職特権者の村方支配が生活共同体としての村の中に形成されて、それが主導する階層的村落構造が成立した。

神谷は村持入会地の変容過程を分析しつつ、以上のような村落類型論を導き出しているが、この神谷説は、入会権に関する中田薫説（村総有説）と戒能通孝説（部落総有説）を検証する過程で生まれたものである。すなわち、それは村民の入会権を擁護しようとする具体的な実践課題と結びついた村落二重構造論の展開であり、そこに強みがあった。

3　村の解体過程の実証研究

神谷論文が『法制史研究』第9巻（創文社、1959年）に発表されてから6年後に、武井正臣・熊谷開作・神谷力・山中永之佑らの共同研究『日本近代法と「村」の解体』（法律文化社、1965年）が刊行された。この研究の基本的視点は、地主制展開の度合に基礎を求めながら各地方における町村制の類型的展開を考えるというものであった。[5]

同書のハイライトは、中後進地帯の愛知県と先進地帯の堺県の比較研究がなされている個所であるが、そこで展開されている村落二重構造の類型論は、先の神谷説を援用しつつそれを豊富化したものであった。すなわち、行政村の下に設置された区長の選出方法には、ムラで選ぶ型と、行政村で選ぶ型が存在し、また同じムラで選ぶ場合にも、区会型・評議会型・役職会型・区総会型・惣集会型などの多様な選出類型が存在する。そして、それらの型が先進地帯・中進地帯・後進地帯における地主制の展開度に対応して様々な組み合わせになる、というのが彼らの理論的見通しであった。

結論として、共同研究者は次のような仮説を導き出している。先にふれた大石嘉一郎の類型論をふまえながら、行政村と自然村の二重構造の具体的態様に、

法史学の視角から光を当てたものである。

　一般的にいって、旧村において寄生地主層が早期に成長発展しつつあったところでは、すでに述べた土地所有に基礎をおく地主上層農支配の区長―区会ないし区長―評議会という支配系列をもつＡⅠ型、ＢⅠ型の行政区部落が形成された。こうした「村」にあっては、小農民および家一般の権利主体性が否認され、土地所有の大小にもとづく新しい家の階層制が成立する。そこでは、旧村の「団体性」の解体に対応して旧共同体的秩序が崩壊し、新しい地主支配秩序が形成貫徹された。これに対し、旧村において村役筋の名望資産家や重立農家が寄生地主へ転成しつつあるか、あるいは少し遅れて上層農が寄生地主化のコースを歩みはじめつつあったところでは、役職特権者支配の区長―役職会系列または全高持農民支配の区長―区総会系列、全農民支配の区長―惣集会系列を有するＢⅡ型、ＡⅡ型、ＢⅢ型の行政区部落がそれぞれ形成されたと考えられるであろう。この型の「村」においては、地主層の生成に基礎づけられた「村」の解体に対応する構造的変化を示しながらも、なお小農民および古くからの家一般の権利主体性が認められ、旧来の身分階層制秩序が温存される。そこでは、役職特権者による「村」（部落）支配または総村民的「村」（部落）支配の体制が、まだ維持される余地を残していたのである。[6]

4　井ヶ田良治の複合的協同体概念

　戒能通孝の「生活協同体としての村」という概念が、村民の入会権を守るうえにおいて有効な武器になったことは、すでに述べた通りである。しかし、この戒能の概念にも盲点があった。戒能の概念の盲点についてはすでに西川善介から問題提起がなされていたが、これに加えて井ヶ田良治はさらに次のような理論展開を試みている。[7]

　⒜　行政村の外皮におおわれながらもそれと区別される生活協同体を入会権の主体と見る戒能説には、入会権者の権利を保護しようとする積極的側面があった。しかし、戒能の主観的意図に反し、二睦事件裁判において入会権差別を正当化する鑑定証拠として悪用されたことに示されているように、氏の生活協同体概念には問題がある。

　⒝　戒能説は、未解放部落民は別の生活協同体を構成していたとして、彼らを一般農民の生活協同体から除外している点で誤っている。未解放部

落民は「複合的生活協同体」の一員として、不平等ながらも惣村民と入
会権を享有していたという歴史事実が看過されてはならない。

(c) なぜ戒能の生活協同体概念には問題が生じることになったのか。それ
は戒能の歴史事実に対する認識の不十分さに原因がある。すなわち、戒
能は歴史事実の全面的検討をせずに、大審院の判決内容を江戸時代以来
の歴史事実だと速断してしまう誤りに陥っている。

(d) このことは、裁判史料を使用する際には、それを歴史事実として短絡
的に理解するのではなく、イデオロギー批判をふくむ科学的な史料批判
が必要であることを教えている。

このように、井ヶ田は近世における村落構造に関して「複合的生活協同体」
という概念を提起したわけであるが、そこには入会権の実証研究を媒介にした
村落構造論の深化、すなわち戒能通孝説 → 西川善介説 → 井ヶ田良治説という
学説の継承発展が認められるであろう。井ヶ田はその点について次のように述
べている。

> 行政村と生活協同体の村とを理論上分離すべきであるとした戒能氏のすぐれた
> 主張をいっそう発展させ、実際においても行政村と生活協同体としての入会団
> 体とが別であったことを明らかにされたのは西川善介氏の『林野所有の形成と
> 村の構造』であったが、私はさらに複合的生活協同体の存在を認めるべきだと
> 考える。こうしてはじめて未解放部落民の入会権は従来の入会理論の発展のな
> かで整合的に認めうるものとなるのではなかろうか。[8]

村落構造は実は二重ではなく、「行政村」「複合的生活協同体」「生活協同体」
というように三重になっていたとする井ヶ田説は、先にふれた中村吉治の共同
体の機能分化説や、北條浩の村落三側面説などと重なり合うところがあり注目
される（本書4.3参照）。

5　公法人としての行政村・区の近代性

井ヶ田良治『近世村落の身分構造』（国書刊行会、1984年）第四章「近世村落身
分秩序の崩壊——奈良県吉野郡中荘村樫尾——」には、本書の主題にとって興
味深い論点が提示されている。[9]それは、封建的特権身分（家格）により寸断さ
れていた村落が、本来の統一体としての生活協同体になるためには、無権利状

態にあった一般農民の団体性が近代国家によって承認されなければならなかった、とする指摘である。

　半公事家が公的な立場にたつためには、江戸時代において、家格によって寸断されていた村が本来の統一体として村落協同体となる事が必要であった。無権利農民が権利者として自らを意識するためには、これを分断する家格よりも強い村の統一性が、内部的にも外部的にも現実化しなければならなかった。内部的変化とは前述の公事家の階層分化と、半公事家の経済的上昇による公事家半公事家の経済的等質化である。しかし村の内部が等質化しただけではまだ不充分である。それは公的立場を獲得しなければならない。それにはこの村落協同体が国家によって確認されなければならない。かくて成立したのが「区」である。[10]

　ここには、農民に対する維新政府の妥協の所産として行政村の下に設置された「区」の近代的性格が、わかりやすい形で提示されている。江戸時代における「生活協同体としての村」（戒能通孝）を近代法制度上の区として承認することは、もとより維新政府の望むところではなかった。むしろそれは否定されるべきものであった。しかし、ここが大切なところであるが、様々な過程を経て公権力により区が現に認められたということは、一般農民の意識からすれば「より積極的な区の公的承認」を意味し、「非特権小百姓の有力な足がゝり」「近世的な公事家体制打破の主張の公的よりどころ」ができたことを意味した、という点が看過されてはならない[11]。井ヶ田は結論として次のように述べている。

　明治絶対主義の地方自治制度の二重性、寄生地主制―町村、小農民―区という二重性は、一方において、区の等質的、対等平等な（勿論観念的に平等な）構成を生み、これが民主化の足がゝリとなったそのかぎりで、近世村落の身分階層秩序を崩壊せしめた『近代的』村落制度の積極的側面を見ることが出来はしないだろうか。[12]

6　行政村・区の再評価

　そうした井ヶ田の見解中には、半封建的な支配体制の一環として説明されることの多かった行政村下の区に対する新しい視座、すなわち〈地縁組織としてのムラの共同性〉だけでなく、〈法的な権利義務の体系としての行政村の近代性〉を評価しようとする視座が認められるであろう。そして、それは間接的に、

102　第Ⅰ部　村落二重構造論の形成と展開

先に見た熊谷開作や神谷力、またすぐあとで見る山中永之佑の行政村観を批判するものでもあった。なぜならば、熊谷・神谷・山中にあっては明治国家の反人民性の側面に力点をおいて分析しているためか、いずれも行政村やその下における区を近代的公法人として評価する視点が明確とはいえず、「区＝行政村＝官僚機構の末端」とする発想が強かったからである[13]。

　井ヶ田良治の行政村・区を再評価しようとする視点は、本書第7章でふれる宮本憲一・山田公平・大石嘉一郎らの問題意識に接続している。

6.2　村規約論争

　ここで村落二重構造論に関する論争（村規約論争）にふれておこう。村規約論争の発端は1970年代である。

1　山中永之佑の村規約研究

　村規約論争の発信源となったのは、山中永之佑『日本近代国家の形成と村規約』（木鐸社、1975年）である。この著書は『日本近代国家の形成と官僚制』（弘文堂、1974年）の姉妹編として執筆されたものである。山中は『日本近代国家の形成と村規約』のはしがきの中で、「日本近代国家権力の法的構造を明らかにする際に、それ〔官僚制研究のこと──引用者注〕と同時に重要なことは、日本近代国家の権力機構を通じて展開される政策・法が、どのような過程を経て人々に浸透せしめられていくかということであった。そのことを明らかにしえてこそはじめて国家権力の法的構造の解明も十全たりうると考えられるからである[14]」と述べている。

　この叙述からも理解できるように、山中が最も力を入れて論証に努めたのは、国家権力の浸透過程、すなわち村規約の国家法化ということであった。山中が前掲『日本近代国家の形成と村規約』の中で追及したのは、次の3点である[15]。

(a)　本来自治的なものとして成立した村規約は、幕藩体制下において領主法化の過程すなわち自治の崩壊過程をたどって、明治維新を迎えた。

(b)　町村制以前の村規約には、なお「伝統的な村」の性格を反映するものが残存していたが、町村制以後においては、新町村の行財政を浸透させるための村規約が中心となった。

(c)　日清・日露戦争期には、戦争協力へと町村住民を動員する村規約など
　　が増え、天皇制国家を底辺において支える規範としての役割を担うに
　　至った。

　山中の方法論は狭義の制度史にとらわれずに、政治史的手法によって国家の
政策が村落内に浸透し受容されていく過程を追求しようとするものであった。[16]

2　神谷力の山中研究批判

　こうした山中の村規約研究に対しては、まずかつての共同研究者である神谷
力から次のような批判があった。山中の研究においては、行政村で制定した規
約とムラで制定した規約の質的差異に考慮が払われておらず、しかも「制度的
行政的視野に限定」した論証方法がとられているため、「生活共同体としての
村」の独自性が十分論証されていないとする批判である。神谷は次のように述
べている。

　　この研究〔山中永之佑の研究——引用者注〕がもっぱら制度的行政的視野に限定し
　　て、村規約の内容変化を追究したことから、近代村法の成立とその形態や、そ
　　れがもつ性格とその制定主体や、さらにそれらの構造的変容を十全に究明しな
　　いままに終わっている。とくにこの力作が、「生活共同体としての村」の私的な
　　意思決定機関の寄合で議定した村規約も、「行政単位としての村」の公的な議決
　　機関の村会で議決した村規約も、ともに同じ性質をもつ同一レベルの村規約と
　　して考察の対象となし、その制定主体と議決機関の相違にもとづく村規約の構
　　造的質的差異を無視して、近代村法の国家法化とその解体化を論証した点に、
　　最大の問題がある。〔中略〕さらにまた、この時期の村規約がたとえ国家法化さ
　　れたとしても、決してそれは解体化するものでもない。現に「生活共同体とし
　　ての村」においては、山と水の共同体的所有関係が維持され、これを維持する
　　必要な範囲内で独自の自治規範が現実に成文化されている事実を看過してはな
　　らないのである。[17]

3　大石嘉一郎の山中・神谷研究批判

　ついで、大石嘉一郎が山中・神谷の村規約論争に加わり、両者を批判した。
すなわち、山中説は「生活共同体としての村」の独自性を過小評価し、神谷説
は「行政単位としての村」の機能を過小評価している、というのが大石の見解

であった。とくに大石が強調したのは、山中の見解には論証法に難点があるだけでなく、ムラの自治規範が行政村レベルにおいて成文化され、それが機能している側面をまったく看過している点であった。中間媒介領域としての地域公共圏——村民が共同で意思決定する連帯的結合の場——への関心を示さず、もっぱら国家権力の浸透過程の一環として村落二重構造をとらえようとする方法への批判といえよう。大石は次のように述べている。[18]

> たしかに山中永之佑氏が言うように、近代村法の国家法化、その解体化という傾向がみられることは事実であるが、しかし、神谷力氏が批判しているように、山中氏の見解はその論証法に難点があるだけでなく、「生活共同体としての村」に独自の自治規範が成文化されている事実を看過している点で一面的な理解である。同時に、神谷氏のように単に「この時期の村規約の多くが国家法化されたとしても決して自治的な村規約が解体化し、消滅したわけではない」というだけでは、村規約の変化を積極的に位置づけたことにはならない。神谷氏が例示されている町村制施行後の村規約の中にも、明らかに「行政村化」した村規約が多数含まれているからである。〔中略〕町村の公的行政の推進を支えるための行政補助機関たる部落・組の取決めが、地縁的生活共同体の村規約として作成されるところに、この時期の村規約の特徴があったのである。[19]

4 「行政村の定着」論争

この大石嘉一郎の主張は、その論文のタイトル「地方自治制の確立——行政村の定着を中心として——」が示すとおり、「行政村の定着」を論じることにあった。ここで行政村の定着とは、① 自然村が行政村に実質的に包摂されること、② 行政村が公共的機能をもつに至ること等々を意味しているが、そのようなものとしての行政村の定着は日露戦争後の地方改良運動期に見られた、というのが大石論文の主旨であった。

この大石論文を契機にして、ここに村規約論争が「行政村の定着」論争へと発展し、山中と大石の間に以下のような応酬が見られた。まず、山中の側から次のような批判があった。

> 大石教授は、この論稿において「行政村の定着」を論じられ「明治地方自治は、確立するやいなや、それを内部から堀り崩す新たな矛盾に見舞われることになる」と言われるが、〔中略〕「行政村の定着」と言うようなことが、果して考えら

れるのかどうか、私には疑問に思う。明治国家の人民に対する抑圧と収奪の末端行政機関である「行政村」を考察するに際して「定着」という視点から考察することの意義が、どういう点にあるのかを、もっと明らかにしていただきたかった。[20]

　このように山中の批判は、「人民に対する抑圧と収奪の末端行政機関」が日露戦後期に定着するなどということが果たしてありうるのだろうか、と疑問を呈するものであった。これに対して大石は次のように反論している。

　　〔私は──引用者注〕行政村が官僚的地方統治と地域住民統合の両機能を実質的に媒介する基礎的公共機関として定着した時期を、各地域ごとに偏差はあるが、全国的には日露戦争後の地方改良事業＝運動を通してであったとしたが、そのことは、私の見解では、地方自治制を媒介とする官僚的統治に連携する地方名望家支配体制が確立する時期（同時にそれが動揺を開始する時期）を意味している。しかし、最近山中永之佑氏は『近代日本の地方制度と名望家』（弘文堂、1990年）の中でこれを批判し、「近代日本の地方『名望』家支配体制は、つねに〔中略〕諸矛盾を内包しつつ、遂に安定、定着することなく、昭和18年（1943）の町村制改正において、制度としても、その解体の結末を迎えた」ことを、仮説として提起されているが、〔中略〕「遂に安定、定着することなく」と言い切ってしまうのは、歴史認識の方法として問題があると言わざるをえない。[21]

　行政村の定着期を戦時期末期の1943（昭和18）年だとする山中説に対して、大石は「歴史認識の方法として問題があると言わざるをえない」としている。行政村概念をもっぱら「国家的公共」（＝自治の抑圧）の次元でのみとらえ国家権力の浸透論を展開する山中説に対して、行政村概念を「住民的公共」ないし「市民的公共」との関連でとらえ、その定着論を新たに展開しようとする大石説の違いは明確であった。[22]

　大石は行政村の定着期を地方名望家支配体制が確立する日露戦争後の地方改良運動期に求めている。しかし、大石は「行政村の定着＝人民に対する抑圧と収奪の末端行政機関の定着」とは考えていない。いったん定着した行政村が日露戦後期から大正デモクラシーにかけて新たな展開を示し、「行政村の自然村化」（自治の構造転換）が進行するというのが大石の主張であった（本書7.2参照）。

106 第Ⅰ部 村落二重構造論の形成と展開

おわりに

　60年～70年代には、村落二重構造論の多様化と深化に貢献する研究成果が様々の分野で出され、新たな争点が形成されることになった。とくに筆者の専門領域に関していうならば、法社会学・政治学・歴史学などの研究成果を継承しながら法社会史研究が学界において一定の市民権を獲得し、村落類型論や村規約論争において問題提起者としての役割を果たしたという点が注目に値する。

　とくに注目されるのは村規約論争である。近代の村規約の性格に関して、神谷説は自治的側面（ムラの論理）を強調し、山中説は官治的側面（行政村の論理）を強調していた。これに対するに大石説は、両者の説をいわば弁証法的に統一しようとする視点を提起した点に、その特徴が認められる。大石は神谷・山中説を対比しながら、後年、次のように述べている。

> **この相反する二つの見解は、すでに山田公平氏が批判しているように、いずれも一面的な理解に過ぎない。何故ならば、こうした部落・組の再編強化は、旧来の共同体的秩序の単なる再編強化ではなく、あくまでも公共的行政の推進補助、つまり部落・組の「行政村化」に他ならないが、同時に、部落・組の「行政村化」は決して部落の私的共同体的性格を解体したものではなく、部落・組が共同体的性格を維持しつつ「行政村化」していったと見られるからである。**[23]

　こうした指摘からも明らかであるように、二律背反の関係にあるかに見える神谷・山中の両説を、「自然村の行政村化」と「行政村の自然村化」の理論によって止揚しようというのが大石説であった。かつて経済史的基礎過程をふまえた動態的把握の必要を提起した大石が、今また村落二重構造論――地域公共圏像の相克――に関して新たに問題提起したかたちである。大石理論がさらに具体的にいかなる展開を示すかについては、次章にゆずりたい。

　注
1)　熊谷開作［1970：5-6］参照。
2)　とくに、熊谷開作［1988］参照。熊谷は、「那須野の林野の官没」「土佐の上土権の消滅」「伊豆新島の入会慣行の消滅」など、ムラの慣習が近代法によって消滅させられていく過程に強い関心を抱き、近代の冷徹な側面を批判しつづけた法社会史研究者である。熊谷は、たとえば伊豆新島の島民の立場を擁護する視点から、次のように述べている。

第6章　村落類型論と村規約論争　*107*

「行政村の出現とともに、前田清が新島本村長に就任したが、島民にとって、それと、もとの年寄・名主との差異は理解できなかったのではないか、と思われる。島民にとって重要なことは、島の四周にひろがる海と草木をたくわえる山林原野を、従来どおり、生業の場として維持することであった。明治19年に『一島又ハ一村ノ共有』として下渡されてから、島民は、事実的にも、法的にも、島の土地の支配者であった。その後、明治31年に民法が実施されたのであるから、それからあとは、民法上の土地所有者にもなった。ただ、そのことについての登記はなされていなかったようである。ところが、行政村たる新島本村は、誕生間もなく『椿林貸付規則』を制定した。島の椿林を、真正の所有権者から寄附を受けることもなく（行政）村財産とし、それを村民に貸し付ける規則を一方的に制定したわけである。村民の生活にかかわるそんな大変なことがごく短い期間にどうしてできたのであろうか。当時は、全国的に、部落有財産統一の動きが頂点に達した時期であった」（同203〜204頁）。自然村擁護思想を基調にした、熊谷法社会史学の真骨頂を彷彿させる文章といえよう。

3)　神谷力［1976：307-308］参照。同論文の初出は神谷力［1960］。

4)　同上、359頁参照。

5)　武井正臣・熊谷開作・神谷力・山中永之佑［1965：15］。

6)　同上、110〜111頁。

7)　井ヶ田良治［1975：101-106］参照。

8)　井ヶ田良治［1978：217］。

9)　初出は、井ヶ田良治［1957］。

10)　井ヶ田良治［1984：416］。

11)　同上、417〜418頁参照。

12)　同上、427頁。

13)　近代法の産物たる法人とは、「一定の目的実現のために結合した人の団体（社団）、または一定の目的のために拠出された財産の総体（財団）に対して法が独自の活動主体としての資格すなわち権利能力を認めたもの」であるが（『新法学辞典』日本評論社、1991年）、そうした法人の歴史の原点に立ちかえって、行政村・区の歴史的意義を評価しようとする研究は、従来、比較的に弱かったといえよう。井ヶ田良治の研究から学ばなければならないのは、近代における自治とは、単に自生的なもの自然的なものを意味するのではなく、国家権力の「承認」を得て多かれ少なかれ権利義務的性格を帯びたものになったという点である。すなわち、単なる「事実としての自治」から「規範としての自治」に発展したという点が重要である。

14)　山中永之佑［1975：はしがき］。

15)　同上、327〜328頁参照。

16)　山中永之佑の研究は、村規約研究の古典ともいうべき前田正治［1950］の制度史的研究を、政治史的手法によって乗り超えようとするものであった。

17)　神谷力［1976：402］。

108 第Ⅰ部 村落二重構造論の形成と展開

18) 村規約をもっぱら国家権力の浸透過程としてとらえる方法に対しては、戦国・近世史研究の分野においても反省されている。少し後年のことになるが、たとえば水本邦彦［2015：98］は「従来、近世の村掟については、領主権力に黙認されたローカルな慣習法とか、権力によって自治・自律的性格を剥奪され骨抜きにされた法、といった低い評価が一般的だった。しかし、まずもって公儀の法度や戦国期の臨戦態勢下の掟を高く評価したうえで、それとの比較で近世の村掟を採点するという方法は、はたして妥当だろうか」と批判している。また同書は、「従来、私たちは戦国期の自力救済型の自助・自力に対して高い評価を与え、他方、近世身分社会に対しては、民主主義的な物差しを当てて、これを差別的・抑圧的と決めつけることが多かった」［水本邦彦 2015：101］とも明記している。近年は地域公共性論への関心の高まりとともに、近世の村掟だけでなく近世村に対する史観そのものが大きく変化していることが分かる（本書7.4参照）。

19) 大石嘉一郎「地方自治制の確立――行政村の定着を中心として――」、遠山茂樹［1987］に掲載。後に大石嘉一郎［1990］に所収。同書の168〜169頁参照。

20) 山中永之佑［1988：273-274］。

21) 大石嘉一郎［1990：178］。

22) 大石嘉一郎の批判に対して、山中永之佑は次のように反論している。「大石教授は『行政村の定着』を論じながら、『独立性をもつ生活共同体としての部落が存続した』と述べており、理論的に矛盾している。大石氏が生活共同体的ではなく、生活共同体なるものが存続していたと考えているならば、そうした教授の所説については、教授の言われる『自然村』の概念とともに再検討を要する。大石氏のような認識のうえに立って『部落』（旧村）や「行政村」を見ることは、その中にある地主対小作という基本的な階級対立の存在を看過する危険があるのではないかと考えられるからである。部落は一見『共同体』として映じてはいても、それは、行政村や行政区の組織と言う枠組みから『独立』して存在するものではなく、あくまでもその中に存在しているものであると言う事実を忘れることはできないのである。」［山中永之佑 1988：274］。この山中の批判は、経済史の視点から地方自治制と地主制の関係をとりわけ重視している大石説を、自然村擁護論と同一視しつつ批判しており、争点がかみ合っていない観がある。

23) 大石嘉一郎［1990：168］。

第7章

村落二重構造論の多様な展開
——80年～90年代の研究——

　本書においては国家と個人の中間に存在する多様な生活空間を中間媒介領域（地域公共圏）としてとらえ、その活性化と成熟化を図ろうとする近年の議論に学びつつ、村落二重構造論の歴史を戦前戦中期、戦後改革期、60年～70年代に分けて整理してきた。以下、80年～90年代の研究動向について概観しておきたい。

　80年～90年代の研究動向の特徴は何か[1]。この時期は、「自然村擁護論」と「部落共同体解体論」、あるいは「民主的契機発展論」と「内発的発展論」など、様々な争点のもとで展開されてきた従来の村落二重構造論を統一する視座をいかにして獲得していくかが問われた時代である。と同時に、地域における公共圏の活性化と成熟化を図ろうとする課題意識がより鮮明になり、それとともに村落二重構造論に関しても新たな問い直し——市民主義的発想への転換——が求められ始めた時代でもある。

7.1　市民主義的発想への転換

　地域の中間媒介領域を論じるに際して、「公共圏」や「多元的構造」「地域的公共」「公共性の構造転換」などの概念が多くの研究者に共有され、様々な分野で使用されるようになったのが80年～90年代の特徴である。まず、その特徴を具体的に把握しておくため、この時期、新たな理論展開をとげた石田雄と宮本憲一の新理論を紹介しておこう。

1　石田雄の多元的構造論
　とくに注目されるのは、石田雄の理論的新展開である。戦後改革期において部落共同体解体論ないし部落共同体再編利用論を提起して学界をリードした石田は、『一語の辞典　自治』（三省堂、1998年）を刊行し、「不可逆的な社会的変化」[2]

としての「社会の多元的集団化」を重視した新たな論点を提起している。

　ここで社会の多元的集団化とは、日露戦争後から大正デモクラシー期にかけて台頭してきた各種機能集団の組織化のことで、具体的には農会・水利組合・耕地整理組合・商業会議所・同業組合・農民組合・労働組合・政党などの組織化により、社会の多元化・機能化・連帯化が進展することを指す。これら各種機能集団の組織化とその自律化傾向に着目して近代日本の地方自治史を再点検しようとするならば、もはや従来のような村落二重構造論では不十分であろう。かつて石田自身がその理論化に努めた部落共同体再編利用論の枠内では、日露戦後から大正デモクラシー期に明確となってくる不可逆的な社会変化を十分に説明することができないからである。

　かくして、石田理論の新展開によれば、村落は二重構造ではなく、行政村と部落共同体の中間に各種機能集団が多層的に存在する多元構造ということになる。すなわち、部落共同体の再編利用という点にこだわるのではなく、不可逆的な社会的変化としての各種機能集団の多元的展開を理論的枠組みの中に取り込む必要がある、というのが石田の新たな主張であった。

　石田は、各種機能集団の多元的構造化によって出現した大正デモクラシー期の「自治公民」概念と、1980年代に現れた「市民自治」概念との間には、共通性が存在すると述べている。与えられた自治（行政村）や、自然に治まる自治（ムラ）ではなく、各種機能集団を基盤として「自分で自分を治める」他動詞としての自治を重んじる点において、両者には軌を一にした考え方が認められるからである。[3]「社会の多元的集団化」を重視した石田の新理論は、「異なった価値の間の討論によって普遍的なものを見出していく過程を生み出す場」（地域公共圏）を重視しようとする課題意識につながっており、そこには市民主義的発[4]想がこれまで以上に明確になっているといえよう。

2　宮本憲一の新たな理論的展開

　宮本憲一も80年代に入り、従来の地方自治史研究の方法を批判的に回顧し、従来の理論においては日本の後進性を過度に強調し過ぎたきらいがあったと総括している。そして、明治地方自治制にはもちろん限界が存在したが、それが大正デモクラシーから戦後改革へと展開していくだけの民主的契機を内包していたことも否定できないところであるとして、明治地方自治史研究の再検討を提言している。[5]

結論的に言うならば、「政府の欠陥」（国家の論理）と「市場の欠陥」（個人の論理）をともに克服するものとしての、「住民参加による地方自治」（市民の論理）の歴史に着目すること、それが宮本理論の新たな基軸となった。と同時に、人民闘争だけでなく、農村に起こっている内発的発展や都市に芽生えているアメニティ型の市民運動も視野に入れて研究すること[6]、そして、究極的には個々人の自主性と共同性を基盤にした地域の自治能力を高めていく過程をしっかりとらえ、地域公共関係論の内容を豊富化すること、それが宮本理論の新しい研究課題とされたのである。

そうした、鶴見和子や保母武彦らの内発的発展論も視野に入れた新たな理論的展望のもと、宮本は戦後長らく日本の学界・論壇において大きな役割を果たしてきたリベラリスト丸山真男の村落二重構造論を、いくつかの観点から批判している。すなわち、丸山理論には次のような弱点があったとされる[7]。

(a) 丸山理論は近代天皇制国家の社会構造的特質の解明に力点をおいていたため、その支配＝統合体制の歴史的変化が積極的に明らかにされていない。

(b) また、支配＝統合体制の変化を問題にする場合にも、その理論的関心が日本ファシズムの特質の解明にあったため、丸山理論においては、固定的にとらえられた村落二重構造の枠内（統合体制）での変化が問題にされるにとどまっている。

(c) さらに、丸山理論においては、支配構造の底辺として位置づけられる部落共同体が主として「情緒的人間結合態」としてのみ把握され、日本の村落が近世以来もっていた「公共的機能」がまったく無視されている。

(d) 要するに、丸山理論は山県有朋らの町村政策をそのまま理論化していた点に問題がある。すなわち、丸山理論においてとくに問題なのは、町村制の実施に際して「官＝公」「民＝私」という二元論のもと行政村をもっぱら「国家的公共」としてとらえ、その枠内でムラの「隣保共助の旧慣」を再編利用しようとしていた山県らの官治的政策を、そのまま理論化していた点にある。

要するに、そうした丸山理論では行政村とムラの双方を通して成長してくる地域住民による「地域的公共化」の動きを正しくとらえることができない、というのが宮本憲一の結論であった。

7.2 地域的公共関係論の視座

　以上に概観してきたような市民意識の成熟と学界の新動向——市民主義的発想への転換——を念頭におきながら、80年～90年代の村落二重構造論を代表する山田公平『近代日本の国民国家と地方自治——比較史研究——』（名古屋大学出版会、1991年）と、大石嘉一郎・西田美昭編著『近代日本の行政村——長野県埴科郡五加村の研究——』（日本経済評論社、1991年）をここで取りあげておこう。

1　山田公平の比較史研究と 3 類型論

　山田公平の研究は、「地域的公共関係」概念を理論展開の基軸にしつつ、比較史の観点から近代日本の地方自治の特徴を位置づけ、〈地縁組織としてのムラ〉をその内に含む〈公法人としての行政村〉の公共性を明らかにしようとしたものである。高度に抽象化された体系的叙述を一部切り取った形で紹介するのは危険であるが、本書の主題から見て注目される点を二つの側面から抽出しておこう。第 1 に、行政村と自然村というシェーマそれ自体は近代日本に特有のものではなく、どこにおいても見られた基本法則であるという点。第 2 に、行政村と自然村の歴史的連関構造は、各国の経済的発展により先進・中進・後進国型の 3 類型に分けることができるという点である。

　まず、第 1 の論点（近代の基本法則）であるが、従来のとらえかたによれば、「自然村」や「行政村」という概念は特殊日本的あるいは特殊アジア的な実態を表すものとして狭く解釈されがちであった。しかし山田は、行政村と自然村という現象を、特殊日本の問題とは考えていない。それは地域社会の資本主義的編成替え（近代化）の過程に現れるものであり、原則として世界の近代史上どこにでも見られた普遍的現象であるとされる。すなわち、山田によれば、近代においては伝統的地域社会の内部で一定程度発達した地域公共関係が、国家によって統制を受けて「自然村の行政村化」が進行するが、それは単純に官僚支配が地域に浸透し、一方的に抑圧するといったようなものではない。そこには、私的事項と公的事項の分離、およびそれに対応するものとしての「住民総会による自治」から「公選議会による自治」への転換、さらには公的性格が与えられた公法人としての自治体の設立など、民主化の過程が同時並行的に進行する。そうしたなか、自然村に代わって行政村が有力になり、その行政村の自

治化・議会化・公共機能化が進むのが近代の基本法則である、と山田は理論的に整理をしている。もちろん日本においても、この基本法則が貫かれる。

つぎに、第2の論点（類型論）である。山田によれば、市場経済の発展と共同体の残存の度合いに応じて、行政村と自然村の歴史的連関構造には3類型が発生する（図7-1参照）。その3類型の要点は次のようなものであった。

(a) 第Ⅰ類型は、イギリス・アメリカ・フランス・ドイツなどの西欧先進国に見られた型である。自然村が解体して様々なアソシエーション（自発的結社）が出現し、それが自立した諸個人と公法人としての行政村を媒介する点に特徴がある。この型は公的事項と私的事項の分化が明確な社会に現れる。西欧のコミュニティには、家父長的な戸主を構成員とする全員加盟制の包括的地縁組織は存在しない。

(b) この対極にあるのが帝政ロシア・中国・インドなどの後進国に見られた第Ⅱ類型である。ここでは土地制度や宗教組織を基盤にした身分的・共同体的な自然村が強固に残存し、外国法の継受によって人為的に設定された行政村の発展を阻害する。すなわち、行政村の自治化・議会化・公共機能化がいたって未成熟であるがゆえに、近代行政村が容易には確立しないのがその特徴である。

(c) これらに対して、日本の場合は第Ⅰ類型と第Ⅱ類型の中間に位置して、両者の特徴を並存させた第Ⅲ類型に属する。行政村の自治化・議会化・公共機能化が一応進行する反面、部落有林野や祖先崇拝信仰などを物的

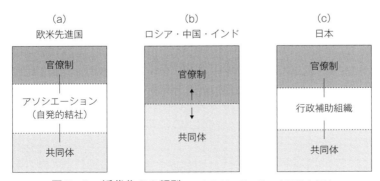

図7-1　近代化の3類型——官僚制と共同体と中間媒介領域

出典：筆者作成。

精神的な基盤にした身分的・共同体的な自然村が残存するのが、この第Ⅲ類型の特徴である。第Ⅲ類型においては、個人を主体にした自発的結社が縦横に展開して、それが行政村と住民コミュニティを媒介するという現象は見られない。また自然村は残存するが、それが行政村の発展を阻害するほどの強固さを保持しているわけでもない。第Ⅲ類型においては、解体されつつある自然村の中に各種の機能集団が結成され、それが徐々に共同体的関係を払拭するとともに官製的な行政補助組織から自治的結社へと転換する契機を内包したものになる。

2 住民本位の公共性の確立

山田公平の比較史的視座（3類型論論）に照らすとき、行政村と自然村というシェーマが有する一般的な意味（近代的性格）、そして日本においてとくにそれが重要な意味をもつ特殊な歴史的文脈がよく理解できるのである。戦前戦中期において保守主義的発想が問題にした論点——行政村の輸入模倣性と官製的機能集団の弊害——と、戦後改革期において進歩主義的発想が問題にした論点——近代的公法人の未成熟と部落共同体の弊害——を、統一的に把握していくための視座がそこに示唆されているからである。

マルクス主義をベースにしつつ、その市民主義的な展開を見せた山田の比較史研究が、日本の地方自治の世界史的位置（普遍性と特殊性）を再確認し、それとの関係で日本における地域的公共関係論（＝地域公共圏論）を豊富化しようとするものであったことは明らかである。山田は結論として、氏が目標とする「住民自治の自主的・自律的構造の創出と住民本位の公共性の確立」は、当該国における「地域的公共関係の制度化された構造の差異」、つまり行政村と自然村の歴史的連関構造（類型）に規定されると結論している[10]。

日本の近代地方自治が、後進国の場合の特殊な型であり、その行政村と自然村の二重構造が、官治的・部落共同体的・「一村一家」的特質をもった地方自治をつくり出し、この特殊な構造をもった地方自治が天皇制国家の統一国家体制の政治的基礎構造となり、その近代化＝帝国主義政策の遂行を支える役割を果したことが、世界史的な基準によって示すことが出来るのである。そればかりでなく、そうした検討をとおして、諸国における地域的公共関係の制度化された構造の差異に規定された変革の諸課題、すなわち住民自治の自主的・自律的構

造の創出と住民本位の公共性の確立、それに媒介された民主的な国民的政治共
同体構築の課題を、世界史的＝同時代的関連のなかで展望する手がかりが与え
られるであろう。[11]

3　大石嘉一郎の「二元構成論」批判

　つぎに、大石嘉一郎・西田美昭編著『近代日本の行政村』である。この大石
らの研究も山田公平と同様、地域的公共関係概念を基軸にしつつ、〈地縁組織
としてのムラ〉と〈公法人としての行政村〉を二元的にとらえるのではなく、
そこに見られる相互関係の展開過程に焦点をあてたものである。
　大石嘉一郎らはまず、近代行政村の研究意義と課題を設定するに際して、丸
山真男・石田雄・藤田省三・大島太郎らの戦後改革期における研究視角の批判
から始める。その要点は、村落二重構造論が異質の原理による「二元構成」の
上に成り立っているとされていることへの批判、すなわち日本の近代町村史を
もっぱら異質の原理の対抗・癒着の展開として把握しようとした従来の通説を
問い直すことにあった。伝統的なフレームワークである「行政村と自然村」の
対立という図式に代えて、「国家状態と自然状態」(丸山真男)、「近代的・権力
的性格と封建的・民衆的性格」(大島太郎)、「行政単位としての村と生活共同体
としての村」(神谷力)、など様々なカテゴリーによる表現が試みられてきたが、
そこには共通の方法的弱点が存在すると大石は批判している。[12]
　戦前戦中期はいうまでもなく、戦後改革期から60年～70年代にかけても見ら
れた方法的弱点である「行政村の二元構成」論を批判して、大石は次のように
述べている。

　　行政村の「二重構造」を異質の原理による「二元構成」に置き換えて把握する
　視角が、「二元構成」の一方の原理である「自然村」自体がもっていた公共関係
　（共同体関係と分かち難く結びついた）の制度的・段階的な変化を明らかにできな
　かっただけでなく、他方の原理である「行政村」の公共機能が国家的・官僚的
　公共としてのみ把握され、「行政村」それ自体のうちにはらまれた自生的な地域
　公共関係の展開に対する分析を事実上放棄してきたことに、集約される。しか
　し、次項で確認するように、近代日本の行政は、異なった二元的原理の対抗・
　癒着としてではなく、それ自体が自生的な地域公共関係を内包しつつ、天皇制
　国家の支配・統治の基礎単位として段階的変化をとげていったのであり、そこ
　には「原理」自体の変容がみられた。[13]

4 行政村の地域的公共関係化

大石嘉一郎によれば、要するに従来の村落二重構造論には三つの点で問題があった。

(a) 第1に、天皇制国家の構造的特質（異質なものの二元構造）の解明に力点をおいているため、その体制の変化ないし原理の変容・転換を積極的に明らかにすることができなかったという点。

(b) 第2に、日本のムラが近世以来もっていた自生的な地域公共関係的機能が無視されていた点。

(c) 第3に、行政村の枠内から生成してくる新しい公共関係を分析する視角が欠如していた点。

この3点中には、従来の研究が「公私分離の過程から芽ばえてくる、共同体的関係と異なる村落の公共的関係、したがってまた行政村の内発的な公共的関係の生成を全く問題にせず、行政村の公共性をもっぱら国＝官から与えられたものとして理解している[14]」ことへの方法的批判が提示されていた。すなわち、①「官＝公」「民＝私」という二元論に立って、行政村の公共性をもっぱら「国家的公共」として理解する方法は、そうした図式を押し付けようとした明治官僚の意図を無批判に理論化したものにほかならない。② 自由民権運動や町村合併反対運動の中に芽生えつつあった「近代市民的公共性」や「自治的公共関係」、すなわち住民が共同で意思決定する連帯的結合の場に注目しそれを理論化することが忘れられてはならない。③ また町村制の実施によって行政村の官僚的公共化が市民的公共性を圧倒するようになった後にも、とくに大正デモクラシー期から農山漁村経済更生運動期にかけて、さらに戦時体制下のファシズム期においても、「市民的公共化の動きは脈々と生きつづけ、戦後への展望をはらんでいた」ことも積極的に理論化しなければならない、等々――。これが大石嘉一郎の新しい問題提起であった。[15]

5 公共性の構造転換の論理

そうした新しい問題提起を念頭において大石の著書を再読してみると、戦後改革期・自治体改革期・市民意識成熟期の長きにわたって、マルクス主義の創造的発展という観点から村落二重構造の動態的把握に関心を抱き、つねに斬新な問題提起を続けてきた大石が、次のように述べている点が注目される。

問題意識の次元で言えば、われわれの関心は、近代日本の基底に「権力の根拠を問う姿勢」の欠如や「自主独立の人間の主体的な集団形成を許さなかった」条件を実証することにあったのではなく、<u>いったんは公権的に国家的公共として制度化され近代化された行政村の歴史的展開の中に、それをくぐりぬけて新たな地域的公共関係が成長する「公共性の構造転換」の論理</u>を探り出そうということにあったのである。[16]

　この文章中には、村落二重構造の存在とその巧妙な操作によって住民がいかに抑圧されたかと問うのではなく、むしろ、そうした事実にもかかわらず「それをくぐりぬけて新たな地域的公共関係」がいかに成長してくるかを探究しなければならないとする、大石の問題意識が明快に表現されている。戦前戦中期における自然村評価論（戒能通孝ら）と戦後改革期における近代的公法人評価論（渡辺洋三ら）の理論的統一、あるいは村規約論争における「自然村 → 行政村 → 国家」のベクトル（神谷力説）と「国家 → 行政村 → 部落共同体」のベクトル（山中永之佑説）の理論的統一を重視してきた大石の問題意識が、実はどこにあったかが如実に示されているといえよう。

　自然村をその内に含むところの行政村を「地域的公共関係の公権的制度化の基礎単位」としてとらえ、そこにおける「公共性の構造転換の論理」（ハーバーマス）を分析しようとする大石の課題設定は、1980年代以後に顕著となった市民意識の成熟、市民社会の成長と無関係ではないであろう。すなわち、現代は国家の論理（官僚）と個人の論理（資本）を超えて、ネットワーク型の組織形態（分権型）を有する文化団体・消費者団体・環境保護団体・人権擁護団体などの市民団体（NPO・NGO）の活動が活発化しているが、そうした新たな市民的公共関係の形成と、大石理論の新展開との間には密接な関係が認められる。

6　行政村の段階的変化
　大石嘉一郎・西田美昭のもと、筒井正夫・大門正克・田崎宣義・土方苑子・大島栄子・金沢史男・安田浩・栗原るみ・林宥一らの共同研究によって明らかにされた「行政村の段階的変化」の骨子は、次のようなものである［大石・西田 1991］。

　　(a)　創設期（町村制施行～日清戦争まで）。行財政における部落割拠主義と政治過程における部落対立など、旧村の自立性が根強く残存していたため、

行政村が自らの公共性を獲得しえていない時期。

(b) 定着期（明治44年町村制改正まで）。教育・土木・勧業・衛生・兵事など
の国家的行政課題の遂行を通して、部落間の協調・連携が進み、村民の
間に「行政村的公共性」が定着した時期。ただし、水利・入会関係にお
いては部落の独自性が依然存続した。

(c) 変容期（昭和恐慌まで）。部落内に個別的機能団体が組織され、部落の
包括的自治機能が分化したことによって、自然村の行政村化が一層進行
した時期。それと同時に、教育費国庫補助要求運動などにおいて町村の
横断的連合が進み、行政村の自治的公共性が高まった時期。

(d) 再編期（日中戦争まで）。小作争議が部落を越えて成長。部落内の自治
的な階級協調システム（部落内の協定）が解体し、行政村を横断する機能
集団の行政補助機関化が進行した時期。

(e) 戦時統制期（敗戦まで）。挙村体制の推進により部落の共同体的自治が
行政村に包摂され、村役場の機能と機構が肥大化した時期。かつて小作
争議などを指導した者が部落常会の役員に進出し、部落常会が戦時行政
の基礎細胞へと変質しつつ、全村民の名において「地域的公共」を支え
る体制が完成する。

　以上、要するに明治地方自治制下においては、① 部落自治の後退、② 行政
補助組織の拡大、③ 大衆政治の進展、④ 官僚統制の強化などが見られたが、
そうした過程においても〈法的な権利義務の体系としての行政村〉を基礎単位
とする地域的公共関係が確実に形成され、定着していった、というのが大石嘉
一郎らの共同研究の結論である。村落二重構造を「異質の原理による二元構造」
として把握することには批判を加えながらも、自然村と行政村の相対的独自性
を認めつつ——したがって両者の緊張関係を分析する視角を弱めることなく
——、「自然村の行政村化」と「行政村の自然村化」を統一的にとらえようと
しているところが、大石らの方法論の斬新さといえようか。大石は、「国家行
政の媒体としてのみ位置づけられて出発した行政村は、右の軌跡〔上記(a)～(e)
——引用者注〕を経て、自らの地域的公共性を全村民の名において自己主張しう
る条件を成熟せしめたのである。これが行政村の戦後改革期の到達点であった[17]」
と結論している。

　大石嘉一郎らの共同研究においては「地域的公共関係」や「地域的公共性」

などの概念が使用されており、彼らの問題意識が中間媒介領域としてのムラや行政村を統一的に把握しようとする視座、すなわち地域公共圏像の探究にあったことは明らかである。

7.3　近代史研究の新展開

つぎに、ごく簡単に、80年～90年代の日本近代史研究者の実証研究に見られた新たな視座——地域公共関係論の探究——の諸相を見ておこう。階級闘争とか人民闘争といった言葉が姿を消し、地域公共関係概念が注目されるようになったのが、この時期の特徴である。

1　大区小区制下のムラの研究

この時期、〈地縁組織としてのムラの共同性〉の再発見や、〈公法人としての行政村の近代性〉の再認識など、地域的公共関係像の豊富化を目指した日本史研究者の個別実証研究が登場する。

その好例は、伊藤好一・田島昇・奥村弘・茂木陽一・鈴江英一らの明治初期の大区小区制下におけるムラ研究であろう。これらの研究は、従来の通説を批判しつつ、大区小区制の実施により旧来の幕藩体制下の近世村が解体されたとするのは誤りであると主張するものであるが、そこには維新政府といえども従来の〈ムラの共同性〉の改編には容易に手を着けることができなかったとする共通認識に認められる。すなわち、近代法制度の陰に隠れている近世村の生命力の根強さを発掘しようとする問題意識が出発点となって、長年にわたる通説（近世村解体論）が覆ったという点が重要である。とりわけ、同通説の提唱者である福島正夫を批判して、大島美津子・山中永之佑らの大区小区制説を軌道修正させたのが[18]、地域的公共関係に強い関心を示す論文によって学界にデビューした奥村弘であったという点は注目されてよい。奥村の通説批判は、若き日の大石嘉一郎らの寄生地主制を媒介にした村落二重構造論を批判しながら、具体的に「地域的公共性」を歴史の中に探ろうとする視座から生まれたものである[19]。

2　高久嶺之介の地域社会研究

地域的公共関係像の豊富化に寄与した好例としては、高久嶺之介『近代日本の地域社会と名望家』（柏書房、1997年）も逸することができない。安易な概念

120 第Ⅰ部 村落二重構造論の形成と展開

化に反対する高久研究の中には、「地域的公共関係」という言葉は一度も登場しない。しかし、高久がムラの共同性と行政村の近代性を再評価する視点から、地域公共関係像の豊富化に学問的関心を抱いていたことは疑いないところである。

　高久は国家権力の統合作用のみを重視する方法を批判して、「日本の近代地域史を、国家による『統合』の進行過程のみで把握することは、地域で行政や政治に携わった人びとの主体的活動を無視することになる。主観的にいえば、これでは地域史が味気なくなるだけでなく、日本近代が味気なくなる[20]」と述べ、地域から国家を見ることの重要性をくり返し指摘している。そして、官僚支配史観と人民闘争史観の中間に第三の視座、すなわち地方名望家研究を設定して、躍動感あふれる地域社会を実証的に追求している。そうした視点から生まれたのが、滋賀県神崎郡金堂村を事例にしたムラの行政運営システムの研究（自然村の研究）と、愛媛県周桑郡壬生川町を事例にした大正期の名誉職町村長の研究（行政村の研究）であるが、そこには中間媒介領域としての地域公共圏における人々の意識や行動を明らかにしつつ、共同体的なるものと近代的なるものを統一的に再評価しようとする新しい研究視座が認められる[21]。

3　飯塚一幸の漁村研究

　飯塚一幸「日露戦後の地域秩序と組合法」（『日本史研究』379号、1994年）も、地域的公共関係を念頭に置いた歴史研究として貴重である。同論文は、戦後改革期における潮見俊隆の漁業組合の研究（部落共同体再編利用論）とは対照的な理論展開になっている。すなわち、第1に、明治期に制定された漁業法には市民法的原理たる形式的平等性を実現しようとする規定が存在したとして、その近代性を評価している。第2に、まさにそうであったがゆえに、漁業法はムラの連帯性を求める零細漁民の権利闘争を助け、旧来の身分階層秩序——「役儀」と呼ばれる漁株所有者（本百姓）と無株者（水呑）の身分的差別——を解体させて、区有財産としての漁業権の平等化に道を拓くものであったとしている[22]。

　近代法の産物たる漁業組合（法人）が有した近代性を評価しようとする飯塚の研究は、井ヶ田良治の奈良県吉野郡中荘村樫尾の反公事家闘争研究（本書6.1参照）から導き出された近代法制（行政区）を評価する視点と一致する点があり、注目に値する[23]。

4　川田稔の柳田国男研究

　高久や飯塚とは守備範囲が異なるが、80年代の研究動向を示すものとして、川田稔の柳田国男研究も出色である。

　自然村を高く評価していた柳田民俗学のねらいは何であったか。川田稔『柳田国男の思想史的研究』(未来社、1985年)によれば、次の３点が重要である。

　　(a)　階級対立の調和。柳田は、地主中心の産業組合と小作中心の農民組合
　　　　のあり方を批判し、全農民の「組合的結合」を図るためには古来の共同
　　　　団体たる自然村の精神を再評価しなければならないとしていた。[24]
　　(b)　地域公共関係の形成。柳田は、地方から政争の弊害を除去するために
　　　　は、いまだ共同意識が定着していない行政村の中に、自然村の同胞意識
　　　　を活かした「公共団体の意識」を創出しなければならないとしていた。[25]
　　(c)　自律的規範の創造。柳田は、官僚が作成した規範や近代法の理念に依
　　　　拠するのではなく、農民が自らの力によって自然村の消極的側面、つま
　　　　り排他的閉鎖性や個の脆弱性などを克服しつつ、様々な集団レベルでの
　　　　新しい倫理規範・価値意識を創造していかなければならないとしていた。[26]

　要するに、一方において行政村や行政補助組織の中に浸透してくる国家の論理に反対し、他方において政争や階級対立を通して顕わになってくる地主の論理——その背景には資本の論理が存在する——に反対する。そして、強い個人を構成単位とする開かれた中間媒介領域(地域公共圏)のあり方を探究し、新しい地域公共関係を創造する。それが柳田民俗学の自然村思想のエッセンスであったといえようか。このように、川田の分析を通して柳田民俗学の深奥に迫ってみるならば、柳田が描く自然村の理想(規範としての自然村)と今日の研究者が描く市民社会の理想(規範としての市民社会)との間には、そう大きな隔絶があるとも思えなくなってくるのである。

　80年〜90年代に盛んとなった柳田国男の再評価ないし自然村再評価と、市民社会論や市民的公共関係論との接点を知るうえにおいて、川田稔の研究からは学ぶべき点が多い。

7.4　近世村の再発見

　本書のテーマから大きく逸脱しない範囲で、江戸時代の村落研究の新展開

122　第Ⅰ部　村落二重構造論の形成と展開

——近世村の共同性の再評価論——を瞥見しておこう。本書の課題を深めてい
くうえでは、たとえば水本邦彦『近世の村社会と国家』（東京大学出版会、1987年）、
渡辺尚志『近世の豪農と村落共同体』（東京大学出版会、1994年）、同『江戸時代
の村人たち』（山川出版社、1997年）、白川部達夫『近世の百姓世界』（吉川弘文館、
1999年）などが注目されるが、ここでは白川部達夫と渡辺尚志の業績のごく一
端を紹介しておきたい。

1　白川部達夫『近世の百姓世界』

　まず白川部達夫から見ておくと、彼の研究が有する意義は、高度成長による
村落共同体の解体と大衆化社会の発展によって分子化され、柔らかい管理社会
の下に置かれている現代人の眼から見た、近世村落像の再構成という点にある。
すなわち、白川部は「私たちが、今日を生きるよりどころとして、共同性の回
復を真にもとめるならば、自ら生まれてきた世界の達成と限界、その残した遺
産を自己点検することなしには、すすむことができない」[27]と述べている。白川
部は、このように現代的課題としての「共同性の回復」ということをキーター
ムにして、江戸時代の村に広く存在した「質地請戻し慣行」「頼み証文」「訴状
に見える非難文言」などを研究し、百姓世界における公共性の観念にせまって
いる。
　様々に議論されていることの中から、とくに本書の主題との関連で筆者の印
象に残ったのは、白川部が、「質地請戻し慣行」をはじめとする村の慣行・規
約の中に貫徹している〈地縁組織としてのムラの共同性〉を、否定的には解釈
していないという点である。質地契約により流地になった土地を、「元の所持
主の村に返せ」「村の土地は村のものだ」などという要求は、近代法の精神か
らすれば奇妙なことになるが、それを「前近代的法意識」であるとか「日本人
の法意識」などと決めつけずに、「人と人の関係」が重んじられていた近世百
姓世界の共同性と自律性の一表現と見ているところが、白川部史観の斬新さと
いえよう。近世の村には、幕藩法によっても支配し切れない村法・郷例などの
生ける法が広汎に存在していた、としている点が重要である。[28]

2　渡辺尚志の村落共同体研究

　近世における〈地縁組織としてのムラの共同性〉を重視し再評価しようとす
る研究視角は、渡辺尚志『近世の豪農と村落共同体』の第2編「土地と村落共

同体」の中にも見受けられる。渡辺の研究は、1970年代以降の村落共同体論は全体として「共同体のもつ多様な側面、機能に注目しつつ、共同体の存在を肯定的に捉えてきたように思われる[29]」として、その視点を継承しながら、従来の研究が曖昧にしてきた村落共同体の本質的契機、つまり耕地の所持形態に見られた共同性——間接的共同所持と形式的平等性——を実証し理論化しようとしたものである。渡辺はまず、中村吉治・島田隆・木村礎・古島敏雄・深谷克己らの研究を批判的に継承しながら、「割地制」「質地請戻し慣行」「他村への土地移動の防止」「村借」「村追放」などに着目し、入会林野・秣場・村持地に対する直接的共同所持とはまた別個の所持形態たる「間接的共同所持」の広汎な存在を指摘している[30]。ついで渡辺は、大塚久雄・住谷一彦・川島武宜・筒井迪夫・松田之利・北條浩・原田敏丸・高牧実・菊地利夫・木村礎・佐々木潤之介らの研究を批判的に継承しながら、「自然災害時の耕地配分」「山割制度」「新田開発」「村持地」などに着目し、近世の村における「形式的平等性」の存在を指摘している[31]。

　間接的共同所持と形式的平等性の広汎な存在を指摘する渡辺の研究から、私たちがあらためて学ぶことができる点は何か。それは総体としての小百姓経営の維持、つまり一部の者による耕地の集積——地主的土地所有の無制限な発展——を阻止するメカニズムが近世村落には生きていたという事実であろう。「惣百姓の合意」(村の共同性＝公共性)を優先しようとするムラの知恵は、村法、村寄合での決定、村役人・村惣代・百姓惣代の連判状などの中に表現されているが、そうした村法や連判状が作成されるようになった背景には、小百姓の経営的自立の進行にともなう村政上の発言権増大という近世村の重要な特徴が存在する、と渡辺尚志は述べている[32]。渡辺理論は近世における「地域的公共関係」に対して強い学問的関心を示し、近世村を高く評価している点で屹立しており、注目される。

7.5　内発的発展論とコモンズ研究

　日本史研究とは学問分野が異なるが、最後に80年〜90年代に多くの研究者の注目を集めた内発的発展論とコモンズ研究の一端にふれておこう。

124　第Ⅰ部　村落二重構造論の形成と展開

1　内発的発展論の系譜

　まず内発的発展論であるが、「内発的発展」(Endogenous Development) という概念の初出は、1975年の国連経済特別総会に提出した報告書といわれている。このことからも明らかなように、同概念は1970年代半ばの国際情勢すなわち世界史の中から提起されたものである。その後、内発的発展の概念は様々な形で展開することになるが、日本での代表的継承者は鶴見和子である (本書4.4参照)[33]。鶴見の内発的発展論は、欧米をモデルにした画一的な近代化論へのアンチテーゼとして登場したものである。これまで世界史の中で展開されてきた様々な文化と伝統の相克を批判的に総括し、発展途上国の住民が主体となって取り組むべき内発的発展の筋道を明らかにしようとした点に、鶴見理論の先見性と豊かさが認められる[34]。

2　保母武彦の内発的発展論

　鶴見和子の内発的発展論は日本においてその後どのような形で継承されていったであろうか。保母武彦が90年代半ばに刊行した『内発的発展論と日本の農山村』(岩波書店、1996年) が貴重文献となる。

　保母の内発的発展論は世界史的流れを視野に入れつつも、日本の地域社会とくに過疎地帯の現状に引き付けて説得力のある平易な文章で実証的・政策的に論じている点に優れた特徴が見られる。保母は自らの内発的発展論について、次のように要約している[35]。

(a)　内発的発展論の重要性が広く認識されるようになったのは、1970年代半ばのことである。この時期、欧米型社会ともソ連型社会主義とも異なる新たな発展モデルの模索が各国とくに発展途上国で始まった。

(b)　すなわち、欧米先進国が工業化した経験をモデルにして作られた単一の価値観＝近代化思想ではなく、また強権的な社会主義思想でもなく、世界の各地で見られる「多様な価値観で多様な社会発展」を作り出していこうとする近年の動向がそれである。そのためには、文化・宗教・伝統・歴史や、さらに各国の生態系の違いなどを視野に入れた独自の理論が求められる。

(c)　そうした内在的発展という考え方は、日本国内でも発展の遅れた地域の将来像や政策論を語るうえで共鳴できるところがあり、やがて農山村

などの地域づくり事業と結びつき、各地で受け入れられるようになった。

(d) 　地域振興の目標は、当然「持続可能な発展」(Sustainable Development)と「生活の質の向上」におかれる必要があるが、その際とくに決定的に重要となるのは「住民参加と自治」のシステムをいかに構築するかである。地域の内発的発展を進めていくためには、住民参加・住民自治の徹底による分権と地方自治を確立することが不可欠である。

(e) 　そのためには、各地域の「自律的な意思」にもとづく政策形成を実現することがとりわけ重要となる。農村は「自立」できなくとも「自律」はできる。自律、つまり「外部からの制御から脱して、自身の立てた規範に従って行動すること」が、今日求められている。

　この保母の内発的発展論は、南方熊楠・柳田国男・鈴木栄太郎らの戦前戦中期の自然村擁護論を想起させるものがある。しかし、単なる自然村擁護ではなく、21世紀を展望する世界史的視座を背景においている点で、保母の構想は新たな地平、新たな高嶺を目指すものといえよう。この〈第Ⅰ象限を志向〉する保母の内発的発展論の核心的部分を再確認するため、ここで氏の二つの文章を引いておこう。

　緻密な論理構成によってやや難解な文体で展開する大石嘉一郎や山田公平らの公共性構造転換論に比べ、平易な文章を得意とするのが、保母らの内発的発展論の一特徴である。

　　内発的発展の重要なポイントは、住民の参加による地域の自己決定権である。人間性の発達が、欧米の近代化モデルを克服する目標の一つであれば、当然、村民が地域を知り、そこに参加して、自然と人間、人間と人間の関係を高めていくことが、地域振興の手段だけでなく目標に位置付けられることになる。地方公務員、地域団体職員（農協、森林組合、漁協、商工会などの職員）は当然のこととして、住民みんなが参加し、考え、提案し、理解し、共に行動することが大切である。[36]

　　地域づくりの主体とは何かと質問されれば、日本の地方自治制のもとでの模範解答は「住民です」ということになる。しかし、その住民が主体として意思決定するシステムが、多くの自治体では不十分にしか用意されていない。むろん市町村会議はあるものの、代議制民主主義であり、公的な機関として決定はできるが、町づくりに対する住民の理解の促進や、住民のエネルギーの結集を常

時進めるには限界がある。議会運営に問題があるというのではないが、議会は、直接そのような執行の機能を担っていないからである。したがって、「地域の自己決定権」を実質化させていくためには、正確・迅速な情報の伝達を前提にして、住民の誰もが参加して議論と決定ができる場が必要である。それを担う組織として、自治公民館の活動が有効な役割を果たすことが期待される。[37]

　保母は内発的発展の重要なポイントとして、「住民の参加による地域の自己決定権」と「住民の誰もが参加して議論と決定ができる場」の必要を強調している。行政村レベルだけでなく、とくに区（部落）レベルを重視した地域公共圏像の探究を目指している点に保母理論の斬新さが認められる。

3　山崎丈夫の地縁組織論

　住民の参加による地域の自己決定権を重視しようとする保母武彦らの内発的発展論的視点は、たとえば「コミュニティ論」「住民組織論」「地縁的組織論」の一環として脚光を浴びるようになった町内会・部落会の研究にも見られる。[38]

　なるほど、歴史的存在としての町内会・部落会に様々な問題点と限界があったことは否定できない。しかし、ただそのことを外在的に批判するだけでは、地域社会の主体形成という今日的課題には応えられないのではないか。そうした反省のもと、戦前戦中期の自然村擁護論と戦後改革期の部落共同体解体論を止揚する新しい視座を確立しなければならない、とする研究が80年〜90年代に有力となった。たとえば山崎丈夫は次のように述べている。

> 地域における住民生活は、一方で個別化がすすむ反面、ますます共同の生活諸条件に支えられていく面を強くもつのであるが、そこにおける住民の共同性をいかに住民主体で形成・成熟させていくかが問われている。したがって、町内会・自治会の評価にあたって必要なことは、この組織の全面的否定でも肯定でもなく、その止揚である。これまでのこの組織が批判を受けるにいたる面を克服し、住民自治的側面を伸ばしていくための冷静な検討と目的意識的実践が必要である。[39]

　この山崎の見解を本書の主題に引きつけて解釈するならば、80年〜90年代には、戦前戦中期の通説的見解である自然村擁護論（保守主義的発想）と、戦後改革期における通説的見解である部落共同体解体論（進歩主義的発想）を対話によって止揚する理論——たとえば「リベラル保守」的視座の探究——が求められる[40]

ようになったという点が注目される。山崎は、現在の地域社会において進行しつつある個別化と共同性の双方を視野に入れた、新しい地域社会論——地域公共圏像の探求——に関する著書を多数刊行している。

4　コモンズ研究

つぎにコモンズ（Commons）研究である。宇沢弘文・茂木愛一郎編『社会的共通資本——コモンズと都市——』（東京大学出版会、1994年）所収、杉原弘恭「日本のコモンズ『入会』」が注目すべき論点を提起している。杉原論文の斬新さは、次の点にある。

　(a)　第1に、山野河海など総ての自然資源を人類の希少な社会的共通資本としてとらえようとしている点。すなわち、その最適な配分、持続可能な利用はいかにして可能であるかという巨視的な観点から、ムラの入会慣行を再評価しようとしている点が杉原論文の新しさである。

　(b)　第2に、したがって、杉原論文においては入会の封建的性格や日本的特殊性を論じようとする発想がまったく見られない。杉原論文の視野は近世とか近代といった時代的限定を超えて通時的であり、かつコモンズの比較研究を介してグローバル的でさえある。

　(c)　第3に、杉原論文は、近代的所有権の導入によってもたらされる自由な法律関係、自由な市場関係に対しては終始批判的である。近代的所有権は、人類の希少な社会共通資本である山野河海などの自然資源を破壊し、生態系を分断する機能を果たす、というのが杉原論文の立脚点といえよう。

　(d)　第4に、かくして、入会の主体たるムラの共同性——団体的につながりのある個人、仲間という環境に囲い込まれた個人[41]——を否定するのではなく、それをとりわけ高く再評価しているところにも杉原論文の新しさが認められる。杉原は、入会集団の優れた特長として、「機会主義的行動・フリーライダー的行動へのインセンティブ」に曝らされることがないという点を強調している。すなわち、相互扶助と互酬性、さらに長期的利益指向の存在、価値観・モラル・イデオロギーの共有、誰しもが共有できる妥当な制裁の有効性などが、入会集団の優れた特長であるとされている[42]。

このように、「団体的につながりのある個人」「仲間という環境に囲い込まれた個人」を再評価しようというのが杉原論文の要諦であるが、そこには白川部達夫・渡辺尚志らの村落研究と一脈相通ずる課題意識が認められるであろう。いやそれにとどまらず、それは熊谷開作・神谷力らの法史学研究や、鶴見和子や保母武彦らの内発的発展論、さらには南方熊楠・柳田国男・小野武夫・藤田武夫・戒能通孝らの自然村擁護論などにも発想様式としては接続している面があるといえよう。すなわち、コモンズ研究を本書の主題である村落二重構造論史の中に位置づければ、それは自然村擁護論に接続しつつそれを超えて、〈行政村の近代性〉と〈ムラの共同性〉を共に評価する第Ⅰ象限を志向している、というのが筆者の理解である。[43]

5 現在も存在する「共同体」

あらゆるものを私有財産に解体してしまったかに見える現代社会にも社会的共通資本（社会的共有部分）、つまり現代的な意味での「共同体」が存在する。また、現に入会権や水利権・漁業権など、私有ではなく「総有」の世界も多様な形で現在の社会的共通資本として継承されている。そして、それらを住民の合意と参加によっていかに民主的に管理運営していくかが今日的課題として議論されているが、そうした議論の一端はまさに村落二重構造論の形成期においてすでに提起されたところのものであった。「共同性の回復」「個を主体にした公共の創出」「自然環境との共生」などと言えば、何か新しいことを議論しているようにも思えるが、その系譜と淵源は意外に古いという点が見落とされてはならない。古くして新しい、それが近年の共同体論の特徴である。

現代社会にも広範に共同体が存在する。暉峻淑子『豊かさとは何か』（岩波書店、1989年）は、水利や入会の制度にも言及しつつ次のように述べている。

> 現在、私たちは、私有財産制度のうえに、完全に個人として生きていると思いがちである。だから、自己責任とか、自立自助、契約の自由等については、当然のこととしてあやしまず、また個人として生きるうえにとくに支障はない、と考えている。しかし、個人の自由が、じつは共同体的な土台によって支えられていることを、私たちは忘れてはならない。共同体的な土台を、自然環境にまでひろげて考えれば、その意味はいっそう明白になる。[44]

暉峻淑子の文章は明快である。現代の私たちは、一方においてムラの封建性・

前近代性ということに過度にこだわることなく、共同体概念の多様性を様々な角度から発掘しつつ、過去を客観的に自由に研究することのできる地点（第Ⅰ象限志向）に立っているのではないだろうか。

おわりに

1　地域公共圏への理論的関心

現在も進行形で継続されている80年〜90年代の研究動向を要約することは容易でないが、まず大枠として次の2点が重要である。

第1に、ハーバーマスの「公共圏論」などが日本にも広く受け入れられ、佐々木毅・金泰昌編『公共哲学』［全10巻］（東京大学出版会、2001年〜）の刊行が始まったが、そうした流れと近年の村落二重構造論の深化との間には一定の相関関係が認められる。たとえば、同著は「多元相関的な問題意識に基づいた21世紀の公共哲学のビジョンを提示」することを目的にしており、グローカル（グローバルかつローカル）なレベルでの公共性の重要性などが強調されている[45]、そうした20世紀末の頃から生じた研究視座の変化が直接・間接、村落二重構造論に新たな視点と活力を与えるようになったという点が注目される。

第2に、その意味において見落とせないのは、80年〜90年代においては国家と個人の中間に存在する多様な生活空間を中間媒介領域（地域公共圏）——村民が共同で意思決定する連帯的結合の場——としてとらえ、そこに展開する地方公共関係の活性化と成熟化を図ろうとする課題意識が、以前にも増してより明確になったという点であろう。この時期、村落二重構造論に関しても地域公共圏（市民自治の形成と発展）への理論的関心がいっそう高まり、それが様々な研究分野において意識的・明示的に追及されるようになった[46]。

2　80年〜90年代の理論的特徴——公と私を媒介する論理の探究——

そうした大きな流れの中、とくに80年〜90年代においては次のような研究動向が見られた。

第1に、この時期、〈地縁組織としてのムラの共同性〉と〈法的な権利義務の体系としての行政村〉の相互関係に関心を有する、〈第Ⅰ象限志向〉の地域研究ないし歴史研究、さらにはコモンズ研究などが数多く蓄積されている（図8-1参照）。それらの研究は、全体として「自然村擁護論」と「部落共同体解

体論」、あるいは「内在的発展論」と「民主的契機発展論」など様々な争点の
もとで展開されてきた従来の村落二重構造論を批判的に総括し、両者をいかに
して統一的にとらえるかが研究課題とされており、注目される。そうした研究
の背景には、「従来の公と私という二元論ではなく、公と私を媒介する論理と
して公共性」を考えようとする視座（公共哲学）が存在する。

　第2に、かつては地域住民が国家や寄生地主によっていかに抑圧されたかを
問う研究が中心であった。しかし80年〜90年代においては、いったん「国家的・
地主的公共」として制度化された行政村の中から、それをくぐり抜けて新たな
地域的公共関係が成長してくる過程を探究しようとする実証研究が盛んとなっ
た。その代表的事例としてはハーバーマスが提起した「公共性の構造転換」
概念に注目した大石嘉一郎の研究である（本書7.2参照）。公共性の構造転換に関
する実証的研究を蓄積していけば、滅私奉公型ではなく「個」が「私」を活か
して「公」を拓く道〈第Ⅰ象限志向〉を探究するうえにおいて有効な研究となろ
う。

　第3に、ムラや行政村だけでなく、農会・産業組合・耕地整理組合・水利組
合・商業会議所・同業組合・農民組合・労働組合などの各種機能集団への関心
が高まったのも、80年〜90年代における歴史研究の特徴である。しかも、それ
らの各種機能集団を単なる官製的な行政補助組織として位置づけるのではなく、
新しい地域公共圏の基盤──社会の多元化・機能化・連帯化をもたらす基盤
──として位置づけようとしている点が注目される。

　第4に、「中央にお伺いをたてて事を進める明治以来の行政のやり方に、静
かな革命が起き始めている」といわれる時代状況をふまえ、理論のための理論
ではなく、「まちづくり」「むらおこし」「条例づくり」などの実践課題を念頭
においた堅実な地域研究や歴史研究が志向されるようになったのも、80年〜90
年代の特徴である。

　第5に、そうしたなか、たとえば終始日本の地方自治論を主導し60年〜70年
代に至り民主的契機発展論を説いていた宮本憲一が、保母武彦らの内発的発展
論を高く評価し、次のように述べている点が注目される。

　　今後の自治体は20世紀の日本の政府の地域づくりの失敗の上にたって、自らの
　　頭と足で内発的な発展をめざさねばならない。これまでの中央依存の外来型地
　　域開発でなく、地元の住民、住民組織（NGOやNPO）や企業などの経済組織を

中心にして、自治体が協力する自発的な発展である。それはこれまでに述べた
ような環境保全を枠組みとしたサスティナブル・デベロップメント（持続可能な
発展）であり、住民自治である。[51]

　かつて鶴見和子の内発的発展論はマルクス主義などの進歩派から攻撃を受け
ていたが（本書4.4参照）、そうした理論的相克——民主的契機発展論と内発的発
展論の相克——が解消し、いわば進歩主義と保守主義の間に共有点が見出され
るようになり、〈第Ⅰ象限志向〉（図8-1参照）をいっそう強めるようになった
のが80年〜90年代の大きな特徴である。

注
1)　まず、60年〜70年代とはどのような時代であったか。何よりもまず指摘しなければな
　　らないのは、約15年間つづいた革新自治体の時代であったという点である。しかし、住民
　　運動を基礎に「草の根保守主義」を揺るがせた革新自治体の時代も、1974年の石油ショッ
　　クに始まる不況の過程で退潮し、70年代末には終焉を告げることになった。そして、そ
　　の後は都市経営論や民間活力論などを中心とした実務型の地方行財政体制が整えられて、
　　80年〜90年代を迎えている。規制緩和や効率化など、いわゆる市場の論理が前面に出る
　　ようになったのも80年〜90年代の特徴である。そうしたなか、革新自治体時代の反省の
　　一つとして、住民参加の未成熟ということが言われるようになった。すなわち、陳情型
　　あるいは激突型の住民運動だけでは現代の体制を改革することができないとする反省か
　　ら、権利は主張するが公共に参加しないといった観念的な市民ではなく、自らコストを
　　負担する政策提起型の市民が求められるようになったのも、80年〜90年代のことである。
　　自治体レベルにおける立法権（条例規則制定権）とならんで、国家が制定した法律の「自
　　治解釈権」の問題が重要になったのもこの時期である（松下圭一［1996］参照）。法律
　　の制定と解釈を上級庁に一任しているかぎりは、住民に責任を負う地方自治を確立する
　　ことができないし、「まちづくり」「むらづくり」を実現することもできないとする、市
　　民意識の成熟がそこに認められる（大森彌・石川一三夫・木佐茂男［2000］参照）。
2)　石田雄［1998：34］。
3)　同上、54〜58頁、106〜108頁、114〜119頁参照。
4)　石田雄［1995：204］参照。
5)　宮本憲一［1986：30-31］参照。
6)　同上、22〜25頁、175〜186頁、199〜204頁参照。
7)　大石嘉一郎・室井力・宮本憲一［2001：16-18］。
8)　山田公平［1991：47-58］参照。
9)　同上、138〜146頁参照。
10)　山田公平・宮本憲一らは、「市民」「市民自治」ではなく、「住民」「住民自治」とい

132　第Ⅰ部　村落二重構造論の形成と展開

う言葉を使用している。「市民」と「住民」の間には微妙なニュアンスの違いが認められるが、本書ではほぼ同じ概念として理解しておきたい。

11)　山田公平［1991：146］。

12)　大石嘉一郎・西田美昭編［1991：740-741］参照。

13)　同上。

14)　同上、8頁。

15)　同上、参照。

16)　同上、741頁。

17)　同上、762頁。

18)　大島美津子［1994：79-81］参照。

19)　奥村弘［1986］［1987］など参照。藤田省三の二重構造論を批判的に検討しつつ、地域公共関係論の豊富化を目指す研究としては、住友陽文［1993］参照。

20)　高久嶺之介［1997：9-10］。

21)　なお、本書の主題からは少しそれるが、今西一［1993：22-23］は、村落二重構造の存在が被差別部落を温存する機能を果たしたと指摘している。

22)　飯塚一幸［1994：137］参照。

23)　この飯塚論文は日本史研究大会で報告されたものであるが、そのときに筆者は次のようにコメントした。「従来の通説的見解〔潮見俊隆説を指す──筆者注〕と飯塚氏の主張との間には大きなずれというよりも真っ向から対立する点がうかがわれるが、この違いはなぜ生じたのであろうか。規範を対象にする法学と、事実を対象にする歴史学の学問的性格の違いに起因しているのであろうか。それとも、半封建性の克服が課題となった戦後改革期と、もはやそれではすまされない90年代という時代的背景の違いに起因しているのであろうか。検討を要する問題であるが、思えばそうしたズレが発生するところが研究のおもしろいところではないだろうか。法学の分野において当然のことと考えられていることが、歴史学の分野では当然のこととされない。あるいはまた、歴史学の分野では論争になることが法学の分野では話題にもならないということは、よく起こりうることである。同様のズレは、世代間においても見られるであろう。たとえば、かつてはあれほどまでにこだわった日本社会の前近代性ということも、今ではあまり問題にはならないがごとく、時代とともに、近代ないしは近代法（市民法）の位置付けに関する議論にも変化が生じるのはむしろ当然のことである」［石川一三夫　1994：140］。

24)　川田稔［1985：181-183］参照。

25)　同上、233～236頁参照。

26)　同上、315～325頁参照。

27)　白川部達夫［1999：8-9］。

28)　同上、26～29頁参照。

29)　渡辺尚志［1994：167］。

30)　同上、168～175頁参照。

第7章　村落二重構造論の多様な展開　　*133*

31)　同上、175〜183頁参照。

32)　同上、174頁参照。

33)　松宮朝［2001］。

34)　鶴見和子・川田侃［1989］、佐々木雅幸［1994］参照。

35)　保母武彦［1996：1－5］参照。

36)　同上、158頁。

37)　同上、263頁。

38)　山崎丈夫［1996］［1999］、鳥越皓之［1994］など参照。

39)　山崎丈夫［1996：42］。

40)　リベラル保守については中島岳志［2016］参照。

41)　杉原弘恭［1994：120］、宇沢弘文・茂木愛一郎［1994］所収参照。

42)　同上、121頁参照。

43)　社会的共通資本の理論は、「社会主義か資本主義か」といった問題意識を超えた次元、つまり「官僚的基準」か「市場的基準」かといった発想を超えた制度主義（Institutionalism）の立場に立つ理論である［宇沢弘文 2000：12-43］。この制度主義は、「一つの普遍的な、統一された原理から論理的に演繹されたものでなく、それぞれの国ないしは地域のもつ倫理的、社会的、文化的、そして自然的な諸条件」（同20頁）を重視している点において、玉野井芳郎［1977］に接続している。また、鶴見和子らの内発的発展論にも接続する面がある。

44)　暉峻淑子［1989：198］ほか参照。

45)　佐々木毅・金泰昌［2001：刊行にあたって］参照。

46)　市民自治論の提唱者である松下圭一は、1980年以後の動向について「分業化・国際化という今日の基本課題は、明治国家の解体・再編を意味します。明治につくられ、閉鎖性・独善性をもつ〈国家主義〉ないし〈国家統治〉をかかげてきた官治・集権政治の再編、つまり〈市民自治〉から出発する自治・分権政治の造出がこれです」（松下圭一［1996：16］）と述べている。そこには、農村型社会から都市型社会への移行にあわせて「官治・集権政治」から「自治・分権政治」へと転換しはじめた80年〜90年代の理論状況の特徴が、端的に表現されている。ただし、松下の場合は「未来に向けての自治の構想」を強く打ち出しているためか、「1960年代まで、日本の私たちがほとんど理解できなかったのが〈自治〉でした」（同127頁）と述べ、そのうえで「明治以来の啓蒙思想、自由民権、大正デモクラシー、社会主義運動、ついで戦後改革も未知の領域がそこにあった」（同137頁）と断定している。

47)　佐々木毅・金泰昌、前掲。

48)　細谷貞雄＝山田正行訳／ハーバーマス（Habermas, J.）［1973］参照。

49)　佐々木毅・金泰昌、前掲。

50)　朝日新聞「社説」（1991年4月23日）。

51)　宮本憲一［2001］、大石嘉一郎・室井力・宮本憲一［2001：145］所収。

第8章

総括と展望

　本書においては、国家と個人の中間に存在する多様な生活空間を中間媒介領域（地域公共圏）——村民が共同で意思決定する連帯的結合の場、すなわち地域住民が地域的公共関係を自治的に形成し展開させる場（Public sphere）——としてとらえ、その活性化と成熟化を図ろうとする近年の議論に学びつつ、村落二重構造に関する研究史を概観してきた。最後に本書の総括と今後の展望を記しておきたい。

8.1　研究史の総括

　本書が取り上げたのは、「戦前戦中期」「戦後改革期」「60年〜70年代」「80年〜90年代」の4期であった。そこにはどのような特徴が見られたであろうか。

1　戦前戦中期の研究

　第1期は、村落二重構造に関する学説が形成された戦前戦中期である。この時期は、南方熊楠・柳田国男・鈴木栄太郎らの民俗学・社会学にひきつづき、法史学や比較法、法社会学の分野でも「実在的総合人説」や「生活協同体説」など、ムラを評価しようとする研究が活発であった（図2-1参照）。中田薫・末弘厳太郎・福島正夫・徳田良治・戒能通孝らがそのパイオニア的存在である。また小野武夫・藤田武夫らの村落二重構造に関する社会経済史研究も、この時期を代表するものとして注目に値する。戦前戦中期において「自然村擁護論」がくり返し主張された背景には、たとえば部落有林野に対する農民の権利をいかにして守るかといった実践的課題が存在した。そして、さらにその背景には、官製的な行政村の一方的な導入と展開が〈地縁組織としてのムラの共同性〉（中間媒介領域）を解体し、村民が共同で意思決定する場——今日で言うところの地域公共圏ないし地域公共関係——の自生的展開を阻害しているとの批判が存

在した。

2 戦後改革期の研究

第2期は、農地改革の実施や部落会・町内会の廃止など地域の民主化が実践的課題になり、「仮借なき反省批判」(川島武宜) が求められた戦後改革期である。この時期、ムラを論じる視座が肯定的なものから否定的なものへと転換した。すなわち、自然村擁護論に代わって「部落共同体解体論」ないし「部落共同体再編利用論」が学界の主流を占めるようになった。代表的な研究者としては、丸山真男・石田雄・大島太郎・阿利莫二・藤田省三・神島二郎・川島武宜・潮見俊隆・渡辺洋三、そして大塚久雄らを数えることができよう。地主支配を基盤とする部落共同体は、近代的で民主的な地方自治制度ひいては民主的国家を創出していくうえでも桎梏になるというのが、当時の近代主義・マルクス主義に共通する問題意識であった。部落共同体を解体して個々人を基礎にした各種の自治的な機能集団を創出し、その延長線上において民主的な近代的公法人としての行政村を創出する。これが戦後改革期の基本戦略であった。

そうした新たな中間媒介領域を創り出していこうとする基本戦略のもと、戦後改革期においては村落二重構造に関する研究が従来以上に精力的に進められ、研究史上の一頂点が形成されるに至った。それらの理論は村の近代化や民主化を目指すものであったから、明らかに〈第Ⅳ象限を志向する〉研究であった。しかし、その鋭利な論鋒にもかかわらず、全体としてとして農村の半封建性や停滞性を過度に強調する傾向が強く、結果として〈第Ⅲ象限にとどまる〉理論が少なくなかった (図3-1参照)。

この時期には、部落共同体の役割を再評価しようとする蝋山政道・竹内利美らの部落共同体再評価論 (第Ⅱ象限志向) も存在したが、それらが戦後改革期の学界に広く受け入れられる条件は熟していなかった。

3 60年～70年代の研究

第3期は、1960年から70年代にかけての高度経済成長にともなう地域社会の変貌期である。この時期は戦後の重要な転換期であって、「自治体改革論争」や「共同体再評価論争」が活発に行われ、近代主義とマルクス主義の間に乖離と対立が目立ち始めた時代である。第1に、一方において、日本農村の封建性を固定的にとらえようとする従来の方法が反省され、明治時代の官僚が設定し

た村落二重構造の枠組みを破って生成してくる民主的契機の発展を探ろうとする視座、つまり「動態的把握論」（第Ⅳ象限志向）が重視されるようになった。この系譜に属するものとしては、大石嘉一郎・宮本憲一・宮地正人・中村吉治・北條浩・高木鉦作らの研究が注目される。第2に、他方、近代主義やマルクス主義と一線を画する「共同体再評価論」ないし「内発的発展論」（第Ⅰ象限ないし第Ⅱ象限志向）の側からの問題提起が、学界と論壇において市民権を獲得し、村落構造研究の豊富化と深化に重要な役割を果たすようになったのも、この時期である。この系列に属するものとしては色川大吉・鶴見和子・橋川文三ら——批判者としては河村望・蓮見音彦・中野卓・岩本由輝ら——の研究が注目される（図4-1参照）。

　この第3期には、様々な視角からの地方改良運動の研究や、村落類型論の豊富化、村規約論争なども行われ、それらが歴史研究に活性化をもたらすとともに村落二重構造論の深化に寄与した点も見落とされてはならない。60年〜70年代においては、依然「公共圏」や「公共関係」などの概念が明示的に語られてはいなかった。しかし事実上、公共圏や公共関係——村民が共同で意思決定する連帯的結合の場——に関する研究も盛んで、それらをめぐる対立と論争が活発になった時代でもあった。

4　80年〜90年代の研究

　第4期は、1980年以後90年代までである。この時期、自治体闘争を重視した自治体改革論が退潮したあと、「市民自治」や「市民的公共」をめぐる議論が学界と論壇において脚光を浴びるようになった。村落二重構造論のレベルでいえば、第1に、前近代的・非民主的とされたムラの中にも、地主支配には還元しえない横の連帯関係（ムラの共同性＝公共性）が存在することが認識されるようになった。第2に、これまで官僚機構の末端装置として位置づけられてきた行政村の中にも、住民の公共関係が展開してくることが広く認められるようになったことも重要である。この時期、「公共関係」だけでなく「公共圏」や「公共性の構造転換」などの語が様々な分野で使用されるようになり、〈第Ⅰ象限を志向〉する村落二重構造論が新たな展開を示すに至る（図8-1参照）。

　そうした村落二重構造論の新展開の背景には、いかにすれば現代日本において個人の自由と権利が尊重される市民社会を成熟させることができるかと問う課題意識が存在した。すなわち、個々人の主体性と共同性という両側面に着目

し〈人間の自由というものは連帯する共同体的基盤があってこそはじめて可能になるではないか〉とする発想（第Ⅰ象限志向）が、より明確な形で提起されるようになったのが80年〜90年代の特徴である。そうした80年〜90年代の研究動向をリードした研究者としては、60年〜70年代にひきつづき石田雄・宮本憲一・大石嘉一郎・山田公平の名前をまず挙げなければならないが、その他にも、たとえば奥村弘・高久嶺之介・飯塚一幸・白川部達夫・渡辺尚志らの日本史研究者の実証研究が注目される。

　さらに、鶴見和子や保母武彦・山崎丈夫らに代表される内発的発展論の系譜、川田稔らに代表される柳田国男研究、杉原弘恭らに代表されるコモンズ研究なども逸することができない。

5　全体的流れの図式化

　これまでの叙述を締めくくる意味で、もういちど図に戻っておこう。図8-1は、村落二重構造論史の全体的流れ——地域公共圏像の相克——を図式化したものである。もとよりいくつかの但し書きや留保条件を付したうえでのことであるが、第Ⅰ象限には80年〜90年代における鶴見和子・保母武彦らの「内発的発展論」と宮本憲一・大石嘉一郎らの「公共性の構造転換論」、第Ⅱ象限には戦前戦中期における鈴木栄太郎・戒能通孝らの「自然村擁護論」、第Ⅲ象限

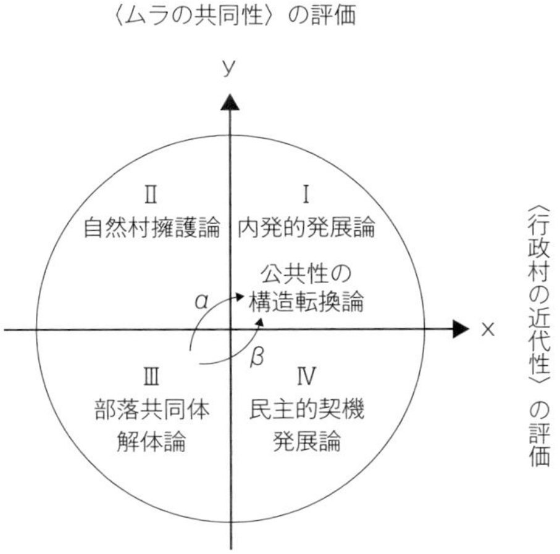

〈ムラの共同性〉の評価

　　　　　　y

　　Ⅱ　　　　　Ⅰ
自然村擁護論　内発的発展論
　　　　　公共性の
　　α　→構造転換論
　　　　　　　　　　　　　x
　　　　β
　　Ⅲ　　　　　Ⅳ
部落共同体　　民主的契機
解体論　　　　発展論

《行政村の近代性》の評価

図8-1　村落二重構造論の系譜

出典：筆者作成。

には戦後改革期における丸山真男・石田雄らの「部落共同体解体論」「部落共同体再編利用論」、第Ⅳ象限には60年〜70年代における若き日の宮本憲一・大石嘉一郎らの「動態的研究」「民主的契機発展論」が該当することを示している。

　本書の主題との関係で──したがって、限られた視点からではあるが──、研究史を巨視的に回顧するならば、第Ⅲ象限が一切の理論の基点になっていたという点が重要である。この第Ⅲ象限は、山県有朋らの官僚主義的発想が位置した象限であるが[1]、そこはまた、大石嘉一郎らが従来の共同体再編利用論などを評して「明治官僚の理念を、そのまま無批判的に理論化したものにほかならない[2]」と述べていたいたように、マルクス主義とりわけ講座派理論、さらに近代主義が位置する象限でもあった[3]。かくして、山県有朋らの官僚主義的発想だけでなく、講座派理論や戦後改革期の近代主義が位置したこの第Ⅲ象限をいかに乗り超えていくかが、60年代以降の日本における村落二重構造論の課題であったと見ることができよう。

　村落二重構造論の原点である南方熊楠・柳田国男らの発想を受け継ぐ蝋山政道・竹内利美・鶴見和子・保母武彦らの保守主義の系譜は、第Ⅲ象限を克服すべく、第Ⅱ→第Ⅰ象限のコース（a）をたどった。そして、村落二重構造論のもう一つの系譜である丸山真男・石田雄・渡辺洋三・宮本憲一・大石嘉一郎らの進歩主義は、第Ⅲ象限を基点に、第Ⅳ→第Ⅰ象限のコース（β）をたどって21世紀を迎えた、というのが本書のごく粗いプロットである。もとより仮説の域を出ないが、本書で述べてきたことは概略以上のようなことであった。

6　若干の留意点

　図8-1を参照しながら、若干の留意点──今後に残された研究課題──を例示しておこう。

　第1に、マルクス主義の理論的影響についてである。一般にマルクス主義は保守主義や自由主義に比べて、「中間集団の伝統的権利に対する関心が最も希薄である[4]」とされる。しかし、少なくとも日本におけるマルクス主義は、日本資本主義の二重構造（半封建的資本主義）の解明に努力した戦前の講座派理論以来、農山漁村に対する学問的関心が高く、その限りにおいて──本書が主題とするところの中間媒介領域としての地域公共圏の理論的探究とは発想の次元が異なるが──当初から農民の組織やムラなどの中間集団を精力的に分析対象に

してきたこと、疑う余地がない。そして、日本社会の半封建性を強調する講座派的理論が、ひとつには戦後改革期という「仮借なき反省」（川島武宜）が求められた激動の時代を追い風にして、その後の村落二重構造論の展開方向に強い影響力を及ぼしてきたこともまた否定できないところであろう。そうしたマルクス主義とりわけ講座派理論の影響力の結果、日本における村落二重構造論史は、*a* コースよりも *β* コースのほうが主流になったという点が注目される。

　これまでのところ、*a* コースの研究蓄積は全体として乏しいといわざるをえない。

　第2に、戦後改革期の研究を主導した近代主義の役割についてである。戦後改革期における学問的気運は、近代主義的理論の多様な展開によって全体として第Ⅳ象限の中にあった。しかし、近代主義は、とくに農山漁村に関して何事も封建的なものとしてトータルに否定する傾向が強かったため、橋川文三・鶴見和子らが描き出していたような共同労働と民間信仰に支えられた民俗の世界だけでなく、行政村に内在する民主的契機の発展に対する理論的関心も一般に乏しく、その発想様式が第Ⅲ象限に閉塞するものが少なくなかった。農山漁村の近代化＝市民法化を目指した戦後改革期の法社会学が、その前近代性の過大評価のゆえに、のちに方法論上の反省をしなければならなかったという事実が、[5]その間の事情を雄弁に物語っているであろう。

　第3に、寄生地主論・官僚支配論の影響についてである。日本においては村落二重構造論として論じられるべき問題を、地主制論あるいは官僚支配論に解消してしまう傾向が全体として強かったという点も指摘しておかなければならない。もちろん、そこには経済史や政治史の研究分野が村落二重構造論を主導してきたという背景が存する。しかし、社会学や法社会学・法史学などにおいても、中間媒介領域としての地域公共圏の独自の役割を探究しようとする問題意識が全体として弱かったのは事実である。また、そうした弱さが影響し、総じて〈x 軸プラス方向〉（行政村の近代性）の研究が手薄になったという問題もある。〈地縁組織としてのムラの共同性〉に関しては相当の研究蓄積がある。しかし、〈法的な権利義務の体系としての行政村の近代性〉に関する研究は、長らく未開拓のまま残されていたといっても過言ではない。60年～70年代に見られた「民主的契機発展論」といえども——本書においては一応これを〈第Ⅲ象限的発想〉として位置づけたが——、厳密にいえば、法的な権利義務の体系としての公法人の歴史的役割を高く評価した研究とは必ずしも称しえないところ

140　第Ⅰ部　村落二重構造論の形成と展開

が認められる。

　第4に、自然村の概念について補足しておきたい。本書においては「自然村」という言葉が何度も登場したが、この自然村は「市民社会」と同様、抽象度の高い概念である。まさにそれゆえに、両者ともに事実概念であるよりも規範概念としての性格が強いという点が見落とされてはならない。すなわち、市民社会を「非国家的・非資本家的な結合関係」として把握するハーバーマスらの視点と、自然村を「非国家的・非地主的な結合関係」として把握する南方熊楠や柳田国男・鈴木栄太郎ら自然村擁護論者の視点との間には、理論上通底したところが認められる。前者の市民社会観は資本制の中にあって、後者の自然村観念は地主制の中にあって、それぞれ支配体制の不合理性を批判するイデオロギーとしての役割——新しい秩序の形成を目指す規範としての役割——を期待されていたからである。

　近年、南方熊楠や柳田国男、鈴木栄太郎らの自然村概念が高く再評価されているが、もとよりそれは復古を願ってのことではない。新しい型の自生的な市民社会への期待がそこに込められているという点が重要である。今後に残された研究課題は多い。

8.2　展　　望——継承すべき課題

1　地域公共圏論の豊富化

　村落二重構造論には様々な発想様式が存在した。その背景には、各々の時代における実践的・理論的課題の相違や、研究者の拠って立つ観点の違い、研究分野の違いなどが見られたこと、すでに述べたとおりである。しかし、本書においてくり返し強調してきたように、時代の違いを超え、また観点や分野の違いを超えて、村落二重構造論には通底する課題意識というものが存在した。すなわち、国家と個人の間に存する中間媒介領域としての地域公共圏のあり方を理論的に探究し、その豊富化をはかろうとする課題意識がそれであった。この課題意識には二つの側面が存在する。

　第1は、「国家の論理」を批判するという側面。日本においては従来、国家に対する過剰な信頼や過大評価が見られ、その傾向は官尊民卑の心理に代表される日本人一般の価値観だけでなく、学問の方法論にまで及んでいたと考えられる。たとえば、その偏向を本書の主題との関係で例示すれば、① 自治体の

権限を制限する「自治体従属説」「機関委任事務理論」の通説化、② 中央政治へと収斂していく闘争の一局面としてのみ地域を位置づけようとする傾向、③ 近代国家の法治主義的側面、たとえば〈法的な権利義務の体系としての行政村の近代性〉の展開過程を見落とし、もっぱら公権力が一方的に人民を支配する権力浸透過程にのみ着目し、その理論化を急ぐ傾向、等々が濃淡様々の形で私たちの従来の研究を枠付けてきたことは否めない。村落二重構造論がこれまで探究してきた——あるいはもっと探究すべきであった——のは、そうした国家の論理が学問上に表れるバイアスをいかに克服するかということであった。

　第2は、「個人の論理」を批判するという側面。国家の肥大化だけでなく、他方、近代日本においては個人に対する過剰な放任主義が、地域社会のあらゆる局面に見られたという事実も否定できないところである。非国家的・非個人的な中間媒介領域たるムラを、個人の論理の側から根こそぎ解体しようとする傾向は、戦後改革期にとくに露わになったが、そうした現象が見られたのはなにも戦後に限ったことではない。地租改正・官民有区分・町村合併・地方改良運動など、どれ一つをとってみても農山漁村のアイデンティティー、つまり〈地縁組織としてのムラの共同性〉が真に尊重されたということはない。そして、この傾向が学問の方法論レベルにまで一定の影響を与えたことも、これまた疑いないところである。たとえば、その偏向を本書の主題に関連させて例示すれば、① 私的土地所有権を絶対視する傾向、つまり部落有財産の解体を促進する学説の通説化をはじめ、② 大学の民法の講義において「総有権としての入会権」に関する注釈がいたって手薄になっている点、③ ムラの共同性を再評価しようとする動きに対して反発し懐疑的な反応を示す学界の一般的傾向、等々、枚挙にいとまないであろう。村落二重構造論がこれまで探究してきた——あるいはもっと探究すべきであった——のは、そうした個人（地主）の論理が学問上のバイアスをもたらしているという状況をいかにして克服するかということであった。

　このように、近代日本においては国家の論理（官僚制）と個人の論理（地主制）に挟撃されて、人々の自発的連帯が形成する中間媒介領域が過小化し、そのことが自主的な存在であるべき地域公共圏の形成・発展にとって大きな障害になり、また学問上においても様々なバイアスを生むことになったと考えられるが、そうした弱点を克服していくためには今後とも歴史研究者に何が求められるであろうか。第1に、村落二重構造論を官僚制論や地主制論に事実上解消してし

まうような方法を克服すること。第2に、官僚制論や地主制論の中間に存在する豊富な研究領域を理論的に開拓すること。第3に、そうした研究を積み重ね、そのことによって行政村とムラにおいて様々な形で歴史的に展開してくる地域公共圏ないし地域公共関係を理論化すること。少なくともこの3点が、村落二重構造論が探究すべき究極の課題――村落二重構造論の系譜に通底する課題――ではなかっただろうか、というのが本書の一応の結論である。今後とも継承発展させるべき基本的論点といえよう。

2　実証研究の蓄積

　研究史の総括に関連して、次のことも確認しておきたい。それは実証研究の蓄積ということである。研究史というものは、単なる課題意識の披歴史にとどまるものではなく、実証レベルにおいても見逃してはならない深化の跡が存在するという点が重要であろう。

　たとえば、入会研究に関する中田薫・末弘厳太郎・戒能通孝・渡辺洋三・西川善介・北條浩・熊谷開作・神谷力・井ヶ田良治らの法社会学ないしは法史学研究を検討してみるならば、そこには、「法令解釈 → 裁判記録の分析 → 官庁文書の収集 → 地方文書の発掘 → 定点観測型の悉皆研究」へと進められていった、村落二重構造論の実証的蓄積と深化の軌跡があらためて確認できるのである。裁判記録によって村の法人格を明らかにした中田薫の研究は、当時において画期的なものであった。しかし、そうした中田の精緻な実証方法も、次の世代の平野義太郎によって「裁判所の鑑定書をもって法史の論文とする」ものであると酷評される一方[8]、戒能通孝によっても、「私には中田博士の解説が、主として中央政府の法令の文面だけを取られたのであって、その実際の動きには注意せられなかつたのではなかろうか[9]」と批判されざるをえないものであった。そして、この膨大な地方文書を駆使した戒能の研究もまた、次の時代においては西川善介や井ヶ田良治らの定点観測型の悉皆研究によって批判されなければならなかった、という点が見落とされてはならないであろう。

　それぞれの時代の実践的課題がバネとなって、村落二重構造論が豊富化されたのは事実である。しかし、もしもそこに実証研究の蓄積と深化ということがなかったならば、そもそも理論の継承発展（学説史）など望みえないのである。井ヶ田良治は、中田薫と戒能通孝の学説を検討したあとで、「私たちは、過去の歴史家の仕事をみるとき、それを全面否定するのでも、全面肯定するのでも

なく、まさに我々の現在の地点から批判的に受けついでゆかねばならない」と
述べているが、そこには研究者の発想様式の違いを超えて守らなければならな
い鉄則、すなわち実証研究の蓄積と深化の重要性が明確な形で語られていると
いえよう。

3 現代と未来につながるテーマ

村落二重構造論は直接的には農山漁村の歴史（過去）に関する理論であった。
しかし、その理論が有する射程距離は長く、そこで議論されたことが現在さら
には未来を展望し志向するものであったこともまた明らかである。そうした村
落二重構造論の射程距離の長さについては本論中でくり返し強調してきたとこ
ろであるが、ここでもう一度この点を再確認するために、戦前戦中期を代表す
る戒能通孝（部落協同体擁護論）と戦後改革期を代表する丸山真男（部落共同体解
体論）の文章を紹介して、本書第Ⅰ部の結びに代えたいと思う。

視座は異なるが、中間媒介領域としての地域公共圏を重視しようとする観点
から見た村落二重構造論の現代的研究意義がそこに提示されている。

> 私は今までのところ、我国の伝統的な村落体的協同精神が、いかようにして新
> たなる潮流の中に一部分は消滅し、一部分はなお生き延びることを得て、無言
> の生存権を主張し続けてきたかを考察した。しかし私はこれに基づいて旧来の
> 団体的精神生活の良き面が、旧い村落的秩序の復活によつて再現できるなどと
> 思つているものではない。日本でも明治期以後、新たなる混乱が、旧い秩序の
> 解体によつて発生した。だがこの新たなる混乱は、旧い秩序と旧い精神の復活
> によつて整理せられるとも思えない。まさしく新たなる問題は新たなる解答を
> 必要となしているのである。（戒能通孝）

> 近代国家の主権観念が封建的身分・ギルド・自治都市・地方団体など「中間勢
> 力」の自主性と自律性を剥奪することなしには成立しえないのは、どこの国で
> もそうであって、そうした歴史的形態そのままの「保存」を願ったところで、
> それは感傷趣味でしかない。けれどもそうした中間勢力の自主性――それはも
> ともと日本の場合弱かったけれども――の伝統が、近代日本においてなぜ自発
> 的集団のなかに新しく生かされなかったのか、〔中略〕そこに含まれた意味を問
> うということになると、はじめて問題はたんなる歴史的「過去」の叙述をこえ
> て、社会学的にもまた思考のパターンとしても、まさに現代につながるテーマ

144　第Ⅰ部　村落二重構造論の形成と展開

となる。[12]（丸山真男）

4　相関関係的研究の必要

　戦前戦中期から近年に至るまでの理論的状況を巨視的に観察するならば、80年〜90年代を画期として、柳田国男や鈴木栄太郎などの系譜を継承した保守主義的発想と、近代主義、マルクス主義などの進歩主義的発想が架橋できないほどに対立する時代——地域公共圏像の相克が顕著であった時代——が終焉し、仮に「保守型市民主義」あるいは「進歩型市民主義」とでも称すべき〈第Ⅰ象限志向〉の理論展開が見られるようになったという点が重要である（図1-1参照）。すなわち、自他の共生時代が始まり、〈地縁組織としてのムラの共同性〉と〈法的な権利義務の体系としての行政村の近代性〉をともに重視する研究の必要が広く共有されるようになったのが、近年の大きな特徴である。

　そうしたなか、村落二重構造論をめぐっても対立ではなく対話により、様々な視点から理論的・実証的に解明していくことが今日求められているといっても過言ではない。橋川文三の自然村擁護論と海野福寿・渡辺隆喜のグラムシ（イタリアのマルクス主義思想家）の理論を援用した市民社会論の間に思わぬ共有部分が見られたように（本書第5章「おわりに」参照）、鶴見和子らの内発的発展論と大石嘉一郎・宮本憲一らの民主的契機発展論との間に共有関係と対話が生じて、これまでに存在しなかったような新しい理論が出現するかも知れないのが今日の理論的状況である。

　自己の方法の不完全さを補ってくれるものに対しては常に開かれた関係に立つという、いわゆる「相関主義[13]」を重んじた研究が今後有力になると考えられる。

注
1)　山県有朋らの官僚主義的発想が第Ⅲ象限に属することについては、本書第1章の注8)、参照。
2)　大石嘉一郎・西田美昭［1991：8］。同様の批判は宮本憲一も行っている（本書7.1参照）。
3)　講座派理論が第Ⅲ象限に位置することについては、本書2.5参照。
4)　富沢克＝谷川昌幸訳／ニスベット（Nisbet, R. A.）［1990：33］。
5)　渡辺洋三［1950：173-202］参照。
6)　井ヶ田良治の研究について述べたところでふれたように（本書6.1参照）、学説史を振

り返ると、〈公法人としての行政村の近代性〉を評価しようとする視点からの研究が総じて弱かったという点が指摘されなければならない。近代の町村は、単なる伝統や慣習の集積体でもなければ、また裸の力関係の事実的対抗に終始する場でもない。すぐれて近代的な、権利義務関係の主体としての地位を付与された――あるいは承認された――、公法人という形態を採用せざるをえなかったところが、近代の近代たるゆえんである。一例を挙げるならば、事実として存在したムラの規約制定の慣行が「自主の権」（町村制第10条）として承認されたように、そしてそれをめぐる争いが生じた場合には、行政裁判所や司法裁判所に提訴する権利が承認されたように、近代日本の町村がともかくも近代法によって媒介された存在になったことは疑いないところである。すなわち、単なる「国家権力からの自由」ではなく、「国家権力への参加」の契機を内在させているところに、〈公法人としての行政村の近代性〉が認められるのである。ところが、この点に対する研究は、動態的把握論あるいは民主的契機発展論と本書が呼んだ系譜においても必ずしも十分ではなかった、としなければならない。〈地縁組織としてのムラの共同性〉とともに、〈公法人としての行政村の近代性〉を評価する研究を蓄積することによってこそ、第Ⅰ象限への道が拓かれる。

7) 市民社会の概念の規範性については、星野英一［1998：115-121］参照。

8) 平野義太郎［1962：188］。

9) 戒能通孝［1958：406］。

10) 井ケ田良治［1981：302］。

11) 戒能、前掲、511〜512頁。

12) 丸山真男［1992：108-109］。

13) 「相関主義」については、マンハイム（Mannheim, K）「イデオロギーとユートピア」、高橋徹ほか訳［1971：196-199］参照。ちなみに、マンハイムは「官僚主義」「歴史主義」「自由主義」「社会主義」「ファシズム」の5類型を抽出し、それらの発想様式の位相と相関関係を論じている。

第Ⅰ部付記

　村落二重構造論は、学際的な研究テーマとしての幅と奥行きをもっているため、全景を体系的に鳥瞰することは不可能に近い。そこで、本書においては代表的と思える研究を抽出しながら、筆者の専門（近代法史、法社会史）との遠近関係にしたがって、法社会学・歴史学の研究成果をいくぶん近景に配置し、社会学・政治学・行政学・経済学などの隣接領域に関するものを遠景にとどめて描写せざるをえなかった。もとより叙述に精粗のばらつきが生じること、あるいは少なからずの遺漏が生じることは十分覚悟のうえであった。緻密な理論構成や実証がなされている先学の業績を鋏で切り取って、それを糊でつなぎ合わせたような本書の叙述スタイルには問題があるかもしれない。しかし、第1章「村落二重構造論の研究意義」や第8章「総括と展望」で述べた本書の意図を読み取っていただければ幸いである。

　なお、本書においては、「保守主義」「進歩主義」「自由主義」「市民主義」といった大きな言葉をあえて使用した。そして、様々に入り組んだ諸学説の位相を明確にするために、図1‒1〜図8‒1を利用して、〈第Ⅰ象限的発想〉とか〈x軸プラス志向〉などといった表現を多用した。また、入門書・概説書にも言及し、これを多く引用した。いずれも、本書の主旨を少しでも明瞭にするためであるが、そうしたことがかえって目障りになり、「図式的に過ぎる」との批判を招くことになるかもしれない。しかし、それもまた十分覚悟のうえであった。本稿はあくまでも仮説の域を出ない覚書である。

　本書第Ⅰ部は、第44回法制史学会（1996年10月5日、同志社大学）における報告を敷衍して文章化し、2002年に『中京法学』（第37巻　第1．2合併号）に掲載したものである。したがって、2002年以降の文献は原則として取り上げていない。

第 II 部

大区小区制下の村の自治と内済
——岐阜県可児郡久々利村の『戸長日記』——

　1872（明治 5 ）年に全国的に導入された大区小区制下における村の過渡的性格については、二つの対立する学説が存在する。一つは、主として国の法令に依拠しつつ、近世村は大区小区制の導入により行政的地位を失って大区小区の中に埋没したとする従来の通説的見解である[1]。もう一つは、発掘した地方史料にも依拠しつつ、近世村の持続性を強調する1990年代以後の新しい研究である[2]。この研究によれば、大区小区制下においても村が行政単位として認められた例は多く、近世村の自治は依然存続していたとされる。

　第 II 部では、こうした研究史とくに近年の研究動向をふまえつつ、大区小区制下の村の行政を詳細に記録した『久々利村戸長役用日記』と『久々利村御用留』（以下本書では、この二つの史料をまとめて『戸長日記』と呼ぶ）の内容を紹介し、あわせて明治初期の村の性格について論じたいと思う。1874（明治 7 ）年の 4 月 1 日から10月31日までの記録が日記の形で残っている同史料には、県や上級機関とのやり取りだけでなく、村の行財政のあり方、戸長役場の職務、十人組頭集会・村中惣寄合など村の審議機関の役割、橋普請や祭礼の様子、内済の仕組み、村内の対立、検見嘆願運動、村合併の経緯など様々な村民の動きが記載されており、他では得がたい第一級の歴史資料である[3]。この『戸長日記』を解読・分析することによって、私たちは何を明らかにすることができるであろうか。

　第 1 に、近世村から継承した「実在的総合人」（地域公共圏）としての村の自治を守ろうとする久々利村内の動き——村民が共同で意思決定する連帯的結合の場（地域公共圏）の展開過程——を明らかにすることができる。すなわち、従来の通説的見解を代表する大島美津子 ［1977：13］ は、大区小区制を「町村、郡の旧来の区画、名主・庄屋などの旧来の組織を全く無視」したものと解釈しているが、そうした解釈が一面的であることが明らかとなる。また従来の通説的見解は、「区長・戸長は新政府にだけ顔をむけて国家政策を忠実に履行することが義務づけられた。農民の自治的伝統は一切否定され、農民は政治参加の機会を全く封ぜられた。少数の藩閥官僚による極度の集権が社会をおおったのである」として、「旧慣を無視し、住民参加を全く否定した制度」などと概括しているが、それらの解釈がいずれも

妥当でないことが明らかとなる。

　第2に、『戸長日記』の解読・分析によって、「戸長役場」「十人組頭集会」「村中惣寄合」といった久々利村の中枢的機関の協働と対立の関係を明らかにすることができる。そして、とりわけ村の審議機関ともいうべき「十人組頭集会」「村中惣寄合」が村の自治の担い手として、したがって官治に対する抵抗体として機能していたことを実証することが可能となる。これは井戸庄三や茂木陽一らによって実証された大区小区制の多様性に関する壮大なモノグラフ（鳥瞰図）を手引きとしつつ、その内容を豊富化する作業につながる。大区小区制下の村の実態を明らかにする研究としては、すでに筒井正夫［2005］がある。本書はこの筒井論文と問題意識を共有するものであるが、扱う史料が日々の行政を克明に記した『戸長日記』である点において、（視野は狭くなるが）村行政の内面により立ち入った形で論点を提起できるのではないかと考えている。

　久々利村という一つの村を通してではあるが、当時の村は国家の政策によって簡単に埋没したり消滅したりするものではなく、また県官僚の下部機構、手足として利用される存在でもなかったことを実証するのが本書第Ⅱ部の最終的な目標となる。ただし、近世村の強靭性はもとより絶対的なものではなかった。本書第Ⅱ部においては近世村の限界についても言及する。

1) 大島美津子［1994：79］は、通説的見解として福島正夫・徳田良治［1939］、亀卦川浩［1955］、大石嘉一郎［1961］、大島太郎［1968］、大島美津子［1977］を挙げている。そのほか、山中永之佑［1999］も通説的見解を継承したものといえよう。
2) 大島美津子［1994：79-80］は、1990年代以後の新しい研究として田島昇［1983］、奥村弘［1984］、鈴江英一［1985］、茂木陽一［1986］らを挙げている。そのほか、新しい研究としては井戸庄三［1983］、松沢裕作［2003］などがある。
3) 戸長役場文書について、丑木幸男［2005：295］は「近世から近代への移行期にあたり、画一的な史料管理システムは未確立であった」と述べている。
4) 実在的総合人（近世村）の概念については中田薫［1938：984-985］参照。また、地域公共圏の概念については本書第Ⅰ部第1章参照。
5) 近年、法史学においても地域を限定した悉皆研究が盛んになっている。たとえば、橋本誠一［2005］、矢野達雄［2010］、三阪佳弘［2013］など。
6) 本書第Ⅱ部の当面のテーマは、小学校の設立や地租改正などに関する明治政府の政策（制度設計）それ自体の可否を論じることにはなく、それらの近代化政策が日本の村の歴史や慣習・伝統といかなる矛盾・対立を引き起こしたかを検証することにある。地域コミュニティ研究者の言葉をかりるならば、「統治と共同の境界領域」［役重眞喜子 2019］の史的研究を目指すこと、それが本書第Ⅱ部の主たるねらいである。

第9章

大区小区制と戸長役場

　本章では、岐阜県の大区小区制と久々利村の自治機関の特徴について述べる。久々利村の自治機関は、戸長役場・十人組頭集会・村中惣寄合の三者で構成され、互いに協働関係にあった。すなわち、明治初期の村も基本的には近世村と同様、一方における伝統と慣習に支えられた村役人の一定の権威と、他方、様々な血縁・地縁集団の組み合せによって形成される村方の総意によって成り立っていた。

9.1　岐阜県の大区小区制

　岐阜県は旧天領・藩領・旗本領などが複雑にからみあう県であった。旧領地が犬牙錯綜するこの岐阜県において、大区小区制はどのように形成され、いかなる構造を有していたであろうか。『戸長日記』の内容を紹介する前に、まずこの点を見ておこう（図9-1）。

　『戸長日記』によれば、県の布達類は月番惣代（県）→ 月番郡惣代（大区）→ 副区長（小区）→ 年番戸長（数ヵ村を担当）→ 正副戸長（各村）へと伝達されてくる。この布達ルートだけを見ると、大区小区制はきわめて体系的に整然と構成されていたかに思われる。しかし、そうした外観だけで統治機構としての大区小区制の存在を過大に評価し、大区小区制の導入によって近世村が自治団体としての地位を失い埋没・解体したとか、県行政の補助機関化したと結論するのは誤りである。

1　大区小区制の構造──積み上げ方式──

　岐阜県令長谷部恕連が発した「岐阜県第142号」（明治6年10月）には、次のように記載されていた（史料中の下線は筆者。以下同じ）。

150 第Ⅱ部 大区小区制下の村の自治と内済

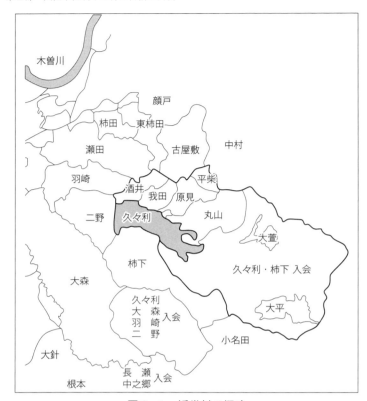

図9-1　近世村の概略

注1：網掛け部分は明治7年以前の久々利村を示す。
注2：太線は明治8年の7カ村合併後の久々利村域を示す。
出典：可児市［2008a］の巻末の近世村落概略図より筆者作成。

　先般管内大小区画改正候ニ付而者、大区々長ヲ立、小区権区長ヲ可設之処、<u>大区長之儀ハ選挙容易ニ行届兼候ニ付、差向権区長而已可致撰定候條</u>、各小区村々正副戸長ヲ始、地持百姓一同ニ於テ投票、或ハ公撰書ヲ以、当月廿七日迄ニ無遅延可申立候（「御布告」渡辺かなゑ家文書、多治見市図書館所蔵）。

　これによると、岐阜県では大区に区長、小区に権区長を置いて事務を取らせることにしたが、大区は広域すぎて、この大区を統轄できる人材を選出することは至難のことであったことが分かる。そこで、①まず村々の正副戸長を選出し、②ついで村々の正副戸長と地持百姓によって小区の権区長（明治7年5

月に副区長と改称。以下、本書においては副区長と呼ぶ）を選出し、小区事務取扱とした。③ そのうえで大区の区長は選出せず、小区の副区長を月番で区長代行に任用するという、積み上げ方式が採用されていた［岐阜県 1967：198-199］。たとえば、久々利村の佐橋政右衛門は第5小区の副区長であったが、1875（明治8）年7月の1カ月間、第10小区の副区長前田又三郎（日吉村）とともに第11大区の月番を兼任している（「明治八年村々届書」渡辺かなゑ家文書、多治見市図書館所蔵）。

2　大区小区制の実態

　統治機構としての大区小区制の存在を過大評価することはできない。少なくとも岐阜県東濃地方における大区小区制は、近世村を解体し利用するほどのものではなく、近世村に依拠しながら形成されたと結論したほうが正確になる[1]。さらに次のような問題も存在したからである。

　第1に、岐阜県の「集議仮規則」「小区扱所地位並びに諸規則」［岐阜県 1967：202-204］によれば、大区の集議所会議は区内の職務上の相談や布達類の研究を行うため月に3回開催され、小区の扱所会議はとくに会合日を決めないで必要に応じて開催されていた。すなわち、会議の頻度に違いがあるのみで、大区の集議所、小区の扱所ともに専門の官吏を配置した常設機関ではなく、副区長と村々の正副戸長が集まる「会議体」に過ぎなかったという点が見落とされてはならない［茂木陽一 1986：57］。

　第2に、大区小区制の導入にもかかわらず、地方行政の大半が村の責任で執行されるという構造（村請）も、近世村と基本的に変わっていなかった。『戸長日記』には、伏見取締番人・祀官・地租改正掛附属・学区取締などの新たな「官名」が頻出するが、その員数はいたって少なく、よくもこれだけの陣容で地方統治ができたものだと驚かされる。しかし、その秘密は村に届けられる「御布告摺物」の件数にあった。たとえば、明治5年に久々利村に届けられた布告は92件にも達しており（**表9-2**の4.14参照——算用数字4.14は『戸長日記』の日付を示す。以下同じ）、その頻度は平均4日に1件と高く、県が執行すべき国政事務の大半が戸長役場ひいては村民の肩にかかっていたことが分かる。

　以下、近世村と近代村の継承面に注目しながら、大区小区制下の久々利村の実像に迫ってみたい。

9.2 久々利村の戸長役場体制と士族

1 士族が住んでいた村

『戸長日記』には士族に関する記載が頻出する。士族に関する記載が頻出する背景には、千村家の屋敷と木曽福島を本拠とする山村家の久々利詰が同村にあったため、両旗本の家臣、とくに千村家の家臣団の一部が定住していたという事情がある。明治4年の大蔵大輔井上馨「家禄等下賜通達」[中島勝国 1997：142-143]によれば、千村家の家臣106人中39人が貫属（士族）、67人が帰籍者（帰農を命じられた者）であったが、そのうち24人の貫属とそれを上回る数の帰籍者が久々利村に住んでいた。

当然、こうした村においては士族と農民の対立が発生し、それが村政に一定の影響を与えることになる。その一例としては、すぐあとで登場する副戸長丹羽志津江の父である長政ら10余名の士族が、廃藩置県後に官有地の払い下げをめぐって「藩閥ノ余威」を張り、隣村の柿下村農民を苦しめた事件を挙げることができよう[可児市 2008b：67-70]。

2 戸長役場の陣容

そうしたなか、1874（明治7）年4月1日に『戸長日記』の記載が始まる。『戸長日記』の冒頭には、こう記載されている。

> 明治七年戌三月、戸長役可相勤仕置ニ付、無拠一同相談之上、会社相立候方決評ニて人撰之上定候人員、戸長奥田順治、副戸長丹羽志津江・海老要兵衛、助役海老久左衛門・奥村武男、右之五人、日番替合可相勤筈ニて、右役奥田和一より四月一日帳面類受取候事 (4.1)。

表9-1は、「決評」（入札）を経て4月1日に発足した久々利村戸長役場の「村役人」（本書では『戸長日記』の記載にしたがい村役人と呼ぶ）のごく簡単な経歴を示したものである。戸長の奥田順治は幕末に千村家に貸付金を献納して苗字帯刀の特権を与えられた地方名望家である[可児市 2010a：262]。その奥田順治の下、3人の士族が名前を連ねている。千村家徒士であった丹羽志津江と、山村家久々利詰を任ぜられていた海老久左衛門は貫属で、彼らはいずれも廃藩置県の直後に農民との対立を経験した人物である（海老と農民の対立については第Ⅱ部第13章の

第9章　大区小区制と戸長役場　*153*

表9-1　久々利村の戸長役場体制（1874（明治7）年4月）

役　職	氏　名	経　歴
戸　長	奥田順治	平民、苗字帯刀特権。千村家へ貸付金（文久2年）。
副戸長	丹羽志津江	千村家家臣、徒士。北越戦争に参加。貫属。
副戸長	海老要兵衛	経歴不明。平民。
助　役	海老久左衛門	山村家家臣、久々利詰。貫属。
助　役	奥村武男	千村家家臣。帰籍者。

出典：『久々利村戸長役用日記』、「文久元酉年家中分限帳」［可児町 1978：67］、「慶応
　　　四戊辰歳・久々利村隊出陣日記」［可児町 1978：104］、「山村家分限帳」［可児
　　　市 2010a：272］より筆者作成。

注5参照）。奥村武男は千村家家臣でありながら帰農を命じられた帰籍者で、明
治9年6月に千村家の頭首木曾仲重に帰籍者救済嘆願書を提出している（『明治
九年戸長事務取扱留』貫属組当役海老瀬平筆記、可児市役所所蔵）。

　なお当時、伊勢神宮が教導活動を推進するため神風講を結成するよう各地の
名望家や旧藩庁役人等に呼びかけていたが［岐阜県 1972：1302-1303］、久々利村
においても明治7年9月に神風講を結成し、副区長佐橋政右衛門・戸長奥田順
治・副戸長丹羽志津江・助役海老久左衛門など、貫属や苗字帯刀の特権を有す
る村役人クラスの者が多数参加している。久々利村の村政と神道（国学）の深
い関係を示すものといえよう［可児市 2010a：328］。

3　近世村の継承

　以上、久々利村の特徴と戸長役場の人事についてごく簡単に見てきたが、そ
こには藩の役職を解かれた士族の存在や国学の影響など、近世村との断絶面が
際立っているようにも思われる。しかし、村役人の選出方法や役場内での役割
分担など村政の内面にまで立ち入ってみると、近世村との継続面が見えてくる。
　第1に、彼ら自身が自分たちのことを「村役人」と呼んでいた点に注目した
い。『戸長日記』中に「準官吏」や「吏員」といった文言は一度も登場しない。
これは、隣村の農民には「藩閥ノ余威」を張れても、村内では村民の総意によっ
て選出され行動する「惣代」でしかなかったことを示している。彼ら村役人が
村民に対して一定の権威を有していたことはもとより否定できない。しかし、
それは自然的権威とでも称すべきもので、村役人の権威は官位ではなく村民の
総意によって支えられていたという点が見落とされてはならない。
　第2に、久々利村は千村家と山村家が支配する相給の村であったため、廃藩[3]

置県の頃まで村役人（庄屋・組頭2人・百姓惣代）が千村領内に4人、山村領内にも4人いたわけであるが（計8人）、これを一挙に減らさず、戸長役場時代になっても村役人五人制が敷かれていた点が注目される。近世村以来の均衡を大きく変更したくないとする村民の意向が明示的ないし黙示的に働いていたからであろう。また、戸長役場の村役人の選出（入札）に際して、町組から戸長奥田順治、北組から副戸長海老要兵衛と助役海老久左衛門、東組から助役奥村武男といったように［可児郷土歴史館編 2016：50-55］、組々の均衡が図られていたのも、近世村の体制を維持したいとする村民の意向が働いていたからだと考えられる。

第3に、『戸長日記』の冒頭に「会社相立」「五人、日番替合可相勤筈」とある点にも注目したい。当時は、後年のように誰か特定の者が毎日出勤するのではなく、戸長を含む5人の村役人が順番に役場に詰める日番制が採用されていた。さらに、『戸長日記』に「五人之者集会」（4.3）「会社連寄合」（5.4）などの記載が登場することからも明らかなように、戸長役場内で合議制が重視されていた点も注目に値する。いずれも、旧慣と村民の総意をふまえつつ、均衡のとれた村政を実現するために考案されたものといえよう。

久々利村の戸長役場体制は、その外観ほどには近世村と断絶していなかったという点が重要である。

9.3　十人組頭集会と村中惣寄合

近世村と近代村の継承性は、村民の総意を確認する場（地域公共圏）、すなわち久々利村の意思決定がどのような過程を経て行われていたかを検証することによって、いっそう明らかとなる。

1　久々利村の意思決定機関

図9-2は当時の久々利村の意思決定機関を表したものである。意思決定機関として重要なのは戸長役場・十人組頭集会・村中惣寄合であるが、このうちとくに中軸的役割を果たしていたのは、十人組の惣代（14人）が集まる「十人組頭集会」であった。久々利村においては何か事あるごとに十人組頭集会が召集され、村の重要事項を評議決定していた。しかし、戸長などの村役人の選挙や、村入用の承認など十人組頭集会だけでは決定できない最重要事項について

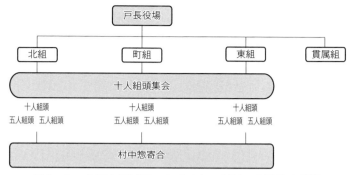

図 9-2 大区小区制下における久々利村の意思決定機関

注1：戸長役場・十人組頭集会・村中惣寄合の三者協働によって久々利村の意思が決定されていた。
注2：貫属組（士族）は十人組頭集会や村中惣寄合には加わらず、独自に戸長役場と折衝する形で村政に参加していた。
出典：『久々利村戸長役用日記』『久々利御用留』（いずれも明治7年）より筆者作成。

は、小作人層を含む村中の者が一堂に会する「村中惣寄合」がもたれていた[4]。

　十人組頭集会は少なくとも月に4、5回開催されていた。さらに、村中惣寄合も月1回以上の開催で、小作人層も含む村民110軒近くが参集する大規模な寄合にしては［可児町 1978：545-547］、その開催数が多いのに驚かされる。『戸長日記』には、「十人組頭打寄セ」(4.3)「十人組頭集会申触」(4.21)「十人組頭出頭」(5.4)「十人組一同より申出」(5.7)「夜分十人組頭集会」(5.22) や、「村方一同熟談之上」(4.4)「村方一同打寄相談之上」(5.4) などの記載が頻出する。久々利村政における十人組頭集会と村中惣寄合の重要性を物語るものといえよう。

2　歴史的に形成された制度

　全員一致制で村民の総意を確認する村中惣寄合は、事実上、村の最高の意思決定機関であったから、戸長役場といえども村中惣寄合の総意を無視することはできなかった。

　対外的に村を代表する戸長役場に対して十人組頭集会、そして村中惣寄合という村民の総意をくみあげる意思決定機関が存在していたという点が重要である。近世村は幕藩権力が村切りによって設定したものだが、十人組頭集会や村中惣寄合といった意思決定機関は領主・地頭によって設定されたものではない。

156　第Ⅱ部　大区小区制下の村の自治と内済

十人組頭集会と村中惣寄合は不定形ながら村の慣習を積み上げるなかで歴史的に形成された村民の制度であり、それが必要とされたのは生活の場としての村の平穏と秩序が求められたからであろう。慣習は容易なことでは破られず、明治初期を迎えることになった。

9.4　村の行財政

つぎに、当時の村の行財政について見ておこう。戸長役場の下、十人組頭集会や村中惣寄合で村民の総意を確認しながら進められる村の行財政のあり方に目を向けると、近世村と近代村の継承性がいっそう明瞭に見えてくる。

1　自治事務と国政事務の混在——村協議費——

まず、当時の戸長役場はどのような事務を取り扱っていたであろうか。表9-2を見ていただきたい。当時はまだ、村行政において「村民のもの」（自治事務）と「国家から与えられたもの」（国政事務）との区別が明確でなかった。したがって、戸長役場が担当する事務の中には、橋普請・友円寺始祖法事（村方休日）・灯明堂移転・他村滞在の老人引取り・屋敷借用・村民の借金（内済願）・田地等書入・掟山境見分などの村固有の自治事務だけでなく、戸籍月届・狩猟筒願・肉類鑑札・地量・地券調・学校積立金・年貢不納催促などの国政事務が混在していた。しかし、当時は官費と民費の区別（事務配分）が不明確であったから、本来なら官費で支払われるべきものが民費として扱われ、たとえば地券調費・地租改正費・学校関係費なども民費、すなわち村民が当然負担する「村協議費」とされていた。すなわち、十人組頭集会や村中惣寄合で村民の同意が得られなければ、大半の村の行財政は機能できない仕組みになっていたのである。

2　村入用の立て替え

当時の村入用について具体的に見ておくと、明治7年の村にはまだ予算というものが存在せず、『戸長日記』には、庄屋時代さながら戸長が村入用を立て替えたことを示す記載が数日に1回は登場する。

①　去七月ヨリ十二月迄之御布告摺物金壱円四厘七毛、今日権区長へ差出し申候、奥田順冶取替也（4.20）。

第 9 章　大区小区制と戸長役場　　*157*

表 9 - 2　　1874（明治 7 ）年 4 月の戸長役場事務概略——村の自治事務と国政事務の混在

月日	議　　題
4 月 1 日	墓地明細書、戸籍月届、狩猟筒願出、肉類鑑札、借用調物帳、断獄掛より預銭規則取扱方、太田詰捕亡方より村民呼出、地量
2 日	地券調、北洞堤見分、地租改正掛附属より地量方に付き回状
3 日	役場日番表の決定、伏見取締番人巡回、十人組頭集会、橋普請の相談
4 日	橋普請、地量、送籍、学区取締より学校積立金の件、学校積立金の件を十人組頭へ伝達、庚申堂再建
5 日	橋普請、友円寺茶会、元放生寺什器返却
6 日	地量、橋普請
7 日	友円寺始祖法事（村方休日）、地量、伏見取締番人巡回
8 日	地量、権区長より御布告回状
9 日	東禅寺什物帳差出、田地書入、地租改正掛附属より回状、屋敷売買、灯明堂移転
10 日	権区長より御布告摺物、前戸長奥田和一より陸運会社願
11 日	（記載なし）
12 日	地所書入、祀官より八幡神社の屋根替え依頼、黒鍬職寄留、喜兵衛母の年齢確認、他村滞在の老人引取り、伏見取締番人巡回、羽鳥鑑札
13 日	（記載なし）
14 日	佐橋政右衛門権区長拝命、東禅寺什物帳、御布告取調（酉年御布告摺物92件）
15 日	権区長より御布告摺物、県庁より年貢不納村々へ催促状、年番戸長制廃止の回状
16 日	養子送籍、青森県士族の上書回状、屋敷借用、他村民の材木運搬届、橋普請
17 日	橋普請（村方総出）、養子送籍、権区長宅にて区内一統集会（月調・祀官月給など）
18 日	橋普請、善光寺参詣願
19 日	送籍、御布告を貫属へ回送、古道寺什物帳、うやし（たき火）願
20 日	寄留状、入送籍調帳、御布告摺物代金（昨年の 7 -12月分92件）
21 日	地租改正掛附属回村、今泉正心妻送籍、村民の借金一件（内済願）、十人組頭集会（村田地等）
22 日	養子送籍、婚姻届、北洞雨池見分、橋普請相談
23 日	地租改正掛附属より役場へ指令（権区長宅泊）、権区長が県庁出張に付き願書類依頼
24 日	田地等書入、地量に付き権区長回状、復籍届、村民間の借金一件（内済願）、長保寺住職教導職に任命
25 日	送籍、山境木入札、地量の統一に付き区内村役人寄合
26 日	水陸運輸鑑札、戸籍帳を県庁に持参、地量に付き評議（村々代表）
27 日	地量絵図、橋普請
28 日	取締局役人 2 名巡回、橋普請
29 日	橋普請、御神酒、御嵩大寺にて説教、掟山の件、屋敷売払
30 日	掟山境見分

出典：『久々利村戸長役用日記』より筆者作成。

② 金弐分、佐橋権区長ノ処祝儀金として要兵衛持参リ、金ハ奥田順治取替之事
　（5.8）。

③ 金四円、御県庁新築入費金之内へ如此、副区長へ差出し申候内三円ハ奥田家
　内二時借いたし、壱円ハ奥田順治取替也（5.20）。

④ 田畑虫気有之候付、洲原へ代参組々壱人つヽ差出〔中略〕、雑費弐円相渡、壱
　円ハ順治取替（8.11）。

⑤ 郷蔵屋根替金〔中略〕、入用金弐円、役場有金ニて出し、外ニ壱円四拾一銭六
　毛、奥田順治様御取替ニ相成相渡し申候事（8.23）。

　こうした記載からも、当時は国政事務・自治事務の区別なく、村入用を原則
として戸長奥田順治が立て替えていたことが分かる。岐阜県庁の新築費のよう
に高額の場合は、村内の富裕者たとえば前戸長の奥田和一（奥田本家）に借用
するという方法が採られることもあったが、原則として現戸長が村入用を立て
替えなければならなかったから、資力のない者は戸長になれなかった。
　戸長らが立て替えた入費は、どのようにして村民に割り当てるか。田畑の所
有面積を基準にして高割にするか、各戸平等の戸別割にするか、村民の意見が
分かれるところであった。そのため、久々利村においても『地方凡例録』に示
されているような村入用の運用システム、すなわち①「村役人が村入用の立て
替え」（戸長役場）→ ②「組頭・長百姓らとの協議」（十人組頭集会）→ ③「小前
百姓の納得」（村中惣寄合）という３段階の手続きを経る自治的慣行が依然踏襲
されていた。[5]村入費について最終的に決定権を有するのは、十人組頭集会と村
中惣寄合であったことが分かる。

3　村　　借

　また、当時の村には、天災や重税などにより村入用の立て替えと村民への割
賦だけでは村政が成り立たなくなると、村借という制度があった。久々利村に
おいても明治４年と同11年に笠松県（岐阜県）から村借を行っている。村借に
おいては、署名捺印をした者（担保の提供者）が形式上返済の義務を負うことに
なるが、実際には村の総百姓の意思が借用と返済の全過程に関わっているので
あって、村借の主体はあくまでも村の総百姓であった［渡辺尚志 1994：189–221］。
こうした総百姓が実質上の返済義務を負う村借の方式は、戸長役場時代になっ
ても依然踏襲されており、近世村はそうした点においても解体していなかった
といえる。

大区小区制の下においても、村の総百姓の協力――その意思は久々利村の場合、十人組頭集会と村中惣寄合の場で確認される――がなければ、戸長役場は機能できない仕組みになっていたという点が重要である。そうした村の仕組みを詳しく見ておくため、さらに『戸長日記』を読み解きながら、多様な形で展開された「村の自治事務」の内容とその執行方法の特徴を確認しておこう。

注
1)　統治機構としての大区小区制の脆弱性は、当時の村合併や訴訟の実態を観察してみるといっそう明らかとなる。第1に、明治7年6月、岐阜県では大区小区の長に対して演達書が回送され町村合併が推進されたが、その実施状況は必ずしも円滑なものではなかった。可児郡内で合併村が誕生したのは8カ村にとどまり、戸数30戸にも満たない小村の合併も見送られている。第2に、明治維新以後、可児郡においては「西山訴訟」［可児市 2008b：87-91］や「奥山訴訟」［可児市 2008b：91-101］など、地租改正・官民有区分などの国の政策に起因する山林訴訟が多発しているが、大区小区制つまり衆議所・扱所などの機能は無力で、村々の対立を解消させるだけの統治力を有していなかった。

2)　木曾と久々利村は国学や姻戚関係などで深く結びついている。野口靖純氏から提供された史料中には海老久左衛門の次男野口五郎の手紙が多数存在するが、そのうちの一つには「旧馬籠本陣島崎正樹と申ス奇士」は久々利村の国学者今泉正心と姻戚関係にあると書かれている［可児市 2008b：70-71；可児市 2010b：159］。また同手紙には、正樹の次男島崎広助や木曽福島の名望家高瀬薫も登場する。いずれも島崎藤村の小説『夜明け前』や『家』に登場する人たちである。野口五郎の手紙は島崎藤村研究にとっても貴重な一史料となる。

3)　明治3年の久々利村明細帳［可児町 1978］によれば、久々利村（本郷）は千村領51軒、山村領63軒によって構成されていた。他に大萱・大平の枝村（飛び地）があり21軒が存在する（図9-1参照）。本章では、主として久々利村本郷（計114軒）について論じる。

4)　藤田武夫［1941：7］によれば、出作や水呑等の小作人はもちろん家抱・分附も人別割を負担していたので、村入用の勘定などを議定する百姓の寄合に出席する権利を有していたとされている。他方、木村礎［1980：140-141］は、近世の村には全員集会がほとんど存在しなかったとしている。

5)　1794（寛政6）年に郡奉行大石久敬が著した『地方凡例録』［大石慎三郎 1969：103］には、近世村の村入用の慣行について「臨時入用或は大造なる入用等有之節は、村役人の外、長百姓相集め相談を遂げ候上、割賦致すべく候、年中入用相記し候上、暮に至り割賦の節も長百姓立合廉々相改め、百姓得心の上致高割」と記載されている。①村役人が村入用の立て替え、②組頭・長百姓らとの協議、③百姓（小前）の納得という3

160　第Ⅱ部　大区小区制下の村の自治と内済

条件が整っていなければ、近世村の円滑な運営は期しがたい。近世村は団体論の観点か
ら「実在的総合人」と呼ばれるが、村入用の運用過程に着目するとこの３条件①～③が
重要となる。すなわち、近世村 → 近代村への変化（実在的総合人の解体過程）は、同
３条件の解体過程として把握することができる。

第10章

多様な自治事務

　本章では、多様に展開された村の自治事務について述べる。『戸長日記』には、村田地・橋普請・井堰普請・山境見分・祭礼・遊日などの自治事務に関する記載が多く見られるが、これらを読むと、自治事務に関しては原則として戸長役場ではなく村方が主導的役割を果たしていたことが判明する。そして、そこは依然、戸長役場・十人組頭集会・村中惣寄合の三者協働関係（近世村の慣行）が円滑に機能する世界でもあった。

10.1　村田地世話人問題

　まず、自治事務の典型ともいうべき村田地世話人問題から見ておくと、戸長役場よりも十人組頭衆の活躍ぶりが際立っていた。

1　年貢米の未納と十人組頭集会の開催

　久々利村には「村田地」と称する土地が存在したが、この村田地は、少なくとも村民の意識からすれば村の入会地と同様、村の土地であるとともに村民の土地でもあったから、その世話人（村田地の小作人）については村民が全員で責任を持つべきものと考えられていた。しかし、その運用については「年貢米」の滞納や世話人の人選などをめぐって紛議が絶えず、その衝に当たらなければならない戸長役場はその対応に苦慮していた。以下、その一端を見ておこう。

　1874（明治7）年4月21日。村田地の年貢米滞納が判明。しかし、戸長役場だけでは解決できなかったので、十人組頭集会を招集。結論出ず。

　5月2日。新たに東組の栄七の「年貢米不足」が判明。前戸長奥田和一と現戸長奥田順治が栄七とその親類の慶七を呼び出し、「3日以内に納入せよ」「もし納入しなければ付立〔帳面に記しを付けること——筆者注〕にする」と申し渡す。

2 村中惣寄合の開催

　5月4日。未納者は栄七だけでなくさらに複数いることが判明。戸長役場は旧世話人全員（6人）を呼び出して事情聴取。3人が世話人つまり村田地の小作の辞退を申し出たので、十人組頭衆は村方での解決を目指し、再度集会を開いて村中惣寄合の開催を提案。

　5月7日。戸長役場より回状、村中惣寄合の開催。この村中惣寄合にて、村田地一件については十人組頭集会が責任を持って解決すべきことが確認される。3度目の十人組頭集会を開催したところ、組々（町組・北組・東組の3組）の「入札」によって新たに世話人を決定することとなり、町組源助、北組彦助、東組清助の3人が村田地世話人に選ばれた。負担を公平に分配するため「組々相談之上入札」（5.7）にし、世話人を3組に振り分けている点が注目される。

3 戸長役場と十人組頭集会の対立

　5月16日。ところが、村田地の小作は割に合わない仕事であったと見え（詳細不明）、世話人に選ばれた3人全員が辞退を申し出る。十人組頭衆としては内々で穏便に解決したい考えであったが、ここに至り戸長役場が業を煮やし、次のように十人組頭衆に伝えた。

> 　右ニ付、小事ニ又々打寄候儀不本意ニ付、<u>此方おいて勘弁相立戸長ニて世話いたし、作人無之田地ハ組々へ割合為作候方</u>、承知候ハヽ寄集ニ不及、不承知ニ候ハヽ寄合候方と申触候処、寄合方可然趣ニ付其通ニ取計（5.16）。

　「十人組頭集会で決定できないのなら戸長役場にて世話人を専決する。場合によっては各組に強制的に割り当てることもある」とする案であった。しかし、これに対して十人組頭衆は難色を示し、あくまでも自分たちの集会で決定したいと戸長役場に申し入れた。

　5月17日。十人組頭集会が開催され内々で話し合いが行われた結果、ようやく村田地世話人が決定するに至る——。

　以上が村田地世話人問題の概要であるが、約1カ月に及ぶその経緯を整理してみると、戸長役場は村田地の小作料滞納者への叱責と説諭に回るのみで、肝心の世話人の人選に関してはほとんど関与できていないことが分かる。戸長役場と村田地世話人の間に存在した懸案を和解に導いた主役は、村中惣寄合の意を受けた十人組頭衆であった。十人組頭衆の協力（媒介機能）なくして村田地

第10章　多様な自治事務　　*163*

の維持は困難であったと考えられる。

10.2　橋　普　請

つぎに、これまた自治事務の典型ともいうべき橋普請について見ておこう。橋普請についても十人組頭衆の活躍が際立っている。

1　戸長役場と十人組頭衆

橋普請について隣村との交渉や約定に関わっていたのは戸長役場である。明治7年4月、村境にある渡瀬橋の普請を始めるに際して、久々利村戸長役場は隣村の柿下村戸長役場に次のような書状を送っている。

> 以手紙御打合申候、然は渡瀬橋之儀従前は旧地頭所より御手当筋有之候処、当村計ニて万端入費相弁candidate得共、以来之儀は村境橋之儀ニ付御立合取計申度候、〔中略〕御故障之儀等有之候ハヽ早々御申出被下度、仍て如此御座候也（4.3）。

しかし、橋普請に関する戸長役場の権限はいわば対外的交渉にとどまり、村中惣寄合の総意に支えられた十人組頭衆が橋譜請の実質上の決定権を有していた。このことを端的に示しているのが、戸長から十人組頭衆に送った次の書状である。

> 奥山道橋之儀、馬持連ニて取掛方凡出来いたし候処、橋板貫目物ニて少人数ニてハ難行届相見候間、明二十五日村中惣出ニて暫時ニ相済度願出候間、聞済遣し度候、御違反無之候ハヽ御名前へ点かけ御廻し被下候（5.24）。

これは、橋の用材を馬で運搬する作業の難航が予想されるので、村中惣出にしたいが如何か、もし「御違反無之候ハ、御名前へ点かけ御廻し被下候」と、戸長役場が十人組頭衆の意向を打診している箇所である。村中惣出にするかどうかの決定は、戸長役場だけではできなかったという点が重要である。

2　公平な分担と手続きの厳正さ

こうして、十人組頭衆が采配を振ることによって橋普請が効率的に執行されたわけであるが、自治事務としての橋普請は公平で楽しいものでなければならない。

164   第Ⅱ部　大区小区制下の村の自治と内済

　まず、公平な分担（機会均等）という点であるが、それは作業分担の周到さ、巧みさに示されていた。たとえば山から杉の木を伐り出す作業であるが、この作業は「馬持連」に依頼するほかなく、祝儀（事実上の報酬）も出るので、まず希望者を募って人選するという方法が採用されていた。その手続きは厳正で、普請の割り付け単位である組々（町組・北組・東組）で希望者を募り、身びいきのないように、組内ではなく他組の十人組頭衆の「差札」で人選が行われている。

　　其人選入札之処、済助・甚八・仙之助・彦助・清助・善助、右は組々ニて両人
　　ツヽ之調、<u>他組々之差札也</u>（4.3）。

　他方、橋懸け作業など、重労働ではあるが祝儀の出ない作業（無賃労働）については、1日目に町組の半数（4.28）、2日目に残る町組の半数と東組（4.29）、3日目に北組とこれまで「不出之者」（5.6）といったように、公平な割り当てが行われていた。

3　橋普請の楽しさ──振舞酒──

　つぎに、村中惣出の橋普請の楽しさという点であるが、厳しい労働の後には必ず振舞酒が待っていた。

　何か事あれば酒宴を催すのが当時の村の慣行である。橋普請中も、何度か振舞酒が出されていたのが注目される。たとえば、渡瀬橋の用材の切出しが終わった4月28日には御神酒3升と豆腐少々、翌29日には御神酒7升と豆腐10丁が、戸長役場と村の有志（貫属・医師・商人など）からふるまわれている。また、4月18日に南橋完成の供養が行われたときにも、やはり戸長役場と村の有志から酒1斗5升、肴代1円50銭がふるまわれている。

10.3　山 境 見 分

　『戸長日記』には橋普請のほか、井堰普請や山境見分に関する記載が多く見られる。しかし、ここでは橋普請に類似する井堰普請は割愛し、近隣村々との共同自治事務の典型である山境見分の紹介にとどめておく。

　当時、山境見分はどのように行われていたのであろうか。隣村との交渉が必要となる村境見分においては、対外的折衝を行う村役人と村方の総意を代弁す

る「村惣代」の協働が不可欠であった。明治 7 年 5 月の『戸長日記』には次のような記載が見られる。

　　一　大富村・送木村へ先年より掟山之儀、昨酉年限ニ付、又々今年よりも是迄之通リ御願申度旨頼出候ニ付、今境見分として志津江・要兵衛・武男三人、并ニ村惣代として宗九郎・才助両人、定夫雇清助、〆六人参リ候事。右ニ付柿下よりは啓助・伊三郎両人、佐渡ハ善三郎、原見（ハ）源七、丸山（ハ）政右衛門、右之人々為立会罷越候事。幷大平より惣助、大萱（ハ）兼二、両人出ル。
　　一　右之序ニ小名田村・久尻村公有地境見分いたし候。仍て小名田村役人甚右衛門罷出候。
　　　　但、境之儀ハ乗越之大だをより北へ、同所馬道土塚、夫より北峯通リ一枚岩迄〔後略〕。(5.5)

　この山境見分の目的は、第 1 に久々利村が大富村・送木村の利用を認めていた掟山（他村入会地）の境界線の確認、第 2 に久々利村と小名田村・久尻村の公有地の境界線の確認にあった。このときの山境見分に立ち会ったのは、久々利村戸長役場の村役人と村惣代ら 6 人に加えて、近隣 7 カ村の惣代 8 人であった。『戸長日記』には山境見分の行程が実に詳細に書かれているが（長文のため割愛）、若葉薫りつつじが咲いていたであろうその長い行程を[3]、村の重立14人と定夫雇 1 人が踏査したのである。山境見分は、『戸長日記』に特筆されるにふさわしい、ちょっとした「村の出来事」であったといえよう。

　山境見分に際して久々利村が準備した献立は「重詰五ツ」（青菜・蓮根・豆腐・雑魚）で、「酒三升」も忘れていない（5.5）。隣村との争いを避け善隣関係を大切にしようとする山境見分は、近世村の時代から受け継いだものである[4]。

10.4　祭礼・遊日

　つぎに、村の自治事務の中でもとくに村民が大切にしていた祭礼・遊日について見ておくと、ここでも近世村の慣行をそのまま継承したものが多い。

　『戸長日記』を読むと、原則として祭礼の担い手や遊日の提案者は戸長役場ではなく、十人組頭衆・檀家（寺）・当人（神社）・若者ら村方であったことが判明する。もちろん戸長役場はある程度の裁量権を有していた。たとえば、寺

166　第Ⅱ部　大区小区制下の村の自治と内済

の住職から「友円寺祖師の供養がしたいので、村方においても一日休日にして
もらいたい」(4.7)との申し入れがあった場合や、祠官から「御嵩大寺にて説
教があるので聴聞を願いたい」(4.28)との依頼があった場合などには、当日役
場に勤務している村役人がその可否を即決した。しかし、実際には日番の者だ
けでは即決できない事項も多く、たとえば「神明社修復之儀ハ急々取掛り申度
段、十人組一同より申出候」(5.7)などの場合には、戸長役場内での合議が必
要であった。また、遊日に関しても重要事項については当番だけでは即決でき
ず、戸長役場の合議によって最終決定していた。

① 暫照続キ、畑作少々痛ミかけ田水も払底ニ相成候処、昨昼後より雷雨ニて能
　　潤ヒニ付、今日は雨祝ひ遊日之事(7.30)。
② 明日十日ハ金昆羅社祭礼ニ付、当人罷出候ニハ、何卒遊日ニ御許被下候様と
　　願出候間、順治様と相談之上差許ニ候間、右ニ付休日相成申候事(10.9)。

　このように見てくると、祭礼・遊日についてはその大半が村方の意思にもと
づいて執行されていたのであって［古川貞雄 1986：269-271］、戸長役場が専権的
に執行する余地はほとんどなかったといってもよい。ただし、いったん祭礼・
遊日の日取りが決定した後は村役人や副区長も積極的に加わり、総がかりで「ハ
レの日」の盛り上げに精出していたことは、郷社八幡神社の祭礼に関する次の
ような記載からも明らかである。

① 今日昼後、祭礼之役付ニ付、当人宗九郎・柳吉・政七・忠助四人会所へ罷出、
　　夫々役付之儀相談之上取極メ申候。右ニ付、酒并肴、重三ツ持参いたし候(9.23)。
② 村方総出ニて八剣社之屋根葺いたし候、并右人数之内ニて郷社鳥居内へ土入
　　いたし候事〔屋根葺き後の酒肴に関する記載——中略〕。右ニ付、八剣社へは要
　　兵衛、郷社えは武雄罷出申候(9.24)。
③ 今朝郷社へ備物之儀、夫々取調権区長へ差出候(9.25)。
④ 郷社御祭礼、当日天気上り候ニ付、試楽共首尾能相済候事(9.28)。

　橋普請や山境見分などの共同労働と同様、当時の祭礼は個々人のためでなく、
人々が村民と共にあることを意識するために存在していたといっても過言では
ない［宮本常一 1984b：73］。言葉を換えていえば、個々人は家族の一員として、
また親族や組の一員として祭礼に参加し、一人前の役割を果たすことによって
「村民」として認められていたのである。当時は、個々人が独立して、自由に

村の行事に参加し発言するということは、ありえなかった。

注

1)　村田地（村持地）に関する研究史の整理としては、渡辺尚志［1994：167-187］参照。

2)　この問題を掘り下げようとすると矢野達雄の研究に行き当たる［矢野 2010］。しかし、久々利村の村田地が旧庄屋のものであったか村民のものであったかは、『戸長日記』だけでは解明できない。村田地世話人が「小作人」と呼ばれていた点、そして旧庄屋であった奥田和一がその小作人を呼びつけて小作料の支払いを督促している点などから判断すると、村田地の所有権は旧庄屋に帰属していたと考えられなくもない。他方、村田地世話人（小作人）の選考に関して村方が最終的決定権を有していた点から判断すると、村田地は村民の総有地であったとも考えられる（少なくとも村民がそう考えていたことは間違いない）。

3)　筆者は、この山境見分が行われた山林の近くで20有余年、住んでいた。当初の私の住所は「可児郡可児町久々利柿下入会字柿下山３番606」であった。

4)　可児郡においては近世から近代にかけて山論が絶えなかったが［可児市 2010a：407-418］、そうしたなか隣村との付き合いも重視されていた。その象徴ともいうべきものが、山論訴訟後にふるまわれる隣村への「御神酒」であろう。『戸長日記』が書かれたとほぼ同時期に同じ小区内で起こった奥山訴訟に勝訴した羽崎村は、八幡神社に久々利村など近隣５カ村の重立ちを招待し、御神酒をふるまっている［可児市 2010b：78］。

第11章

村 の 内 済

　前章では橋普請・井堰普請・山境見分・祭礼・遊日など自治事務の典型ともいうべき事例を紹介したが、そこで見られた特徴は「村の内済」を検証することによっていっそう明確になる[1]。すなわち、大区小区制下の久々利村は様々な血縁・地縁集団を基盤にしつつ、戸長役場・十人組頭集会・村中惣寄合の三者協働関係（村役人の一定の権威と村方の総意）が有効に機能する社会であったことが、ここでも再確認できる。

11.1　戸長役場に持ち込まれた事件

　『戸長日記』には、戸長役場に持ち込まれた「事件」（内済）に関する記載が数多く見受けられる。この戸長役場に持ち込まれた事件は、「4.2-3　常次郎ら3名、太田補亡方へ呼び出し」や「9.9　他村の染物職女が色染品箱を持ち逃げ」などの刑事関係、「4.21　片桐中兵衛より小木曽庄兵衛へ取替金」や「4.24　借用金が色々入り組み、元戸長奥田和一に取り扱い方を依頼」などの金銭貸借関係、「8.5　小吉女房おきょうの戸籍問題」や「8.7　老後の養子縁組一件」などの離婚離縁関係、「8.25　長之助が他村にて財布の置忘れ」や「8.20-28　知人の家で財布の紛失一件」「9.17　村民の種々加言（ママ）」などの村民間のもめごと、さらには「5.2　東組栄七、年貢米不足」や「10.22-27　小作人より掟年貢の減免願」などの小作関係等々、多彩である。

　しかし、それらがどのような合意形成過程を経て解決されたかに着目すると、3類型に分けることができる。第1は戸長役場が単独で解決した件々、第2は戸長役場が親族ら関係者との話し合いによって解決した件々、第3は戸長役場が親族らの関係者だけでなく、広く五人組頭や十人組頭、さらに組下（町組・北組・東組）の「与頭」など村民の総意を確認しつつ解決した件々である。

　内済については詳細に紹介したいが、紙幅の関係もあり、ここでは上記3類

型中の第1の典型である「8.25　長之助が他村にて財布の置忘れ」と、第2の典型である「8.7　老後の養子縁組一件」、第3の典型である「8.20-28　知人の家で財布の紛失一件」を取り上げ、それらを中心に、当時の村の内済の特徴にせまってみたい。

11.2　長之助が他村にて財布の置忘れ

まず、戸長役場が単独で解決した一件である。戸長役場に持ち込まれた事件の中には、他村民と関わるものがしばしば見受けられる。『戸長日記』は長之助の財布置忘れ一件の発端について、次のように記している。

> 北町長之助儀、古屋敷村ヘ木材買ニ参リ、同村小座店ニて酒壱盃呑、代金取払其場ニ金子壱円一朱取わすれ帰リ、直ニ若キ者遣し候処、其場ニ有之候得共、慥成儀ニ無之ては相渡呉不申候間、御一筆書状御願申度と申願出候間、右之段書状認、金子相渡呉候様、酒店ヘ向ケ書状遣ス (8.21)。

よくある話だが、明治7年8月21日、久々利村の長之助が他村の酒店で一杯ひっかけ、財布を忘れたというのが「事件」の発端である。『戸長日記』によれば、長之助は急ぎ酒店に若い者をつかわしたが、落とし主がはっきりしなければ財布は渡せないとの返事であった。そこで、長之助が久々利戸長役場に「御一筆書状御願申度」と泣き込んだところ、戸長役場では親切にも「金子相渡呉候様、酒店ヘ向ケ書状」をしたため、長之助に持たせた。

4日後、古屋敷村の戸長伊藤常右衛門から久々利村戸長役場に返書が届いた。

> 委細書面之趣承知仕候得共、長之助申分と金札品柄相違、且壱朱と申は無之儀ニ付、此段一応長之助ヘ御聞糺被下、同人覚ヘ違ヒニも候ハヽ相渡可申候得共、此段御糺被下度 (8.25)。

長之助の申し出と財布の中身が相違するとの文面であった。当日の当番であった助役奥村武男が長之助を呼び出し、財布の中身について確認すると、長之助の勘違いであったことが判明。久々利戸長役場では長之助の非を書状にしたため、先方の戸長役場にお詫びすることにした。こうして、財布は無事長之助の元にもどり一件落着ということになったわけであるが、これには後日談がある。

『戸長日記』(8.25) によれば、久々利村の戸長役場は報告とお礼にやってきた長之助に、これについては先方の「古屋敷ニても態々七厘ニて書状差越し、夫是雑用も少々は相掛り候儀と存候」なので、先方の役場に挨拶に行くのが筋ではないかと言いつけた。「なるほど名案だ」と、長之助はすぐに古屋敷村の戸長役場に行き、お詫びとともに郵便にかかった費用の支払いを申し出たが、先方の戸長は「其儀ニ不及」と1厘も受け取ってくれない。そこで、久々利戸長役場は再度長之助と話し合い、「かし桶なり共揃、挨拶ニ罷出」るのが礼儀だと申し付けたという。当時の村役人と村民の関係を映し出す、古き良き美談というべきであろう。

　また、本件は、当時の戸長役場が隣村関係をいかに大切にしていたかを示すものとしても興味深い。

11.3　老後の養子縁組一件

　つぎは、戸長役場が親族ら関係者との話し合いによって民事紛争を解決した一件である。明治7年の『戸長日記』の記載に依りながら、その顛末をたどっておこう。

1　孫娘の養子縁組のもつれ

　養子縁組一件の発端は以下のとおりである。

　老齢の六兵衛は養子留七を原見村からもらい受け、孫娘のミネと結婚させた(いずれも仮名。仮名については史料中括弧を付す。以下同じ)。ところが、孫娘夫婦はわがままを言って家から出て行き、六兵衛の世話をしようとしなかった。そこで、六兵衛はもう一人の孫娘と結婚させる腹積もりで、新たに仁吉を養子にもらうことにした。しかし、これにはミネ夫婦が反対で、「彼是申出候ニ付、段々差入組、詰り村役人へも申出候」(7.3) ということになった。

2　第1回目の内済

　こうして、戸長役場を介した話し合いが始まるが、戸長役場としては、ミネ夫婦に田畑・屋敷などの一部を譲って別居させ、仁吉の養子縁組を進めるのが最善の方法だと考えていた。しかし、いったんこじれた仁吉の養子縁組を復活させることは、ミネ夫婦の態度が変わらない限り容易なことではなかった。

そこで、六兵衛の親類・組合などが種々相談した結果、「（ミネ）（留七）共之儀は義絶申聞度旨」を戸長役場に申し出ることになった。ミネ・留七の義絶案である。

> （留七）女房（ミネ）より悪口有之候由ニて、段々入組親類共相談いたし兼、組合ニも種々と相頼候得とも、何分（ミネ）儀無法申居、とゝのひ不申ニ付ては（六兵衛）儀も当惑いたし、右之姿ニては相続之儀も無覚束、心配仕候間、何卒右（ミネ）（留七）共之儀は義絶申聞度旨申出候段、親類谷吉・深十郎、組合本成罷出候。右夫々聞取候得共、義絶と申儀ニ不運□〔1字不明〕、役場おいて相談之上当人初へ利解申聞越方申候（7.3）。

3　ふたたび戸長役場で内済

しかし、まさかミネ夫婦を「義絶と申儀ニ不運」というのが戸長役場の判断であった。当事者はいうまでもなく、親類や組合、仲人筋など双方の関係者を役場に呼び出して1カ月余の話し合いが行われた。その結果、仁吉の再縁（ミネ夫婦の別居）ということで話がまとまり、戸長役場は六兵衛の親類の者に次のように言い渡している。

> （留七）女房へ利解申聞候得共、何分悪ニして難聞分趣ニ付、無余儀次第ニ候間、彼是因循候ても（六兵衛）儀も追々老躰ニ相成候間、愚昧成（留七）女房ニ斟酌いたし居候とも際限無之候間、仁吉再縁之儀取計、（六兵衛）安堵いたさせ候方可然趣、親類谷吉・多助両人呼出し申聞候（8.18）。

戸長役場が、「留吉の女房ミネは聞き分けのない愚昧な女だ。年老いた六兵衛も先々のことが心配であろう。ここは、老人の気持ちをくんで、仁吉再縁の儀を取り計らうのがよかろう」と、まるで「家父長」が家族・親族の一員をたしなめるような言葉で説諭していた点が注目される。また、次のような『戸長日記』の記載からも明らかなように、戸長役場が別途留七を呼び出し、「女房のミネにばかりに気をつかうから、こんなことになるんだ」「女房にかれこれ言わさないようにしろ」と手厳しく叱責していた点も、注目されよう。

> 女房甚愚昧有之故へ、斟酌候ては（六兵衛）難儀と可相成ニて捨置、再縁之儀為取計候間、其段承知□女房彼是申間敷様、倩々任意有之度（8.18）。

当時の村役人にはこうした一面もあったわけで、『戸長日記』には村役人の

言葉の重さ、すなわち家父長的な権威を感じさせる文言が並んでいる。かくして養子縁組一件が決着し、その約2カ月後、六兵衛の親類惣代の谷吉が戸長役場を訪れ、仁吉の再縁が「事済」になったことを報告し、お礼を述べている。

今日（六兵衛）養子之儀ニ付、先般戸長方へ御苦労等相掛ケ候段難有奉存候、此度養子仁吉事再縁致し事済相成候間、御礼旁として谷吉参り候也（10.9）。

11.4　知人の家で財布の紛失一件

　つぎに紹介するのは、戸長役場が親族・五人組だけでなく、広く村民の総意を確かめながら難題を解決した一件である。他人の非を暴くことは容易だが、暴いたあと村内の人間関係が破綻するようでは事件が解決したとはいえない。いかにして共同体的人間関係を守るかが、村の内済のむずかしいところであった。

1　事件の発端と内済手続きの開始
　この事件の発端は明治6年12月。年の瀬もせまった頃、久々利村の初助（仮名）が知人の新左衛門（仮名）の家で財布をなくしたと言い出したことから始まった。新左衛門が盗んだのではないかと疑われ大騒動になったが、これといった証拠もなかったので関係者の話し合いによって水に流すことにした。ところが、翌年の夏、意趣返しのためか新左衛門の女房がむし返して初助の悪口を村内に広めたことから争いが再燃し、親族・五人組を巻き込んだ争論にまで発展することになった。こうなっては、当事者同士で理非を決することは不可能であった。
　明治7年8月20日。財布をなくしたと主張する初助が原告となり（『戸長日記』には「元告人」と記されている）、親類の者3名と五人組頭の吉兵衛が「差添人」になって、戸長役場に内済を願い出ることになった。

又々ケ様之儀申掛られ候ては甚以心がいニ付、〔中略〕内輪おいてハ利非ニ服し候訳不行届候間、無拠書取ヲ以御役場之御苦労ニ相成候間、此段宜敷御願可申旨申達し候。猶口達之儀も云々有之候事（8.20）。

　8月21日。戸長役場の全員と前戸長奥田和一で相談し、初助から内済願が提出されたことを被告の新左衛門に伝え（『戸長日記』には「被告」という言葉は使わ

れていない）、事件の経緯を書面にて提出せよと言い渡す。

2　入札の実施

8月23日。戸長役場は、事件の経緯について原告と被告の双方の主張を聞いてみたが、事件が入り組んでいるため「何方ニ非事有之哉難相弁ニ付」、双方の五人組頭だけでなく、村中の五人組頭衆を呼び寄せることにした。戸長役場としては、五人組頭衆の「入札」により理非を決したい考えであったが、五人組頭衆が言うには、「五人組頭ニては難行届、村中一同ニいたし度」とのことであった。こうして、五人組頭ではなく各「組下之与頭」の下で、村民一同の入札による解決が目指されることになったのである。

> 何方ニ非事有之哉難相弁ニ付、五人組頭共呼寄、入札取計候様申聞候処、五人組頭ニては難行届、村中一同ニいたし度旨申ニ付、然て明晩迄ニ必組下之与頭ニて取集、夫々可差出旨申聞候事（8.23）。

3　最後の説得

8月24日。各組の入札票が役場に集められた。

8月25日。奥田満重（貫属）と下条晋（帰籍者）が戸長役場に来て、「入札御開之義、暫御見合被下、私共両人立入利解申聞、内輪治り方取計申度」と、あくまでも内輪に収めたいので入札票の開封をしばらく延期してほしいとの申し入れがあった。

8月26日。右両人から、双方と夜明けまで話し合ったが原告初助が承知しなかったので破談になった、との報告があった。戸長役場において、「最早入札相揃候間、開札可致哉、又ハ此儘預り置、取扱人懸ケ可申哉」をめぐり議論がくり返されたが、戸長役場としても踏ん切りがつかず、町組・北組・東組の惣代（組下之与頭）を呼び寄せて意見を聞くことにした。相談の結果、町組忠蔵・北組惣九郎・東組八十一の3人が「取扱人」に任命された。

8月27日。戸長・副戸長・助役ら戸長役場の5人に加えて、3人の取扱人が戸長役場に参集し、評議がもたれた。その結果、すぐには入札票を開封せず、最後の手段として、取扱人の3人が原被告の親類を訪問することになった。しかし、原被告の親類との話し合いによっても、事態を好転させることができなかった。

段々利解申聞候得共何分承知不致、詰リ夜明ニ相成、破談ニて右三人引取候事
（8.27）。

4　戸長役場に関係者19人が参集

　8月28日。戸長役場に原告と被告、ならびに双方の親類と五人組の者が呼び出された。すなわち、原告側は本人の初助と親類治助伜の才助、五人組吉兵衛の３人。被告側は本人の新左衛門と女房、親類新助、五人組浅七・羽蔵・治郎七の６人が「出廷」した。戸長役場の５名に加え、中立的立場の「懸り合人」として佐久間・清助・国治・八十一の４人、「付添人」として与一が同席したから、総勢19人が集まったことになる。

　戸長役場としては、この場で最後の説得を試みるが、内済が成立しない場合すなわち「利解ニ服しがたき節」は、「明朝岐阜表（聴訟課断獄掛）へ差出し可申」ことに内定していた。その場合に、岐阜表まで同行するのが前記の付添人与一である。

5　内済の成立

　一同が席について談判を始めると、双方から「非を認める」との発言があった。そこで、もういちど各組から１人ずつ「取扱人」（３人）を選任し、場所をかえて双方の話し合いがもたれるはこびとなったが、その間の経緯について『戸長日記』には次のように記されている。

> 右之者共一同御席ニて種々及談判候処、惣方非事も有之旁立派之調も不行届候、詰リ昨日之取計不都合之次第も有之、（新左衛門）方あやまり出候間、猶又組々ニて人選、惣九郎・忠蔵・八十一、三人を以及説諭為取扱、事済相成候ニ付、（初助）・（新左衛門）初、組合親類共呼出し、以後遺恨有間敷候旨申聞、双方より差出候間、書取相戻し、村方より為差入候入札ハ焼捨申候事（8.28）。

　この『戸長日記』の記載を読むと、取扱人を仲に入れて双方の話し合いが行われた結果、ここに初助・新左衛門の一件が無事解決したことが分かる。すなわち、原告被告と双方の親類・組合がふたたび一堂に会し、①まず「以後遺恨有間敷候」と記載した誓約書を差し出し、②ついで双方が提出していた内済願や答弁書などの書類が本人の手元に返却され、③最後に未開封の入札票が焼き捨てられて、一件落着となったのである。

11.5 村の内済の特徴

　村の内済は、威圧的に当事者を問いつめる糾問主義的なものではなかった。県の聴訟課断獄掛などとは異なり、あくまでも村民の熟議を主眼とし、親族・五人組などを含む当事者主義を大切にしていた。村民の入札を重視しながらも開封には慎重を期すなど、手続きの慎重さと公平さも厳守されており、村民参加の工夫を随所に取り入れたものであった。

　当時の村は、戸長役場・十人組頭集会・村中惣寄合の協働関係で成り立っていたが、その三者協働関係を円滑に機能させるためには、戸長役場が村民の争いを村民の協力を得て公平に解決する一定の統括力（組織力）を有していなければならない。もしも戸長役場が村民の納得できるような紛争解決方法を導き出すことができなければ、各村民の人格によって組成され支持されていた実在的総合人としての村［中田薫 1938：985］は、解体の道を歩むほかないであろう。

　『戸長日記』に登場する内済の事例は、村役人の一定の権威と村方の総意を結集することによって成り立っていた当時の村の特徴を見事に映し出しており、貴重である。

　以上、第10章・第11章において村の自治事務と内済について述べてきたが、大区小区制下の久々利村は、様々な血縁・地縁集団を基盤にしつつ戸長役場・十人組頭集会・村中惣寄合の三者協働関係が有効に機能する社会であった。すなわち、村田地・橋普請・井堰普請・山境見分・祭礼・遊日・内済などの村固有の自治事務を見る限り、久々利村は大区小区制下に埋没することなく近世村の伝統を継承し、固有の自治団体（地域公共圏）としてその存在感を存分に示す村落であった。

　注
1) 近代日本における内済の研究としては林真貴子の研究が重要である。ここで取り上げる村の内済がその後どうなるかについては、林［2022］参照。
2) 久々利村には十人組頭のほかに五人組頭がいた。村入用や村田地の件を評議するときには十人組頭が担当し、本件のように個人的問題を話し合うときには身近な存在である五人組頭が担当したと考えられる。

第12章

国政事務の増大と村内の対立

　本章では、論点を国政事務に移しその展開過程を見ていきたい。国政事務においては事務を取り巻く環境（指揮命令系統）が自治事務とは異なるため、官治（統治）と自治（共同）の融合領域において村民の「やらされ感」が強まり［役重眞喜子 2019：15］、戸長役場・十人組頭集会・村中惣寄合の三者協働関係が一部円滑に機能しなくなる。具体的には、この時期、久々利村においても学校関係事務と地租改正事業が停滞するなか、村内対立が発生する。

12.1　課題山積の学校関係事務

　藤田武夫は明治初期の地方自治の特徴について、維新政府は地方団体に近代的自治団体として発展する余裕を与えず、一方的に国政事務の完遂を命じたため地方自治の発展が阻害されたと述べている［藤田武夫 1941：228］。すなわち、当時は官費で支払われるべきものが民費として扱われ、それが膨張する一方で、明治6年から同10年の民費歳出を見ると、学校関係事務費と地租改正事業費の合計が民費総額の3割にも達する勢いであった［藤田武夫 1941：44］。

1　官員の巡視と学校機器購入・教員給与など

　こうした状況は久々利村においても見られる。学校関係事務費と地租改正事業費の増大が村の自治の発展を阻害していたことは、『戸長日記』からも明らかである。そこでまず学校関係事務から見ておくと、『戸長日記』には次のような記載が登場する。

　①官員の巡視など県の監督に関する記載。学校見回りの官員が久々利村
　　の副区長宅に宿泊する件（6.12）や、学事巡査八等出仕らが近々来村す
　　る件（8.12）、等々。

② 学校の機器購入や教員給与等に関する記載。久々利村が保管する大般若経を売却して学校機器を購入する件（6.17）や、学区内の10カ村の戸長会議にて助教の給与を決定した件（10.9）、等々。

　官員の巡視の下、当時の戸長役場は機器購入や教員給与などの学校の運営に関する事務に追われていたことが分かる。

2　不出精児童問題と学校入費問題

　そうしたなか、久々利村においても二つの深刻な問題が浮上する。

　第1は、不出精（不登校）児童の問題である。『戸長日記』には不出精児童に関する記載がよく登場する。たとえば5月24日、明新義校（小学校）取締月番より戸長役場に「不出精児童27名」の父兄の名前を記載した書類が届けられている。同書類には、次のような文面で不出精児童の親に対して説諭することが求められていた。

> 来六月上旬ニは急度学校掛り官員廻校相成候付、其節御沙汰有之候ハヽ、当人而已ならず取締方においても心配候間、右様之筋無之様仕度候間、此段夫々へ御説諭可致様、御取計被成下候様致度候（5.24）。

　第2は、学校入費の問題である。不出精児童問題もさることながら、とくに学校入費問題をどう解決するかが久々利村においても重要課題であった。久々利村在住の学区取締の今泉正心は論文「敬神愛国ノ上旨ヲ可体事」（明治6年2月8日）の中で、学校入費の寄付行為について「愛国ノ志、切ナルモノナリ」［可児市 2008b：11］と説いているが、学校寄付金を集めることがいかに困難であったかは『戸長日記』の記載からも明らかである。『戸長日記』には、学校積立金についての御沙汰に対して余儀なく請書を差出したとか（4.4）、学校より寄付金の催促があったとか（7.27）、学校寄付金について関係者から「村方一統之評議」を申し込まれたといった類の（8.31）、やらされ感の強い記載が随所に見られる。

3　学校関係事務と村の権限

　このように『戸長日記』の内容を検討してみると、学校関係事務に関しては戸長役場が決定できる事項がきわめて限定されていたことが判明する。文部省

の政策は、岐阜県 → 学区取締 → 学校取締月番 → 戸長役場へと伝達されてくるが、戸長役場にできることは児童の親に対する説諭くらいのもので、結局は村の意思決定機関である十人組頭集会と村中惣寄合に相談するほかなかったのが現実であった。他方、十人組頭集会や村中惣寄合にしても、学校関係事務に関しては自治事務とは異なり最終的決定権を有していなかったので、官の命令に異議を唱えることはむずかしく、村入用ないし積立金・寄付金のあり方をめぐって評議するのが精一杯であった。

　しかし、そうした国政事務の制度的制約にもかかわらず、学校入費問題が村中惣寄合で深刻な議論になり（学校入費争論）、それが引き金となってやがて戸長役場総辞職が起こるに至るが（9.4）、その経緯については第13章で紹介する。

12.2　地租改正事業の停滞

　岐阜県は地租改正事業を1874（明治7）年1月に開始したが、その進捗状況は芳しいものではなかった。岐阜県参事小崎利準は、「必竟区戸長并重立候者ノ不注意ト、人民ノ怠慢ヨリ生シ候」（明治8年2月25日、可児市古瀬自治会所蔵）とする達しを県内に発している。しかし、地租改正事業の遅延を、区戸長らの不注意や人民の怠慢のせいにするのは一方的に過ぎよう。『戸長日記』によって戸長役場の多忙ぶりを見ておく。

1　県の監督・督促

　まず久々利戸長役場の勤務状況の全体像を確認しておくと、地租改正事業のために投じられた勤務日数は月平均およそ10日である（表9-2参照）。その内容は村民を動員しての地押丈量、役場総出の地券調・絵図作成等々であった。さらにそれに県の督促と巡回、呼び出しが加わるわけであるから、戸長役場はその勤務日数の大半を地租改正事業のために費やしていたことになる。

　『戸長日記』を読むと、何よりもまず県から厳しく監督・督促されていたことが分かる。たとえば5月15日には、地租改正掛附属の嵯峨金一郎から、次のような書状が届いたと記されている。

　　権中属殿始、御巡回明十六日午前十時、下切村え御出張二相成候間、村々正副
　　戸長一村ニて両人づゝ、今日迄調姿書類必持参、右刻限無遅滞、其区内下切村

へ出頭有之候様、区内村々へ迅速通達可被下候様、御頼申候（5.16）。

　さらに7月22日の『戸長日記』にも、次のように記されている。文中「又候伏見参り」という表現が見えるが、「又候」という言葉には、「もう、いいかげんにしてくれというような気持」（広辞苑）が込められており、戸長役場の苦労の跡が見て取れる。

　　地券切絵図昨日迄ニ出来候付、昨二十一日夕方、要兵衛持参ニて伏見出張所へ
　　罷出候、右納方として久左衛門・武男両人今日又候伏見参り候事（7.22）。

2　村民不在の意思決定過程

　このように、地租改正に関する国の政策は、県官（権中属）→ 地租改正掛附属 → 副区長月番 → 副区長のルートによって休みなく村に伝達されてくるわけで、戸長役場の事務負担は村役人にとっても予期以上のものであったと考えられるが、ここで注目しておきたいことがある。

　第1に、地租改正事業に関連して県官や地租改正掛附属、副区長の名前は頻出するが、他方、村の意思決定機関である十人組頭集会や村中惣寄合の語がほとんど登場しないという点である。地租改正に関して十人組頭集会という言葉が登場するのは、「小絵図出来ニ付、相談之儀も有之、夜分十人組頭集会」（5.22）という箇所と、「村方え六月割、尤地券諸入費共、割立之儀申通置候哉、今日ニ至り返し無之候ニ付、又今日猶助を持、十人組え相廻し候」（8.3）と書かれた箇所、つまり小絵図の回覧と地券諸入費の徴収が問題になったときだけである。村中惣寄合の語に至ってはその片鱗すら見当たらない。[3]

　第2に、『戸長日記』には「今日地量取懸之筈候哉、人員不揃ニ付昼後」（5.14）や、「大雨ニ相成、昼後入算等いたし候」（7.10）、「若キ者より丈量綱拝借ニかし遣ス」（7.26）など、地押丈量・地券調に関する記載が頻出するが、村民の意見や苦情・動向を伝える記載が不思議なほど登場しないという点も注目される。戸長役場の多忙さは手に取るように把握できる。しかし、発言し提案する村民の姿が見えないという意味で、村田地・橋普請・井堰普請・村境見分・祭礼・遊日・内済などに関する記載とは大きく異なっている。国政事務と自治事務の違いを端的に示すものといえよう。

　そうした『戸長日記』の記載からも理解できるように、地租改正事業については、村民の動員は求めるが口は出させないという政策が採用されていたと見

て大過ない。すなわち、制度上、村民の関与は限定的にならざるをえず、十人
組頭集会・村中惣寄合といえども地押・丈量のあり方にまで直接関与できな
かったと考えられる。しかし、このことは地租改正のあり方、とくに地租改正
費の負担について、久々利村民がなんらの発言もせず、地租改正掛附属・副区
長を経て伝達されてくる官命に唯々諾々と従っていたということではない。
　つぎに、地租改正費の徴収をめぐって十人組頭集会が異議申し立てを行い（以
下、盆前勘定争論と呼ぶ）、村政が緊迫化した経緯を見ておく。

12.3　盆前勘定と村内の対立

　地租改正事業に端を発する久々利村の盆前勘定争論の内容を検証すると、国
政事務の増大によって村固有の自治機能が著しく圧迫されながらも、村の伝統
的自治（官治行政への抵抗体）は依然機能していたことがあらためて確認できる。

1　盆前勘定の停滞
　いつも初夏になると、近世村さながら「盆前勘定」（六月割）と称して半期分
の村入用の徴集について協議する日がやってくる。この季節はとかく村内の対
立が表面化するときであった。明治7年7月3日、副区長より次のような至急
回状が久々利村戸長役場に届けられた。

　　盆前勘定之儀は、当月十三日と郡中相定候間、其段御承知可有之候也（7.3）。

　しかし、十人組頭集会をくり返し開催しても、この盆前勘定を約束どおり履
行することができず、滞納のまま8月を迎えることになった。8月4日、戸長
役場は強い決意の下、あらためて十人組頭集会を召集することにした。

　　村方割もの相談之儀、十人頭へ段々申出し置候得共、<u>延引之処、今夕は必取極</u>
　　<u>候筈</u>（8.4）。

2　十人組頭集会での議論
　この集会で判明したことは、盆前勘定とくに「地券調雇料等諸入費」の上納
について、十人組頭衆に異論が存在するということであった。『戸長日記』の
原文（8.4）を活かしながら、十人組頭衆と村役人の議論（盆前勘定争論）の一端

第12章　国政事務の増大と村内の対立　　*181*

を整理しておこう。

> 頭衆「地券調雇料等を冬割まで延期してもらいたい」
> 役場「その意見は不定利(ママ)である。即刻納入いただきたい」
> 頭衆「もし全額が駄目なら副区長割の分だけ出金し、戸長割は冬に延ばしてもらいたい。戸長割の件は久々利村で自由に決めても問題ないのではないか」
> 役場「同じ官用の金である。二様の取り計らいはできない。戸長割も納入願いたい」
> 頭衆「仰せはごもっともであるが、十人頭衆だけで取り極めるわけにはいかない。村中惣寄合にて評議いただきたい」
> 役場「その儀は承知した」

3　村役人の叱責──村中惣寄合の「悪佩」──

　盆前勘定を年末まで延期することの可否や、戸長割のみを冬まで延期することの可否、十人組頭集会だけで決定することの可否などをめぐり夜遅くまで議論したが、結局のところ戸長役場が譲歩するほかなった。しかし、このとき戸長役場の村役人──『戸長日記』には「当役場より申聞候ニハ」とあるのみで、誰が発言したかは不明──が、村中惣寄合のあり方（旧習之悪佩）を痛烈に批判していたのが注目される。[4]

　戸長役場の村役人が言う「旧習之悪佩」とは、村民の中に見られる村政への非協力のことであった。寄合の最中にぼんやり会場の外を見たり、軒下の雨だれで拾ってきた小石を指ではじいたり、小枝で何やら描く真似をしたりする者がいるが、寄合の場で意見を述べず、あとで「評議之善悪ヲ彼是と申」すのは悪しき習慣だ、と村役人は強い口調で村民を叱責している。そして、村中惣寄合には子どもや名代を出すのではなく責任ある者が出席し、「才智之浅深ニ不拘、存慮之有丈」を開陳するべきであると説諭し、最後に「雨降り地堅タマツテ評議一定可致様、御頼申度」と結んでいる。

　村中惣寄合を開催するのはよいが、「旧習之悪佩」を廃さなければ久々利村政は改善されないというのが、戸長役場からのメッセージであった。[5]

4　村中惣寄合の開催

　8月8日、午前9時。村中惣寄合が奥田本家で開催された。村民が「百人余相揃」参集したので──当然、小作農民層も含まれている──、さしもの奥田

本家も「座敷より台所へ不残相ならび」ぎっしり一杯になった。戸長役場より、まず次のような発言があった。

> 今日惣評議之儀ハ、此頃十人頭衆へ御咄し申置候割物之儀ニ可有之。尤権区長割之儀、当村へ掛り金惣高四十壱円余ニて、別紙調帳之通リニ御座候間、篤と御熟談之上、并当役場ニて地券入用初先般相渡置候調帳之廉々割立之儀、如何取計可申哉。各無腹蔵評議相頼度と申談し候事（8.8）。

　しかし、この村中惣寄合においても衆議一致せず、戸長役場で帳簿の再点検や計算違いの訂正などを行ったうえであらためて十人組頭集会を開催し、そこでの評議に一任することになった。

5　十人組頭集会の開催と「事済酒」

　そして8月16日。3度目の十人組頭集会が召集され、割り付けの総額や上納期限日などを含む盆前勘定に関する戸長役場提案がようやく了承されることになった。問題が発生した日から数えて約1カ月半が経過していた。会議終了後、戸長役場から十人組頭衆に「事済酒」が出され酒宴がもたれた。この酒宴が盛り上がったところで、十人組頭衆の1人から次のような提案があった。

> 十人組頭より心配申出候ニは、割ものニて<u>御酒開有之、十人組頭計出席之姿ニては、末々如何之思惑も難計ニ付、組々へ御酒五升つゝも相下し候ては如何哉</u>と有之候得共、彼是何れも<u>今夕は酩酊中ニて、相談不決引取ニ相成候。心配之趣尤とも相聞候間、御評議被下候</u>（8.16）。

　戸長役場と十人組頭の者だけで一献交わしたとあっては、盆前勘定（割賦の決定）について村民から疑念を抱かれるかもしれない。各組に酒5升ずつを配ってもらえないだろうか、と村民に気づかう十人組頭衆の発言には、明治初期においても依然見られた村行政の一面が示されており、古き良き時代を思わせるものがある。『戸長日記』は、「今夕は酩酊中ニて、相談不決引取ニ相成候。心配之趣尤とも相聞候間、御評議被下候」と結んでいる。長い議論を経たあとの安堵感に満ちた一文といえよう。

12.4　盆前勘定争論の特徴

　以上、盆前勘定をめぐる戸長役場と十人組頭集会の対立と妥協の経緯を見て
きたが、盆前勘定争論が我々に示しているのは、以下の4点である。
　第1に、十人組頭集会と村中惣寄合は村の自治事務に関して主導的役割を果
たしていたが、地租改正事業に関しては教育関係事務と同様、十分な監視機能
を発揮することができず、その役割は限られていた。しかし、そうした限られ
た条件下においても当時の久々利村民は、「村役人が村入用の立て替え」（戸長
役場）→「組頭・長百姓らとの協議」（十人組頭集会）→「小前百姓の納得」（村中
惣寄合）という、近世村から継承してきた一連の慣行［大石慎三郎 1969：103］を
楯に、異議申し立てを行っていたという点が見落とされてはならない。
　第2に、十人組頭衆が盆前勘定争論の中で「副区長割はともかくとして、戸
長割は民用（純粋の村入用）であるから村民の総意で自由に処理できる」と主張
していた点がとくに注目される。この十人組頭衆の主張に対しては、戸長役場
といえども論破できなかった。なぜなら、当時の村入用は「村」という独立の
人格（法人）が村民に課すものではなく、「村民仲間が協議して決めた費用」（協
議費）を仲間に割り付けたものと見なされていたからである。すなわち、仮に
滞納があっても、村（戸長役場）には強制徴収権が存在しないと考えるのが当
時の村民の常識であった[6]。この近世村の常識（慣行）は依然継承され、大区小
区制という新たな制度の下においても鍛えられながら機能していたといえよう。
　第3に、村中惣寄合の「旧習之悪佩」を批判した戸長役場の叱責と説諭が注
目される。それは寄合の合理化を目指すものであり、その限りにおいて維新期
にふさわしい開明的なものであったと評価することができよう[7]。しかし、戸長
役場としても、村民が納得のいくまで何度も評議するという近世以来の寄合の
精神（慣行）を無視することはできず、約1カ月半にわたって盆前勘定争論が
くり返されるのを受忍し、なんら強権的措置をとっていない点──正確には強
制的措置がとれなかった点[8]──が特筆に値する。
　第4に、上記の件に関連し、盆前勘定争論が終息した時点で戸長役場が十人
組頭衆と村民に「事済酒」を出している点も、当時の村の特徴を考えるうえで
見落とされてはならない。当時は村民の絆を強めるうえにおいて酒肴の役割は
大きく、『戸長日記』には橋普請・井堰普請・村境見分・祭礼・遊日などに際

して「酒肴」「振舞い酒」が出されていたことを示す記載が頻出するが、それにとどまらず十人組頭集会が紛糾したのちにも「事済酒」が出されていたのである。それはまさに、村が依然として村民の人格と分離した抽象的な法人ではなかったことを象徴的に示すものといえよう。

注
1) 1873（明治6）年1月、久々利村の士族深尾家の屋敷内に設立された小学校（明新義校）は、久々利村など10カ村を学区とし、児童数161名であった［可児市 2010b：192］。
2) 国学者がいた久々利村では神仏分離令の影響が見られたが、それに関係して大般若経売却問題が起こっていた［可児市 2010b：24-25］。
3) 村の地量方法を最終的に決定していたのは、小区内の戸長らが集まる「村役人会議」であった。たとえば『戸長日記』には次のような記載が何度も登場する。「地量之儀ニ付、区内村役人当会社ヘ出会相成候、地量之儀区内一様相成候様、昨日村々より壱人ツ、検査として小名田村初ニテ廻村可致筈、評決相成候事」（4.25）。
4) 戸長役場の村役人の叱責内容について、『戸長日記』は詳細に記載している。珍しい史料なので原文を以下に示しておく。
「然共又々此上評議延引相成候ては迷惑も可致、右割之金高相分り候ヲ境ニ役場より惣寄之儀可申触候間、其節は必出席可有之、且子供等名代之儀尤不相成、猶是迄之旧習之悪佩ニて、会合之席ニ居ながら存慮心服ニ有之、無言ニて其場ヲ過、或ハ軒下ヘ出、雨だれ之小石をひろい指ニてはぢくもあり、又は竹木の小切レを以〇〇〔2字落書——引用者注〕等を画書も有之、表之方ヘ出、月星天気等之善悪を咄ス中、然て評議終り其席を去り候後、前書種々之人々評議之善悪ヲ彼是と申候之儀は、当村等ニは有之間敷ニ存候得共、万一右様之儀無之様、会合ニて評議之節は才智之浅深ニ不拘存慮之有丈は善悪共ニ発言いたし、其上よき潤ヒ之雷雨も有、時ニ応しぬ寒気を増、だんごの如キあられも降、種々之雨降り地堅タマツテ評議一定可致様、御頼申度と申候処、十人頭衆一統、其儀ニ承知相成退席相成候事」（8.4海老要兵衛が記載）。
5) 国政事務の費用が増加するなか、可児郡の村々でも盆前勘定争論などによる村方騒動を未然に防止しようとする村規約が登場する。たとえば、「年中皆済勘定清算之節、村役人初メ立入惣代五人組頭高持之者ハ立会、高掛り諸勘定等遂吟味、左之規則相定メ割符致候上ハ、後日彼是違存申間敷候」（明治5年、柿下村村役人申合規則三ケ条）など［可児市 2008b：15-18］。
6) 当時はまだ区入費についても法令上、強制徴収権は認められていなかった。区入費の徴収に先取特権が認められたのは1876（明治9）年10月のことである。さらに同年11月には区入費に対して租税未納者処分規則の適用が認められ、ほぼ租税同様の徴収力が認められるようになった。ただし、村入用については、依然として村民間の協議費として私債と同様に扱われていた［藤田武夫 1941：55］。

第12章　国政事務の増大と村内の対立　*185*

7)　当時の久々利村には郷社祀官の神谷道香や学区取締の今泉正心らの国学者（士族）が
いたが、彼らは「官員ハ天子様ノ御手代」「布告ハ天子様ノ御意」とする立場から、官
員たる戸長や副戸長を尊敬し、つねづね失敬のないように心がけなければならないと村
民に説いていた［可児市 2008b：12-15］。「官員は人民の名代」「法令は政府と国民の約
束事」とする福沢諭吉ら啓蒙思想家の考えとは対極をなすが、彼ら在地の国学者もまた
維新期の村の改革を志向していた人たちであった。

8)　可児郡において「集会時間ニ立会ノ上ハ、無益ノ雑談ニ時間ヲ徒費セス、直チニ要件
ヲ議シ、事評決スレハ速ニ退席スルモノトス」といった類の、だらだらした会議を禁止
する申合規約が登場するのは1885（明治18）年のことであって［可児市 2008b：73-76］、
大区小区制下においてはそうした規約が見当たらない。村民が納得のいくまで何日も話
し合う村寄合の特徴については、宮本常一［1984a：11-21］が面白い。

第13章

戸長役場総辞職と検見嘆願運動

　村内の対立はその後どう展開していったであろうか。『戸長日記』によれば、村中で事済酒が呑み交わされたにもかかわらず、その後、まず副区長割の上納の停滞と学校寄付金問題が起こり、ついで村中惣寄合と戸長役場の対立、戸長役場総辞職、村入費の納入等に関する「村民の誓約ケ条書」（村方心得方）の作成へと事態が緊迫する。そして最後に、カジ虫被害による凶作が深刻になるなか、検見嘆願運動（租税減免願）が可児・土岐両郡に拡大している。この検見嘆願運動においては久々利村が近隣村々を主導する役割を果たし、村役人・十人組頭衆・小作人などの動きが活発化したが、最終的には岐阜県聴訟課断獄掛による副区長佐橋政右衛門や戸長奥田和一らへの譴責処分が待っていた。以下、その経緯を見ておこう。

13.1　懸案の累積と戸長役場総辞職

1　学校寄付金問題とカジ虫被害

　事済酒が村中に配られてから半月後の明治7年8月30日。副区長より盆前勘定の督促があった。依然として村民の滞納のため、地券調雇料等の副区長割の上納が完了していなかったからである。

　この副区長割の件で役場事務が停滞していた8月31日。こんどは学校寄付金問題が持ち上がってきた。この件については、すでに各十人組に5円ずつの寄付金を割り当てることが決定していたが、さらに15円の追加徴収の申し入れが学校取締の今泉正心からあり、それが新たな村内対立の火種になったのである。その対立の発端について、『戸長日記』は「学校寄付金ニ付、子持之衆集会之処、村方一統之評議ニいたしくれ候様申ニ付、其筋ニ相成り引取」（8.31）と記している。

　それはちょうど、折悪しく、日照りのためカジ虫被害が深刻になり凶作が心

	祝儀	葬式	年忌
1等	1円50銭	75銭	35銭
2等	1円00銭	50銭	25銭
3等	75銭	35銭	20銭
4等	50銭	25銭	12銭
5等	25銭	12銭	8銭
6等	10銭	5銭	3銭
7等	5銭	3銭	2銭
8等	3銭	2銭	1銭

図13-1　久々利村の祝儀・葬式・年忌等級規定
（1876（明治9）年1月9日制定）

出典：貫属組当役海老瀬平『明治九年戸長事務取扱留』より筆者作成。

配されていたときのことであった。

① 照続キ田水払底ニ相成ニ付、今日村惣出ニて井堰いたし候事（8.20）。
② 昨夜之相談当年カジ虫大ニ巻、稲の葉迄食ひ候ニ付、〔十人組頭衆より──筆者注〕見分いたし呉候様申出候（8.24）。

2　村中惣寄合と戸長役場の対立──学校入費争論──

　9月4日。村中総寄合を開催して学校関係の諸懸案が話し合われることになった（学校入費争論）。その結果、① 不出精生徒をなくする、② 15円の追加徴収には反対する、③ 貫属衆（士族）に寄付金を依頼する、とする3点が確認された。ここでもまた、①「不出精生徒をなくする」以外は、村中惣寄合が戸長役場の方針と異なる結論を出したのである。その背景には、貫属と農民の対立[1]に加え、村の貧困という現実が存在した。当時の久々利村では貧富の格差によって冠婚葬祭費が8等級に分けられていたが（図13-1）、そうした格差が拡大するなか同村には27人もの不就学児童がいたという点が見落とされてはならない（本書12.1参照）。極貧層が多数村内に存在する限り村が一枚岩になることは困難であった。

3 戸長役場総辞職と村民の誓約

　同じ9月4日。学校入費に関する戸長役場提案が事実上否決されたのを受け
──また、カジ虫被害による検見願を行うことが決定されたのを受け──、村
役人の全員が辞職を申し出るという「事件」が起こった。この突然の申し出に
対して村中惣寄合は、検見願の件もあり「今暫之儀ニ付、是非相勤可申」（9.4）
「当役之内一緒ニ退役と申候ては大ニ迷惑もいたし候」（9.13）などと述べて、
事態の収拾に努めたが、村役人は辞意を撤回しなかった。

　ついで9月29日。戸長役場の後任を決める村中惣寄合が開催された。その冒
頭、辞意を表明していた村役人から村方へ提案があった。それは──徴税や地
租改正事業・学校関係事務などに対する村民の不満を念頭においてと思われる
が──年貢・村入用・寄付金などの徴収に関して村民の協力を強く求めるもの
であった。

> 今夕村中惣寄ニて戸長後役之相談いたし候、並ニ村方心得方、御年貢金初、村
> 下用出金方締等ケ条書ヲ以申談候処、数ケ条何レ之ケ条も村中承知畏候旨、一
> 統答相成申候（9.29）。

　原文が発見されていないので詳細は不明である。だが、この「ケ条書」（村
方心得方）には、「村方においては今後とも年貢や村入用の割賦・納入などにつ
いて怠りなく実行してもらいたい。もしそれができなければ検見願どころでは
ない」とする、戸長役場の強いメッセージが込められていたと考えられ、盆前
勘定争論中に発せられた戸長役場の叱責一件（8.4）を想起させるものがあった
（本書12.3参照）。

　こうした戸長役場の提案に対し、村中惣寄合は、『戸長日記』に「数ケ条何
レ之ケ条も村中承知畏候旨、一統答相成申候」と記されているように、一応全
面的に受け入れている。しかし、そのうえで、検見嘆願運動を進めるためには
戸長役場の機能を一時的にでも停止させてはならないとの判断から、とりあえ
ず戸長印形を前戸長──幕末以来なんどか庄屋を勤めたことがある村屈指の名
望家──の奥田和一に委託することを戸長役場に認めさせている点が注目され
る。そのうえで、助役の奥村武男（帰籍者）に申し入れ、「武男儀ハ十月一ヶ月
ハ相勤可申筈也」（9.29）とする話し合いを成立させ、戸長役場事務の継続性を
確保している点にも注目したい。戸長役場に対して異議は申し立てる。しかし、
戸長役場事務の停滞は避けたいというのが村中惣寄合の一貫した姿勢であった。

表13-1 村政の混乱 (1874 (明治7) 年8月-10月)

月日	内　容
8月4日	盆前勘定をめぐり戸長役場と十人組頭集会が対立。
20日	カジ虫被害の深刻化。
9月4日	学校寄付金の徴収などをめぐり戸長役場総辞職。
10月8日	県庁への検見嘆願運動が盛り上がる。
22日	十人組頭衆らが検見願を取り下げる。
	小作人が掟米減額願を戸長役場に提出 (内済依頼)。
26日	郷社祭礼届失念一件にて村役人らが譴責処分を受ける。
	戸長役場が検見願の撤回を決定。

出典:『久々利村戸長役用日記』『久々利村御用留』より筆者作成。

4　戸長役場体制の再編——貫属の辞任——

　全員が辞意を表明したという意味では総辞職であった。しかし、戸長役場が示した誓約ケ条書を「村中承知」したあと、入札と話し合いが行われた結果[2]、最終的に退任することになったのは貫属の丹羽志津江 (副戸長) と海老久左衛門 (助役)、それに帰籍者の奥村武男 (助役)[3] の3人であった。

　こうして、新たに選ばれた戸長奥田和一 (再任・農民・前掲戸長印形の保管者) をトップに、副戸長奥田順治 (留任・農民)、同加藤要助 (新任・農民)、助役八木八十一 (新任・帰籍者)、同海老要兵衛 (留任・農民) という布陣が整い、ここに貫属 (士族) が戸長役場から姿を消し事実上全員が農民によって構成される体制、つまり旧庄屋時代に似た体制が復活することになった。

　この全員が農民で構成された戸長役場新体制の下で、カジ虫被害による検見嘆願運動が本格化する。一般村民の目からすれば、十人組頭集会や村中惣寄合に参加せず、村入用の割賦を免除されていた貫属に盆前勘定の停滞を語る資格はなく、また学校積立金に参加していない貫属に学校寄付金問題を語る資格がないことも明らかであった。ましてや、田畑の年貢を納めていない貫属が村方の先頭に立って検見嘆願運動を推進することは自家撞着以外の何ものでもなかった。

　貫属が辞任した背景には、戸長役場内に貫属がいることに反対する農民の黙示的ないし明示的な意向が働いていたと考えられる。

190   第Ⅱ部　大区小区制下の村の自治と内済

13.2　検見嘆願運動の展開

　国政事務の増大にともない久々利村では様々な問題が発生するが、それらは依然村内の対立にとどまるものであった。しかし、検見嘆願運動は直接県庁と対峙し交渉する運動である。盆前勘定争論や学校入費争論のときのように、村内での内々の話合いだけでは調整することができず、村政は新たな局面を迎えることになった。まず、その経緯を見ておこう（表13-1）。

1　県庁に嘆願書の提出

　十人組頭衆の要請を受け、戸長役場が新戸長奥田和一・新副戸長奥田順治の名で岐阜県参事小崎利準に検見嘆願書を提出したのは、戸長役場から貫属が正式に退陣した前日の明治7年9月3日のことであった。[4]

> 百姓一同嘆息難渋之儀、付ては御県庁へ御願申呉候様度々申出候得共、定免中の儀ニ付ては格別之天災等ニて、三分已上之取劣リならでハ出願等ハ難出来旨、種々利解申聞置候処、又々其後数度願出、格別之場所ニ至リ候ては五分已上之取劣リニも可有之ニ付、是非共村役人内見分之上、御県庁へ出願いたし呉候様申出、誠ニ嘆息之趣ニも有之、押て利解も難申ニ付、過日村役人内見仕候処〔以下略〕」（9.3）。

　久々利村では明治4年、笠松県への年貢納入に困った久々利村農民が山村家家臣の海老久左衛門の私宅に押し寄せ、「田畑等押借」などの「理不尽」を働くという農民騒擾が発生していた。その様子については、当時、山村家久々利詰の任にあった海老久左衛門が提出した「奉願口上覚」（明治4年7月）に詳しいが[5]、あれから3年。この地方を襲った梅村騒動（飛騨国）・乙原騒動（美濃国郡上郡）・妻木騒動（美濃国土岐郡）の記憶がいまだ消えない明治7年に、久々利村をはじめ可児郡・土岐郡一帯でカジ虫被害による検見嘆願運動が起こったのである。

2　村役人がくり返し県庁へ出頭

　検見嘆願運動の先頭に立ったのは、貫属がそろって退任した後の戸長役場であった。検見嘆願運動が高揚した1カ月足らずの間に、村役人が県庁に出頭し

た日数は13回、うち岐阜宿泊が 7 日を数える[6]。

① 岐阜県へ戸長呼出シニ付、代人良助儀昨日岐阜へ参り今日引取申候。然処、
戸副両人ならでハ御用相済不申、空敷引取申候 (10.4)。
② 今日、要助儀岐阜表へ罷出候事 (10.5)。

13.3 郷社祭礼届失念一件と検見願の撤回

1 岐阜県の「御沙汰」
ところが、検見嘆願運動が始まってから 1 カ月余が過ぎたとき、難問が発生
することになった。「郷社八幡神社の祭礼の届けが出されていないが、なぜか」[7]
という御沙汰が県庁からあったからである。何の問題もなく村民総出で祝った
八幡神社の祭礼に (本書10.4参照)、県の御沙汰とはまさに寝耳に水の報せであっ
た。

郷社祭礼届ケ之儀、県庁ヨリ副区長衆え御沙汰ニ相成候間、右ニ付副区長衆ヨ
リ不届儀ハ如何と御沙汰ニ相成候。此儀も相談之上県庁へ届之事。〔中略〕明十
日、岐阜出県之儀ハ戸長役替、幷ニ大森・羽崎山論書類之持参、幷ニ祭礼届、[8]
幷カジ虫喰之儀御検見願、色々兼務ニて海老要兵衛出阜仕候也 (10.9)。

2 子供相撲の開催
ついで10月17日。村の「若キ者」(若者組) より八釼神社前で子供相撲を開催
したいとの申し出があった。これに対して、戸長役場は「郷社祭礼届失念」の
件で県庁より御沙汰があったので日延べにしてはどうかと説得したが、村の若
者は耳を貸そうとしない[9]。そこで、戸長役場としてもやむなく伏見取締に次の
ような「御届」を提出して、子供相撲の開催を黙認することにした。

明十月十八日、旧暦日当九月九日ニ相当リ、村方休業ニも仕候儀ニ付、当村小
供幷ニ中小供寄合角力取度旨申出候間、此段御聞済被成下候様仕度、尤当年は
田方立毛カシ虫食ニて、御定免中なから御検見相願候様之次第、改て引用等相
願候様之次第ニは無御座、実に中小供力くらべ之意ニ御座候間、此段厚奉願候。
御廻村之御廉も御座ハヾ御見廻可被下候 (10.17)。

伏見取締への御届の趣旨は、「すでに検見願中なので、もうこれ以上の無理

は申し上げません」「相撲といっても中小の子供の力くらべ程度のことですので、御許可のほどを宜しくお願い申し上げます」というものであった。しかし、検見願の最中に若者組の要求を聞き入れた戸長役場の姿勢が、あらためて県庁の怒りをかうことになる。

3 検見願の沈静化と小作農民の動き

　検見嘆願運動は大森村・羽崎村などの近隣にも広がっていたが、子供相撲の開催後、県庁の姿勢が硬化する。そして、やがて「定免中の破免は行わない」とする県庁の強い意向が久々利村戸長役場を通じて郡内に伝わり、紆余曲折を経たのち、やむなく嘆願の動きが沈静化に向かうことになる。久々利村においても十人組頭衆による検見願の取り下げの表明が相次いだ。

　10月22日。十人組頭衆による検見願の取り下げの動きが始まったその日、久々利村の小作人惣代6人が戸長役場を訪れ、次のような申し入れを行っている。

> **当年至テ不作之年柄ニ御座候処、何卒地親衆之勘弁ニ預リ、掟年貢之儀端貢米ニ被致候様、相談ニ預リ度**（10.22）。

　地親衆（地主）に対する掟米（小作料）の減額、「端貢米願」である。個々の地主に直接談判するのではなく、戸長役場に仲介（内済）を依頼している点が注目される。

　その翌日の10月23日。一方において県庁からの御沙汰、他方において小作農民からの掟米減額願という難題に直面した戸長役場は、「小作引相談之儀ニ付地親衆へ廻状」を送って地親衆を役場に集め、小作米減額願について話し合いを行っている。その結果、まず稲の出来具合を調査し、その後で「評定」しようということになった。

　10月25日。早朝から地親衆と戸長役場の村役人が立毛見分を実施。午後、戸長役場で地親衆を交えて小作米問題について話し合い、小作米減額の可否については地親衆の「入札」で決定することとした。[10]

4 聴訟課断獄掛から呼び出し状

　小作農民層の動きが強まった10月25日。郷社祭礼届失念の「御詫方、連日県庁ニ出頭」していた助役の八木八十一から、「存外六ケ敷」ことになったとの報が久々利村に伝えられた。そして、その翌日、岐阜県聴訟課断獄掛より戸長

奥田和一・副戸長加藤要助・同奥田順治・祠官神谷道香・副区長佐橘政右衛門
に対して、下記のような呼び出し状が届いた。郷社祭礼届失念一件に対する譴
責処分の前触れであった。

可児郡久々利村戸長

其村前記名前之もの共、尋儀有之候間、至急可致出頭もの也。

明治七年十月二十五日

岐阜県聴訟課

断獄掛　印

5　検見願の撤回

　呼び出し状が届いた10月26日。戸長役場は最終的に検見願の取り下げを決定
し、検見のため土岐郡の官員宿泊所に出張していた県官の下に助役海老要兵衛
を走らせた。要兵衛が持参した「検見取下願」には、次のように書かれていた。
新戸長の奥田和一が4日前に起草したものである。

> 当秋田作取劣候様子ニ付、先般御検見之儀奉願上候処、御定免中之御事不容易
> 儀ニ付難相叶、乍併実情篤と取計之上弥之境可奉願出旨御利解之趣拝承仕、小
> 前方へ夫々説諭仕取計候処、定免中之儀押て可奉願儀奉恐入候間、御検見之儀
> は願下ニ仕度旨申出候間、此段奉願上候、以上（10.22起草）。

　その翌日の10月27日。小作惣代一同がふたたび戸長役場を訪れ願書を提出。
その願書には「誠ニ当年之儀は不作ニ付、何卒三分御引可被下候」と書かれて
いた。これに対して、戸長役場は「両三日見合可申候様、日延申付候」と、回
答を保留している――。

《『戸長日記』の記載がここで終わる》

13.4　検見嘆願運動と譴責処分の特徴

1　検見嘆願運動の担い手

　『戸長日記』が明治7年10月27日で終わっているので、検見嘆願運動がその
後どう村政に影響し、どう展開していったかは不明である。しかし、この検見
嘆願運動の特徴、とくにその担い手については以下のように概括することがで
きる。

第1に、『戸長日記』には村役人・十人組頭衆・小作惣代・地親衆などが次々に登場するが、2カ月にわたる検見嘆願運動の「惣代」を勤めたのは全員が農民で構成される戸長役場の村役人であった。村役人たちが県庁に出頭した日数の多さについてはすでに述べたが（本章13.2参照）、村役人の献身的な活躍なくして検見嘆願運動は存在しなかったといえる。学校関係事務や地租改正事業に関しては立ち位置がむずかしかった戸長役場も、村民の死活問題に関わり、しかも村方の総意が明確な検見嘆願運動に関しては、村民の前面に立つ存在であったという点が重要である。

　第2に、そうした戸長役場の粉骨砕身ぶりも、十人組頭集会・村中惣寄合との協働があったればこそで、両者との協働なくして県との交渉を続けることは不可能であったと考えられる。貫属退任後の検見嘆願運動によって、戸長役場・十人組頭集会・村中惣寄合の三者協働関係がいっそう深まった観がある。

　第3に、検見嘆願運動においては小作農民層の動向も特筆に値する。とくに、十人組頭衆が戸長役場の説得を受けて検見願を断念しようとしたその時点で、地主に掟米減額を要求していた点が注目される。こうしたことからも、小作農民層が十人組頭衆の意向を乗り越えるような形で検見嘆願運動の強固派（非妥協派）を形成し、それが戸長役場への圧力になっていたことは否定できない[11]。しかし、明治初期の久々利村においては地主・小作関係が依然決定的な対立関係にはなっておらず、戸長役場の調停機能（内済）によって村内の平衡が基本的に維持されていたと考えられる。

　第4に、とくに注目すべきは、図13-2が示しているように、久々利村においては1881（明治14）年の段階においても村の中層農147戸（全村民の51パーセント）——彼らの中から十人組頭や組惣代などの村のサブリーダーが選ばれる——が村の民有地価総額の概算61パーセントを所有していたという事実である。こうした「中層農民」（実態は小農、田畑平均5反2畝所有と推定）[12]が分厚く存在する小農社会においては、村の中間派とも称すべき十人組頭衆らの活発な中間的媒介機能により、戸長役場・十人組頭集会・村中惣寄合の三者協働関係が壊れにくい。

2　聴訟課断獄掛による譴責処分のねらいとその限界

　検見嘆願運動が盛り上がるなか、久々利村の指導者層が譴責処分されたのはなぜか。『戸長日記』には直接それに言及した記載がないが、客観的に見て以

図13-2　久々利村の民有地券（田畑・宅地・山林等）所有分布（1881（明治14）年）
注1：久々利村（合併後）の戸数は290戸。村の田畑・宅地・山林等の地価総額は7万4937円。
注2：村の民有田畑総面積は125町歩、その地価総額は6万6465円。
出典：『明治一四年可児郡各村略誌抜』（岐阜県図書館所蔵）、可児町［1978］所収より筆者作成。

下のことが明らかである。

　第1に、譴責処分は県庁による村政への干渉を意味した。つまり、譴責処分の背景には「カジ虫被害を理由に検見嘆願を行いながら、県庁に届出もせずに祭礼を挙行するとはけしからん」とする県の怒りもあったわけで、要するに維新政府の徴税政策に協力しようとしない久々利村の村政のあり方が問われていたことは明らかである。しかし、譴責処分が検見嘆願運動を抑圧するうえにおいて一定の効果があったことは否定できないにしても、村政のあり方を根底から変えるほどのものでなかったこともまた明らかである。村政のあり方を根底から変えるためには、学校関係事務や地租改正事業、徴税などの国政事務に対する村方の非協力をはじめ、盆前勘定争論や学校入費争論など、村政に混乱をもたらした十人組頭集会や村中惣寄合のあり方が問われなければならない。そして、究極的には戸長役場・十人組頭集会・村中惣寄合の三者協働関係（近世村の継承）の解体を図るほかないであろう。しかし、大区小区制の下、大区の集議所や小区の扱所を介して行使される県の統治力では、それは不可能であった。近世村の基本構造は一片の譴責処分によって変えられるものではない。

　第2に、この岐阜県聴訟課断獄掛による譴責処分は郷社の祭礼届をしなかったことに対する譴責、つまり神社祭礼への干渉を意味するものでもあった。しかし、その効果も限定的で、祭祀を形式上執行した一部の指導者層に対する形式的処分にとどまるものであったといえよう。すなわち、譴責処分を恐れず神社前で子供相撲を強行した村の若者の心意気がその一端を示しているように、

196　第Ⅱ部　大区小区制下の村の自治と内済

氏神や鎮守の祭礼は入会や水利などとともに地域公共圏としての村の団結を示すものであったから、そう簡単に壊れるものではなかった。八幡神社の祭礼の盛況ぶりは譴責処分によっても変わらず、翌年も東組当人の八木八十一（戸長）らを中心に盛大に挙行され、その様子は『八幡神社祭礼記』に「当年も区内戸長衆〔中略〕も神前へ相詰申候」［可児郷土歴史館編 2016：53］と記されている。祭礼・遊日の世界は、歴史的に見て権力的統制が最も貫徹しえなかった聖域である［古川貞雄 1986：11-13］。

　以上、第12章と第13章において、盆前勘定争論から戸長役場総辞職を経て検見嘆願運動、譴責処分に至るまでの経緯を見てきたが、久々利村にあっても国政事務の増大によって村固有の自治機能が著しく圧迫され、それが自治の発展を阻害していたことは否定できない。しかし、近世以来の久々利村が大区小区制の下に埋没・解体したとか、県の下部組織、県官の手足になったと概括するのは誤りである。試練を受けながらも、村の伝統的自治（戸長役場・十人組頭集会・村中惣寄合の三者協働）は依然機能していたと評価することができるからである。

注
1)　久々利村に農民と貫属の対立が存在したことは、たとえば『明治九年戸長事務取扱留』（貫属組当役海老瀬平筆記、可児市役所所蔵）によっても明らかである。すなわち、当時の久々利村には、村中惣寄合への出席や十役・村普請・祭礼等々の負担を貫属にも求めたいとする農民と、あくまでも「村並の付き合い」を拒否し、家禄の「弐分之掛米」で済ませたいとする貫属との対立が存在した。また、貫属は村が募っていた学校積立金に参加しておらず、この点でも農民と対立していた。
2)　当時、久々利村における村役人の選出については、①まず村中惣寄合で入札を実施したのち、②副区長の佐橋政右衛門の家に村役人らの重立ちが集まり、「種々相談」して候補者を確定し（『戸長日記』10.1）、③最終的に県の審査を受けるという方法がとられていた。しかし、県の審査は識字能力・計算能力などを調べるというもので、形式的な審査に過ぎなかったから、実質的には村中惣寄合の意向を尊重する「条件付き直接民主制」（戸長役場と村中惣寄合の協働方式）が採用されていたといえよう。
3)　久々利村の貫属は知識人として教育・文化などの面で大いに活躍していたが［可児市 2010a：319-341］、村政に関しては業績に乏しい。とくに1873（明治6）年の秩禄処分とその3年後の金禄公債交付により秩禄の支給が打ち切られて以降は、郷党を離れる貫属が増え、出世する者と没落する者の格差が拡大する。そのうち、地方官僚として活躍した者としては岐阜県庁権小属の櫛田道古（千村家御用人）・水谷弓夫（同中小姓）、の

ちに初代可児郡長になった神谷道一（同家老）の名が知られている［可児市 2010b：30 -31］。丹羽志津江と海老久左衛門の辞任後、久々利村戸長役場に勤めた貫属は見当たらない。

4) 検見嘆願運動と役場総辞職の関係については『戸長日記』に何も記載されていない。しかし、そのタイミングからして両者には因果関係があったことが推定される。すなわち、「徴税や村入用に関して村内に非協力的な空気（滞納）がありながら、他方、県に減免を求める検見嘆願運動を行うのは筋が通らない」とする考えが旧戸長役場内に存在し（本章13.1）、それが戸長役場総辞職の一因になったと考えられる。

5) 海老久左衛門の「奉願口上覚」には、次のように書かれている。
「久々利村午納米九拾三石余上納方、御引請之分相滞、無拠今般村方江御借入御頼之処、右村元来困窮村ニ付、調達方六ケ敷候処、笠松県御庁よりハ村方呼出、厳重御取立と相成極難渋ニ付、一同人気相立、去十七日夜私居宅江一同詰込、私内職方控田畑并居屋敷、諸道具等借用申度、右を以上納可仕旨申出候得共、右者私壱人ニ而可借渡条理ニ者無之候間、〔中略〕一切聞入無之、右田畑等押借可申旨理不尽申募〔後略〕」（可児市［2008a：688-689］参照）。

6) 当時は、事あるごとに戸長またはその代人が、徒歩か、木曽川下りの船に乗って県庁まで出向かなければならなかった。しかもその間、これまで本書第Ⅱ部で紹介してきたような多様な自治事務・国政事務・内済等々の日常の職務を休みなしに遂行しなければならなかったわけであるから、戸長役場の多忙さは庄屋時代の比ではなかった。

7) 八幡神社の祭礼の歴史は古く、その祭礼記は1668（寛文８）年から今日に至るまで、村民（当人）によって欠かさず書き継がれている。同祭礼記には、将軍の薨去や異国船の浦賀来航、版籍奉還などの幕末維新期の混乱のなか、町組・北組・東組が交互に競争するようにして祭礼を執行し、村全体の盛り上げに寄与していた様子などが活写されている［可児郷土歴史館編 2016］。

8) 大森村と羽崎村が争った奥山訴訟については第９章の注１）参照。

9) 『戸長日記』には若者に関する記載があまり見られない。しかし、少ないなかにも、若者が地租改正事業の丈量に協力したり（『戸長日記』7.26）、祭礼の提灯を買いに犬山まで出かけたりする（同9.3）姿が描かれている。若者の活躍なくして村の共同作業や祭礼は成立しなかったから、若者は村内で発言力を有していた。

10) ここでも入札が採用されている点に注意したい。久々利村においては村田地世話人の人選や橋普請の任務分担、内済、村役人の決定などに際し、頻繁に入札が実施されていた。実在的総合人としての村は入札制によって支えられていたといっても過言ではない。

11) 地主に対する小作米の減額要求と検見願（減免）は別次元の問題であるが、たとえば小作米の減額を認めれば地主の取り分が少なくなるので、原理上、小作米の減額要求は検見嘆願運動を後押しする圧力となる。図13-2によれば、久々利村には明治14年の時点で地価100円以下（無高層を含む）の下層農が128戸（全体の４割強）も存在してお

り、彼らの存在自体が村政に強い圧力を与えていたと考えられる。彼らの公的発言の場は村中物寄合であったが、そのほか様々な村内の集まり（十人組・五人組・親族などの集まり）を通して非公式に意見が表明されていたことは、たとえば第Ⅱ部第11章の内済の発端や執行過程からも推測できるであろう。

12) **図13-2**の「民有地価総額」には若干の山林・藪・宅地などが含まれているが、それを度外視し、仮に村の民有田畑125町歩の61パーセントを中層農147戸が所有していたとするならば、1戸平均5反2畝の計算になる。久々利村の階層構成については、石川一三夫［1987：224］参照。

第14章

村の合併と制度設計

　この時期、譴責処分とは比較にならない難問が発生する。それは村合併問題であった。この村合併問題は、近世村の継承性（伝統的自治の強靭性）を論じる本章のテーマにとって最大の「事件」といってもよく、本書第Ⅱ部の最終章で取り上げるにふさわしい論点がそこに伏在していた。

14.1　合併村の制度設計

　県主導の村合併が実施されると、旧村（十人組頭集会・村中惣寄合）と新戸長役場との協働関係が絶たれ、村の共同生活や村政が円滑に機能しなくなる。そうした事態に備えて旧村の村役人や村民はどのように対応したであろうか。以下、その経緯を見ておきたい。村合併は単に村域が拡大するといった問題ではない。近世以来の村（村民の地域公共圏）の基本構造が今後どう改編されるかの問題であった。

1　突然の村合併

　『戸長日記』によると、1874（明治7）年6月28日、海老要兵衛が日番で戸長役場に詰めていると副区長の佐橋政右衛門がやって来て、久々利村を中心に佐渡村・原見村・平柴村・我田村・酒井村・丸山村の7カ村合併（図9-1参照）を実施してはどうかとの話があった。あまり突然のことだったので、要兵衛は戸長役場だけでは決定できない、「村方一同惣寄合」にしたいと回答した。当日の夜、緊急に村中惣寄合がもたれ、その翌日に7カ村戸長会議が開かれて、村合併を受け入れる条件を定めた「合村取極ケ条」（6.29）が取り交わされた。

　この「取極」は7カ村村民の盟約書とも称すべきもので、「合併後の村の制度設計」を示したものとして貴重である。「合村取極ケ条」を手掛かりに——それと約半年後に成立した新制度を比較しつつ——、当時の村民が何を考えて

いたかを整理しておきたい。

2 「合村取極ケ条」と新制度

まず、合併村レベルでの制度設計についてである。

第1に、新戸長役場の人事について。当初の7カ村村民の盟約書「合村取極ケ条」においては「戸長1名・副戸長2名」とされ、とくに「助役之儀は右之外、人増は別段之事」とされていた点が注目される。この条項は、役場内での合議制や輪番制を尊重し、さらに旧村（各組）の惣代クラスの中から助役を適宜選出することによって、旧村と合併戸長役場の協働関係を維持したいとする村民の願いを反映したものといえよう。これに対して、半年後の明治8年1月の合併によって誕生した新制度は、助役制を廃止し単に「戸長1名・副戸長1名」[1]とするものであった。そして、その副戸長の下に各地所（組・旧村）1名ずつの副戸長補助制を新設し、旧村の惣代の下請け機関化が目指されていた。[2]

第2に、合併村の村入費の扱い方ついて。当初の盟約書「合村取極ケ条」では「取集メ方之儀は是又御年貢同様惣代ニて取集メ可申事」と定め、旧来どおり組々の惣代が取りまとめるとしていた。これは何事も旧村本位で、下からの旧村連合型の合併をイメージするものであった。しかし、新制度では「村入費割賦方、戸長役場ニて割合之事」とされて、合併村の戸長役場の権限が強められていた。また、租税や村入費の滞納者に対しても「各組ヨリ出金方延引相成候節ハ利子差出可申候事」などの新規定を設けて、強制徴収権に一歩近づいた制度設計が採用されるに至った。藤田武夫［1941］の学説に従えば、これは特殊日本的「村の法人化」への一歩前進を意味するものであった。[3]

第3に、合併村の戸長・副戸長の人選方法について。当初の盟約書「合村取極ケ条」には特段の規定が存在しない。近世村以来の慣行の尊重（村民の総意による人選）を暗黙の前提にしていたからであろう。これに対して、新制度では「正副戸長撰挙之儀壱組ヨリ二数宛投票之事」と明記され、各地所2名ずつ計22名の代表による投票で選ばれることになった。間接投票制の導入である。

第4に、合併村の審議機関について。当初の盟約書「合村取極ケ条」には審議機関に関しても特段の規定が存在しない。これに対して、新制度では各地所1名ずつ計11名で構成される「副戸長補助会議」が公的審議機関とされるに至った。

3 合併村の実態——近世村の生命力の強さ——

このように、県の指導監督の下で施行された新制度は当初の村々の要望「合村取極ケ条」とは大きく異なるものであった。しかし、近世村を解体して村の法人化を強行しようとする新制度が、その立法趣旨どおりに機能し定着したかといえば、そうではない。たとえば、合併村の骨格ともいうべき「戸長・副戸長・副戸長補助」体制であるが、この天下り的な体制が当時の村の土壌に定着することはなかったといっても過言ではない。旧村（各組）にはそれぞれの慣習・規程があり、惣寄合によって支えられる惣代が各組の事務を掌握していたからである[4]。

また、新制度が取り入れた「副戸長補助会議」も同様に、立法趣旨どおりには定着していない。久々利村においては、遅くとも明治9年1月の段階で各組惣代（旧村の惣代）2名を加えた計33名で構成される「地長惣代集会」が、公的審議機関（村会の前身）の役割を果たしていたことが分かっている（『明治九年戸長事務取扱留』貫属組当役海老瀬平筆記、可児市役所所蔵）。各組の惣代2名を加えた地長惣代集会が設けられたのはなぜか。旧村が旧村の自治を尊重することを強く求めたため、妥協策として副戸長補助会議のメンバーに各旧村の惣代2名ずつを加えた33名体制に審議機関を拡大したと考えるのが自然であろう。

こうした事例からも明らかなように、近世村の生命力の強さは合併村レベルの制度設計においても一部、見られたところであるが、それがより明確な形で現れたのは旧村レベルの制度設計においてである。

14.2 旧村（組）の制度設計

当時の久々利村民は、以上において見てきたように合併村レベルでの制度設計に関しては全体として必ずしも主導的に参加できなかった面が認められる。しかし、旧村（組）レベルでの制度設計に関しては、村民の総意を結集して慣習法的な諸権利の擁護に努め、ほぼ満足できる成果を挙げている。その証左となるのが、村合併への警戒感がつのるなか盟約された前掲7カ村の「合村取極ケ条」で、そこには井堰・堤防・惣山入会・雨乞などの旧村固有の自治事務に関して、以下の諸点が明記されていた（6.29）。

1　井堰・堤防の普請

　まず、井堰・堤防の普請から見ておくと、その入費を含め「是迄之振合」ど
おり組々の自治事項にするべきことが明記されていた。井堰・堤防の普請、つ
まり水利慣行に関する事項は近世村から継承された自治事務の最たるものであ
る。

　　　井堰丼ニ堤普請等は是迄之振合、其組々ニて普請いたし、尤入費も右同断之事。

2　惣山入会

　つぎに、惣山入会（数村入会）に関しても従来どおりで、「是迄入会之村々は
無論入会之事」と明記されていた。ただし、合併に加わった我田・酒井両村に
はこの機会に元惣山の一部を割り当てるので、それ以外の惣山の利用を禁止す
るとしていた。すなわち、村合併に加わったからといって、合併村の全構成員
が旧村の枠を超えて平等に惣山を利用できるわけではなく、あくまでも「旧来
どおり」というのが入会の原則であった。

　　　惣山之儀、是迄入会之村々は無論入会之事。我田・酒井両村之儀は元惣山之内
　　　ヲ以割賦遣し、久々利公有地へは立入不申筈ニ付、此度合村相成候ても向後惣
　　　山入会之儀ハ不相成筈之事。尤右ニ付ては我田・酒井両組より為取替書付いた
　　　し、後日確証之ため県印相願可申候。

3　雨　　乞

　雨乞についても、「小雨乞い」の場合は従来どおり旧村（組）が産土神社で
執行すると明記されていた。ただし、組々の雨乞いで効験なきときは「惣組相
談」のうえで「一村中之雨乞」を執行するとしていた。ここでも組々の自治が
優先される仕組みになっており、戸長役場へは事務的に「申達」しておけばそ
れでよしとされていたのである。

　　　雨乞之儀は是迄之通、小雨乞之内は其組々之産土神ニて雨乞取計可申事。乍併
　　　雨乞掛ケ候節は、其組々より何々之雨乞掛ケ候旨戸長会社へ申達候筈。但、雨
　　　乞之儀も追々其組々ニて掛ケ候ても、潤ヒ無之場ニ相成候節は、惣組相談之上
　　　一村中之雨乞取計可申筈。

第14章　村の合併と制度設計　*203*

4　村落の二重構造化

　このように、井堰・堤防の普請、惣山入会、雨乞などについては、従来どおり旧村（組）固有の自治事務として扱うというのが大原則であった。そのうえで、事情によっては関係組々での惣寄合の議を経て、組々が協力しあうとしていた。裏を返していえば、組のことは基本的に組の自治に任せ、他組はいうまでもなく、戸長役場といえども関与しないというのが重要な原則とされていたのである。[5]

　こうして、合併村レベルにおいては徐々に法人化政策が進められつつあったが、[6] 旧村レベルでは実在的総合人としての村が解体されることなく、井堰や堤防の普請、惣山の入会、雨乞などの自治事務を継承しながら、村民の日常生活の中に定着し存続したという点が重要である。

　しかも、それはやがて自然消滅するといったものではなく、合併村との緊張関係が深まるなか、旧村レベルでの団結がいっそう強まったという点が見落とされてはならない。村落の二重構造化の定着である。[7]

注
1)　合併後の新制度については「久々利村合併規定」［可児町 1978：998-1001］参照。県の指導によって制定されたものと考えられる。
2)　合併を契機に、村内の組（旧村）が「壱番地所」「拾壱番地所」などと地所で呼ばれるようになった。区割りに関しては「一旧村一地所」を原則としたが、旧久々利村（本郷）についてはとくに 3 地所とし、元北組が六番地所、元町組が七番地所、元東組が八番地所と改称された。
3)　藤田武夫［1941：242-243］は、租税や村入費の強制徴収を村の法人化の第一歩と見て、「その費用の徴収に公法的保護を与へられたことは、その住民から分離した区町村団体の独立人格を既に前提し、この独立の人格がその住民に対し公法上の力を以て強制的に所要費用を徴収し得るに至つたことを意味する。区町村団体は、当時未だ法律上その法人格を認められるに至らなかつたが、これによつて、尠くとも費用徴収の面に於いては、公法人格を獲得したものと言い得る」と述べている。日本においては村の自治（自治事務）の自生的発達によってではなく、上からの強権的政策によって法人化が進んだとする見解である。
4)　可児郡内には村合併に抵抗し分村に至った村もある。その典型例は、久々利村の隣村の羽崎組と二野組の分村で、両組は県への嘆願によって旧村に復している。分村の理由は、① 両組にはそれぞれの慣習・規則があり、どうしても一村としての衆知衆力を発揮することができない、② 合併村に戸長をおいているが、実際には両組内の組長が村

の事務を分担しているため、合併村はその実質を備えることができない、等々であった［可児市 2008b：120-122］。

5)　旧村（組）を第一とする原則は、反面において旧村以外の村とのネットワーク（新しい地域公共圏）を形成する力の弱さを示すものでもあった。たとえば旧久々利村の周辺には広大な惣山が存在するが、その利用形態が数村入会であったという点に注意したい。一般に、数村入会関係にある村々においては、入会権者がそれぞれの所属する村の統制に服して入会的収益行為を行わなければならなかったから、利用形態の変更や紛争が生じた場合、村ごとの村中惣寄合によって村々の同意を得ながら解決しなければならなかった［川島武宜 2007：533-534］。この手続きは複雑で、手続き自体が紛争の種になることも多かったので、広大な惣山をかかえた久々利村のようなところでは、合併村レベルでの新しいネットワークを形成することが困難であった。すなわち、惣山あるがゆえに村合併（近代的公法人の形成）が難航するというパラドクシカルな現象が生まれやすかった。

6)　近代社会においては町村の法人化は避けて通れないし、またそれは社会の発展上必要なものでもある。しかし、問題はその法人化の進め方であろう。同じ法人化といっても、歴史的社会関係の中に厳として生成していた実在的総合人としての村に依拠して行うか（法人実在説、自治体固有説）、あるいはその道を遮断して国家が創設するべきものと考えるかによって（法人擬制説、自治体付与説）、大きな相違が生じる［我妻栄 1954：57-60］。

7)　村落の二重構造化は、1888（明治21）年の町村合併によっていっそう決定的になる。久々利村はさらに隣村の柿下村（人口282人）と合併したが、その合併に際して両村の組々惣代が「久々利村と柿下村の共有林（惣山）を分割し、各村の責任で保護する」とする盟約書に署名している［可児市 2008b：122-123］。村落の二重構造論については本書第Ⅰ部のほか、大石嘉一郎・西田美昭［1991］参照。

近世村の再評価

1 三者協働関係の存続と地域公共圏

第Ⅱ部では『戸長日記』の内容を紹介しつつ、近世村から継承した村の自治を守ろうとする久々利村内の動き——住民自治ないし地域公共圏の展開過程——に着目し、以下の諸点を確認した。

第1に、大区小区制によって近世村が解体されたと概括するのは誤りである。実際には、近世村 → 小区 → 大区という下からの積み上げ方式によって大区小区制は形成されていた。近世村なくして大区小区制は機能しなかったと見て大過ない。

第2に、そうしたなか、従来の村方三役を再編して誕生した久々利村の戸長役場体制には、貫属（士族）が登場するなど外観上一定の変化が見られた。しかし、全体として、村役人の一定の権威と村方の総意によって成り立つ村自治の構造は近世村そのままであった。すなわち、伝統と慣習に根差した戸長役場・十人組頭集会・村中惣寄合の三者協働関係が基本的に機能しており、村は「抽象的人格者では無くして、各村民の人格に依て組成され、各村民の人格に依て支持されて居る」[中田薫 1938：985] とされる、実在的総合人の特徴を明確に残していた。

第3に、当時の戸長役場事務を見ると自治事務と国政事務が混在していたが、このうちとくに自治事務に関しては、前記三者の協働関係が様々な形で維持されており、まさに「古き良き時代」を思わせるものがあった。すなわち、村田地・橋普請・井堰普請・山境見分・祭礼・遊日・内済などの村固有の自治事務は、血縁・地縁集団を基盤にしながら村民がそれぞれの役割を果たすことによって成り立っており、それを支えていたのが入札制・輪番制・合議制などの近世村以来の慣行であった。村の会議ではいつも慣行が尊重されており、当時の久々利村には「代表」「多数決」「一事不再理」等々の観念が明確な形では存在しなかった。

第4に、他方、徴税・地租改正・学校関係などの国政事務に関しては、村役人の立ち位置がむずかしくなり、かつ行政の「やらされ感」も増幅するので、戸長役場・十人組頭集会・村中惣寄合の三者協働関係が必ずしも円滑には機能しなくなり、争論が絶えなかった。しかし、そうした争論が存在したこと自体が、近世村から継承した小農社会に特有の村共同体的自治の強靱さを示すものであった。久々利村の十人組頭集会と村中惣寄合は、「村役人が村入用の立て替え」（戸長役場）→「組頭・長百姓らとの協議」（十人組頭集会）→「小前百姓の納得」（村中惣寄合）といった近世村の慣行を楯に、官治行政への抵抗体——村民が共同で意思決定する連帯的結合の場（地域公共圏）——として機能していた［大石慎三郎 1969：103]。

第5に、官治行政に対する反発が、村内の団結——当然、小作農民層もそのうちに含まれる——をいっそう強める面があったことも見落とすべきではない。さらに、国政事務によって村民の負担が増大するなか、貫属（士族）と農民の矛盾が顕在化し、村政に占める貫属の役割が徐々に後退していった点にも注目したい。近世村以来の村の団結は強く、検見嘆願運動を抑圧するために行われた県の譴責処分（郷社祭礼届失念一件）の効果も、限定的であった。

第6に、そうしたなか、1875（明治8）年の村合併を契機に十人組頭集会や村中惣寄合の役割を有名無実化する法人化政策が合併村レベルで進められたが、小農層を基盤とする地域公共圏としての村の生命力は強靭であった。すなわち、村合併に対抗する形で旧村レベルでの独自の制度設計が具体的に進み、村落二重化が進行したという点が重要である。近世から受け継がれた村はやがて自然消滅するといったものではなく、合併村との緊張関係が深まるなか、かえってその団結を強めたといっても過言ではない。

以上の諸点が、『戸長日記』を解読・分析して得た結論（＝仮説）である。久々利村という一つの村を通してではあるが、要するに当時の村は国家の政策によって簡単に埋没したり消滅したりするものではなく、また県官僚の下部機構、手足として利用される存在でもなかったという点を強調しておきたい。

2　従来の通説的見解の問題点

つぎに、かつての通説的見解の問題点について述べておこう。大島美津子らの研究が地方自治史研究に果たした役割には計り知れないものがある。彼女らの研究、とくにその理論的枠組みの明快さ（共同体秩序再編利用論）が様々な形で継承され、祖述され、今日の学問水準を築き上げるうえにおいて大きな役割を果たしてきたことは否定すべくもない。しかし、地方史料と取り組む自治体史研究の視点から見れば、その研究方法ないし視点に問題がないわけではない。[1]

この点に関して、たとえば井戸庄三は「これまで刊行された『県史』『市町村史』の多くは、明治初期の地方制度の変遷のなかで、大区小区制の項に限って、いかにも自信のなさそうな、歯切れの悪い曖昧な記述が目につく」［井戸 1983：12］と述べている。この指摘は、主として中央法令に依拠して研究を進めてきた従来の通説的見解と、ローカリティに富む大区小区制の現実とのギャップの間で揺れ動く、自治体史編纂者の迷いを的確に言い当てたものである。中央法令に依拠した通説的見解と府県単位の個別研究の間には「大きな懸隔」があり、大区小区制の研究は「未開拓の分野」であるとする井戸の指摘は、今なお有効といえよう。本書第Ⅱ部は、府県単位を超えて、さらに村単位の個別研究にまで一歩深めようとしたものである。

近世村の再評価　*207*

　従来の通説的見解の問題点を突くもう1人の研究者茂木陽一は、「利用」という言葉を多用しながら理論展開を試みる通説的見解を俎上に載せている。そして、「町村は、実際上において府県の施政上、利用されたとする規定は、『利用』ということの概念規定自体が曖昧であり、町村のもつどのような機能・機構を利用したのかを特定しない限り、どのようにも解釈できるものである」［茂木 1986：59］と批判している。この茂木の指摘は、大島美津子［1977：43-47］などを念頭に、「村は地方制度の底辺として利用された」とか「組惣代が行政浸透のために利用された」等々、さらには「官僚の命令のままに動かそうとした」「官僚支配の手足にしようとした」等々の解釈を実証抜きで多用する手法を批判したものといえよう[2]。

　従来の通説的見解において「利用」ないしそれに類する語が頻出するのはなぜか。それは支配者、官僚の目（意図）を通して村の歴史を見ようとしているからではないだろうか。従来の通説的見解の問題点は、研究対象を主として中央法令（または府県の史料）に限定したことにあるのではない。中央法令に書かれていることが官僚の強権的政策によって、そのままの形で明治初期の村の中に浸透し実現したと考えていることが問題なのである。こうした権力浸透史観からは様々なバイアスが生じやすい。たとえばその一つ、いわゆる「共同体秩序再編利用論」は、明治後期の地方改良運動や昭和戦前期の農山漁村経済更生運動、部落会町内会などを研究する有効な道具概念として登場したものであるが［丸山真男 1961：45-46］［石田雄 1959：99-130］、それでもって官僚支配の体系が依然浸透していない大区小区制下の村を論じるのは問題である。大区小区制下の村が官僚によって再編利用されていたことを理論化しようとすれば、最小限、当時の村を支えた十人組頭集会や村中惣寄合が自治機関ではなく官僚の補助機関に変貌していたことを実証しなければならないが、少なくとも久々利村に関する限りそれは不可能である。

3　庶民史観の継承と自然村擁護論の系譜

　庶民史観法制史家として明治初期の家や村の研究を開拓した熊谷開作は、「支配者が定めた法の形態を明らかにするとともに、庶民が現実にいとなんだ生活の様式を明らかにしなければならない」と述べている。そして、「江戸時代から明治時代にかけて、庶民の生活のなかで脈々と生きつづけてきた規範の多くは、明治立法史のなかで無視されたり圧殺されたりしたであろうけれども、彼らが示した貴重な教訓（たとえば夫婦の平等）は、今日のわたくしたちに多くのことを教えているのであり、激動の時代にあってつぎの新しい制度を模索しているわたくしたちに貴重な示唆を与えてくれると思うのである」［熊谷 1970：7-9］と結んでいる。括弧内の「夫婦の平等」を「村中惣寄合」（村民の総意）と書きかえれば、熊谷の方法論と課題意識は、そっ

くりそのまま自治体史研究者のものとなる。

　大区小区制下の村の自治を研究するに際しては、官僚が村をどう利用したかではなく、村の人々はどのようなときに自分の家族や仲間、地域コミュニティ、さらにそれらを支える歴史や文化などを守ろうとするのかと問うことから始めなければならない。当然、そこに守るべき何かがあり、その何かが脅かされているからこそ人々はそれを保守しようとするのであろう［宇野重規 2016：5］。幕末期から明治初期にかけての日本村落史を研究し大きな成果を挙げた人たちは、南方熊楠・柳田国男・鈴木栄太郎・中田薫・末弘厳太郎・戒能通孝・小野武夫・藤田武夫など、いずれも村の慣習や伝統・歴史を擁護し、住民自治（地域公共圏）が形成・展開される場を近代国家の中に生かしていこうとする保守主義（研究方法上の保守主義ないし歴史主義）[3]の系譜につながる人たちであった（本書第Ⅰ部参照）。

　地域公共圏としての村の生命力の強靱さに着目する彼らの研究方法や歴史観は、官僚的視座の対極にあり[4]、熊谷庶民史観と通底する。

1) 中田実・板倉達文・黒田由彦［1998：はしがきⅱ］は、「地域共同管理」概念について「まずは地域住民の内生的課題の発見と自主的解決の能力の向上を通じて、究極的には現代の地域社会が遭遇しなければならない各種の、特に外生的問題にたいする識見、判断能力を涵養することである」としている。自治体史の研究課題を深めていくうえにおいても大切な視点といえよう。現在の地方制度史研究をリードする飯塚一幸も、地方制度を「単なる制度的枠組みから地域社会を構成する強固な公共空間へと成長していく過程」［飯塚 2017：18］として研究することの大切さを強調している。かつての通説的見解には見られなかった視点である。

2) 大島美津子［1977：43-47］には、「利用」ないしそれに類する語が頻出する。しかし、茂木陽一の批判を受けた後に刊行された大島美津子［1994：86-88］では「利用」という語が消え、「共同体的秩序を官僚支配の下部機構として利用するという体制は決して安定したものではあり得なかった」と述べている。

3) 民俗学者の宮本常一は「村の規約や多くの不文律的な慣習は一見村の生活を甚だしく窮屈なものに思わせはするが、これに決して窮屈を感ぜず頑なまでに長く守られたのはいわゆる頑迷や固陋からばかりではなかった」と述べて、そこに感情的紐帯の存在を指摘している［宮本常一 1984b：193］。貴重な指摘だと考える。筆者は長年、『愛知県史』や『可児市史』の編纂に参加させてもらったが、そうした宮本常一の視点とは真逆の、たとえば「村落は、いうまでもなく、近代市民社会の対立物である。そして、村落支配の強さは、民主主義の成熟度に反比例する。村落支配が強ければ強いほど、民主主義は浸透しない」［渡辺洋三 1960：204-205］といったような史観からは、県民や市民から愛される豊かな『自治体史』は生まれないのではなかろうか。地域の慣習や伝統・歴史

に対する愛惜なくして『自治体史』を書くことはできない。

4) 官治的自治論の対極にある市民的自治論の先駆者である福沢諭吉が伝統的自治を再評価していたことについては、石川一三夫［1995：87-124］参照。福沢の自治論はリベラルと保守を融合しようとするものであった。

あ と が き

　本書には2編の論文が掲載されている。その初出は次のとおりである。本書
に収めるにあたって、論文①には加筆修正をほどこしたが、論文②は原則とし
てそのままの掲載とした。

　　①　「村落二重構造論の形成と展開——研究史に関する覚書——」（『中京法
　　　　学』第37巻第1・2号合併号、2002年10月）。
　　②　「大区小区制下の村の自治と内済——岐阜県可児郡久々利村の戸長日
　　　　記——」（石川一三夫・矢野達雄編著『裁判と自治の法社会史』晃洋書房、2020
　　　　年）。

　上記論文①を執筆したのは20有余年前のことである。当時、私は愛知県史編
纂に一専門委員として加わっていたが、そこは塩沢君夫・中田実氏をはじめ
錚々たる研究者が上座に居並ぶ世界であった。多士済々の研究者に混じって議
論を交わすことはしんどい仕事であったが、他方、学ぶことも多かった。とく
に私が学んだのは、何巻にも及ぶ歴史書というものは一朝一夕にして成るもの
ではなく、様々な史観や理論、実証力が対立したり競合したりする苦渋に満ち
た過程を経て、徐々に出来上がっていくという一事であった。そうした実感を
日々経験するなか、執筆したのが上記論文①である。村落二重構造論の歴史も
また、様々な史観・理論・実証が対立したり補完し合ったりするなかで形成さ
れたものであり、それは私が経験した県史の編纂過程に似ていた。
　こうして上記論文①が出来上がったわけだが、そのあと県史編纂が佳境を迎
え、私自身、村落二重構造論に関する拙稿のことを半ば忘れていた。同論文の
抜刷も、その大半が埃をかぶったまま廊下の片隅に放置される状態が17年間つ
づいた。そんなある日、役重眞喜子『自治体行政と地域コミュニティの関係性
の変容と再構築——「平成大合併」は地域に何をもたらしたか——』（東信堂、
2019年）で拙稿が紹介されていることを知り、一驚。役重眞喜子さんは農林水
産省をわずか数年で退官し岩手県東和町役場の職員になり、そのあと博士号を
取得して岩手県立大学に赴任し、行政学・地方自治論・地域協働論を専攻され
ている著名な研究者である。拙稿が法史学の専門家以外の若手研究者、しかも

私よりも一世代も二世代も若い研究者の目に留まることもあるのかと驚くなか、
2023年の晩秋、本書の刊行を思い立った次第である。

　しかし、一冊の著書を刊行するからには、学説史に関する論文だけではやはり寂しい。そこで、地方史料——『可児市史』の編纂過程で出会った第一級の史料——を紐解いて執筆した上記論文②も本書に所収することにした。村落二重構造論に関する論文と、『戸長日記』に関する論文を合わせ掲載すれば「理論と実証のバランス」が取れ、本書の刊行が少しは意義あるものになるかもしれない、というのが私の希望的観測である。

　以上、本書が出版にいたった経緯について述べた。本書のような拙い著書を刊行するにあたっても、上記のように様々な研究者や史料との幸運な出会いが存在したわけで、この場をかりて心より御礼申し上げたい。そのほか、法制史学会の会員や阪大法史学研究会の仲間、中京大学の元同僚から受けた日頃の学恩も忘れることができない。彼／彼女らとの交流がなければ本書が日の目を見ることはなかったであろう。

　さらに、本書の刊行に際しては晃洋書房編集部の丸井清泰氏と徳重伸氏に一方ならぬご助力とご高配をたまわった。学術図書出版の厳しい折柄、心よく出版をお引き受けいただき深謝申し上げたい。また、史料調査に際しては可児郷土歴史館のスタッフの方々のお手を煩わせ、本書に掲載した図表の作成についても小笹晴菜さんと斎藤多恵子さんからご協力をいただいた。末筆ながら感謝申し上げたい。

　本書を昨秋にご逝去された朋友矢野達雄くんに捧げる。

　　2024年5月

　　　　　　　　　　　　　　　　　　　　石川　一三夫

「歴史に学び、歴史を超える」

役重 眞喜子
（岩手県立大学総合政策学部准教授）

　石川先生の「村落二重構造論の形成と展開――研究史に関する覚書――」（本書第Ⅰ部の初出論文）に出会った日の衝撃は、今も忘れない。読み始めてすぐに、自分の求めていたものはこれだと直感した。150ページにわたる重厚な論文を、夕飯を食べるのも忘れて一気に読んだ。それから、パソコンを立ち上げる暇ももどかしく頭に浮かんだ様々な閃きの断片を、今度は寝るのも忘れて打ち込んだ。そうして夜が明ける頃、私の博論のフレームがぼんやり見えてきたのである。

　当時、私は長年勤めた自治体職員を辞し、平成の市町村合併に関する研究を書き上げようと苦心していた。20代で霞が関の官僚から岩手県の小さな町役場に転職し、農家のヨメになり「ムラ」の一員になった自分が、その頃役場で教えられたのはこんなことだった。

　　――何をおいてもまず24地区の区長の家と顔を覚えろ。
　　――集落で葬式と火事が出たら何をおいても駆け付けて手伝え。

　「何をおいても」というのは、この場合「役場のことより先に」という意味なのである。常に役場の人間であるより地域の一員であれ。それが当たり前と教えられた。道路の草刈りも祭りも集落の自治で行われ、防災であれ福祉であれ、地域との協力なしに町は1日たりとも持続できない。2カ月に一度、24地区から集まる区長会議には町長以下幹部職員が全員出席し、しばしば丁々発止の議論が繰り広げられた（もちろん、その後の飲み会もセットだった）。ムラの自治に対し行政がいかに敬意を払い、かつ現実としてその自治力の上に立脚、依存しているかは明らかであった。

　しかし、平成の合併後の変化は激しかった。町の「当たり前」は新市の当たり前ではなかった。職員と地域は次第に疎遠になった。市域が広くなった、職員が減ったというだけでは説明のつかない何か、行政と地域の関係性を質的に変容させる何かが、起きたのだ。その「何か」を、しかし研究で明らかにする

ことは容易ではなかった。行政学では統治構造から説明し、社会学では集落構造で語ることになるのだが、私の求めていたのはその中間をつなぐ"名前のない"領域の理論枠組みと言語化だったのである。そうして巡り合ったのが石川論文だった。

　明治初期の自治制における自然村と行政村の関係を追究する村落二重構造論の研究史が、120年余を経た平成の合併の、駆け出しの研究者になぜこれほど響いたのか。いま改めて読み返してみると、その理由は明白である。一つは、合併時に持ち寄られた各市町の地域自治に対する制度の建付けや考え方の、唖然とするほどのズレの大きさはどこからやってきたものなのか、鮮明に教えてくれたからである。特に、行政村の定着、自然村化という大石嘉一郎の動態的理解などへの注目（第Ⅰ部第4章）は、昭和の合併までの約70年（あるいはその後も）、行政村がそれぞれ経験してきたムラとの相克・協働の歩みが地域固有の関係性を形づくってきたのではないかという、私の仮説に力を与えてくれた。それは、共同体擁護か近代化かというような二項対立ではなく、長いスパンと複合的な視点で研究史の全体像を描き出した本論文からしか得られなかった、無二の啓示だった。
　またもう一つは、それでは合併後の自治体における地域との関係性をどう展望すべきなのかという困難な問いに、明確な道標とあたたかな希望を見せてくれたからである。すなわち α コース（ムラの共同性評価）と β コース（行政村の近代性評価）という二つの価値は、相克しつつも対話し、相互浸透に向かう（第Ⅰ部第8章）。とするならば、地域と行政の関係を分析するにあたり私の着想した二つのタイプ、つまり集落の自治力を可能な限り行政運営に取り込もうとする「融合型」のマネジメントと、集落の前近代性をできる限り排そうとする「分離型」のマネジメントとは、排除し合うのではなく固有の地域性として並存が可能なのではないか。学び合い、接続して真の協働に向かう展望も描けるのではないか。そのようなアナロジー（図1）が成り立つと確信できたのも、石川先生からいただいた深い示唆の賜物であった。
　もとより「相互浸透」や「真の協働」というビジョンは決して簡単な道ではない。それでも異なる価値観をもつ者どうしの対話とその場づくりのポテンシャルはすでに幾多の地域実践により明らかにされており[1]、今日もどこかで誰かがそのために汗を流しているだろう。ゆえに、村落二重構造論史は終わらな

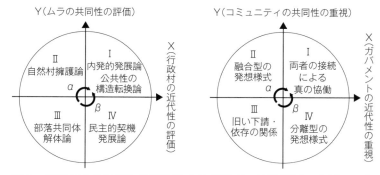

図1　石川による村落二重構造論の発想様式と境界領域マネジメントの発想様式

出典：役重［2019］『自治体行政と地域コミュニティの関係性の変容と再構築——「平成大合併」は地域に何をもたらしたか——』東信堂、より引用、一部改変。

い。現実世界の中で、これからも姿を変えながら紡がれていくのである。

　ところで久々利村の戸長役場と村方の日々をいきいきと描き出した本書第Ⅱ部は、ムラの中間媒介領域を長年生きてきた私にとっては、まるで目の前で繰り広げられている光景のようなリアルさである。何度読んでも〇之助さんや□□衛門さんの顔が浮かび、さぞ旨かったであろう振る舞い酒の味さえ想像できてくすくす笑ってしまう。役場職員時代には県庁の役人にさんざん酒を飲ませたり、ぶつぶつ言いながら会計検査院に謝りに行ったりと、同類の経験は数知れず。末端自治体の悲哀と可笑しさは今も変わらない。そして、「国政事務の増大によって村固有の自治機能が著しく圧迫されながら……」の記述にドキッとする。その構造さえも、今も何ら変わらないのではないか。否、それでも「村の伝統的自治（官治行政への抵抗体）は依然機能していた」という久々利村の懸命さと比べて、我々のいる場所ははるかに後退し、官治行政に流されてしまっているのではないか、と——。

　石川先生は、村落二重構造論の射程距離は長く、その研究史の展開はそれぞれの時代における「実践的課題」——たとえば入会、水利など——と深く結びついていたことを繰り返し指摘されている。では、現代の自治における私たちの実践的課題とは何だろうか。マクロで見るなら、まさに国と地方の関係にお

いて圧迫され続ける自治の縮退ではないだろうか。それは分権か集権かといった抽象論にとどまらず、自治体が膨大かつ無意味な仕事に忙殺されて住民の顔を見失っていったり、その中で職員が声を上げることを諦めていったりする日々の現実のことである。

2000年以降、機関委任事務は廃止され、国と自治体は対等という原則のもと地方分権改革が進んだが、四半世紀を経て再び集権化の流れが強まっている。石川先生は別著で近代日本の地方自治史が民主化と集権化という二つの波動の揺り返しであり、「民主化（参加の契機の拡大）が分権化につながらず、かえって集権化を招来する」構造を持つことを看破された[2]。そこに描写される、まるで古いモノクロ映像をカラー化したような、奇妙なリアリティはどうだろう。日露戦争後の地方改良運動が「村ぐるみ」を称しつつ地域に多くのタテ型組織を生み、むしろ集権化へと連なる様は現代の国家主導の"地方創生"と酷似するし、戦時統制期に肥大化した機関委任事務が町村事務を圧迫し、結果的に国の介入を強めるという一連の展開も、ぞっとするほどの既視感である。近年の国法による自治体の計画策定義務の急増[3]、コロナ禍における国の給付金業務の混乱など、自治体の深刻な疲弊を招いたところへ国の指示権を強化する改正地方自治法が成立するという、まさに今我々の目の前で起きていることとそっくり同じではないか。集権化の波動に乗り、我々はメリーゴーランドのように同じところをぐるぐる回っているだけなのだろうか。

さらにミクロに目を転じれば、地域自治の担い手が減り、特に自治会・町内会等の地縁組織は加入率の低下や役員のなり手不足に直面している。この深刻な「実践的課題」にも村落二重構造論の軌跡が刻印されていよう。本書で言及される高木鉦作によれば、明治の町村制のもとでは新町村が国の機関委任事務・必要事務を遂行する一方、新町村の本来の公共事務は部落が肩代わりするという体制が定着したという（第Ⅰ部第4章）。これは現在も地縁組織が背負い続ける負担の大きさの、決定的出発点だと考えられる。明治国家が統治組織も官僚の質・量も不十分なまま急激な近代化に邁進する中で、国の仕事を町村が下請けし、そこから押し出された町村本来の仕事は地域団体が担うという連鎖的な歪みが生じた。その矛盾を現在に至るまで引き受けているのが地縁組織であるとするならば、まずはそうした歴史的現実の理解とともに、「やらされ感」とは真逆にある「自分ごと感」（主体性）の回復が必要である。地域と行政

が協力して、行政由来の仕事の棚卸しを本気で進めることが不可欠であろう。その先に、担い手問題の小さな糸口も見えてくるのではないか。

　マクロにせよミクロにせよ地域に課題と実践がある限り、村落二重構造論の射程は続いていくのだと思う。もちろんメリーゴーランドに揺られている訳にはいかない。私たちは前へ進まなければならない。「歴史に学び、歴史を超える」――石川先生の言葉通りなのである[4]。

　この小稿を、石川先生との出逢いをふり返りつつ閉じようと思う。

　私が博論を上梓したのは2016年の春であるが、その後2019年に単行本として出版した際に何としても献本させていただきたいと思い、すでに退職されていた大学に問い合わせたり知人のつてをたぐったり、苦労してご住所を探し当て、ようやくお礼状をしたためることができた。このご縁が宝物となった。その年の暮れに、なんと私の学会での報告を聴きに来てくださり、なぜか翌日に名古屋のホテルのラウンジで地酒を交換する一幕があり、そこから光栄にも親しくお付き合いさせていただき今日に至っている。

　私の知る石川先生は、温厚でいつもニコニコされて教え子を可愛がる、優しくユーモアにあふれた先生である。研究者としてのご功績への尊敬は言うまでもないが、今でも各地のゼミ卒業生から慕われるお姿を見るたび、教員としての自分にとっても揺るぎないロールモデルでいてくださることに感謝が尽きない。本書でも紹介されている高久嶺之介氏が自著に補論として収めた石川先生[5]のご著書への書評[6]は、私の好きな一文だ。歴史家らしく、研究上の客観的な疑問点を手厳しく批判しつつも、随所で研究の魅力と面白さに言及し、「研究者としても教育者としても日頃から石川氏を尊敬している」と率直に綴る。同僚や後輩にも慕われるお人柄が伝わり、その末端に連なれたことが素直に嬉しい。

　本稿の依頼をいただいた時にはさすがに驚き、自分でよいのかと数日逡巡した。前述の高久氏の言葉を借りれば「失礼極まりないが、石川氏であれば確実に許してくれるだろうとの甘えもあって」筆を執ることになったものの、本書の最後尾を汚さずにすむことを祈るばかりである。そして、歴史学や法史学の素人である私にも楽しく興味深く読めたこの本を、地域自治やまちづくりに係わる方々にもぜひ広く手に取っていただけたらと心から願っている。

注

1)　役重眞喜子［2023］「制度づくり・組織づくりから『場づくり』へ——令和のコミュ
ニティ政策を考える——」『コミュニティ政策』21、62〜87頁。

2)　石川一三夫［2000］「地方分権改革の歴史的位置——日本近代法史の視点から——」、
大森彌・石川一三夫・木佐茂男ほか『地方分権改革』法律文化社。傍点は原著者。

3)　今井照［2022］「『分権改革』の高次化に向けて——国法による自治体への計画策定要
請から考える——」『都市問題』113（5）、68〜78頁ほか。

4)　可児市［2010］『可児市史　第三巻　通史編　近現代』可児市、746頁。

5)　高久嶺之介［1997］『近代日本の地域社会と名望家』柏書房。

6)　石川一三夫［1987］『近代日本の名望家と自治——名誉職制度の法社会史的研究——』
木鐸社。

参 考 文 献

網野善彦・谷川健一ほか［1984］『日本民俗文化体系8　村と村人——共同体の生活と儀礼——』小学館。
阿利莫二［1959］「地方制度——部落会町内会制度」、鵜飼信成・福島正夫・川島武宜・辻清明『講座日本近代法発達史　第6巻』勁草書房。
安西敏三・岩谷十郎・森征一［2002］『福澤諭吉の法思想——視座・実践・影響——』慶應義塾大学出版会。
飯塚一幸［1994］「日露戦後の地域秩序と組合法」『日本史研究』379。
――――［2017］『明治期の地方制度と名望家』吉川弘文館。
井ヶ田良治［1957］「入会林野に関する若干の問題」『同志社法学』40。
――――［1975］「未解放部落と入会権」『同志社法学』136。
――――［1978］「未解放部落民の入会権」『民商法雑誌』78（臨時増刊号1）。
――――［1981］「日本法制史の現在性」、矢崎光圀・八木鉄男『近代法思想の展開』有斐閣。
――――［1984］『近世村落の身分構造』国書刊行会。
石井良助［1954］『明治文化史　第2巻　制度編』洋々社。
石川一三夫［1987］『近代日本の名望家と自治——名誉職制度の法社会史的研究——』木鐸社。
――――［1994］「飯塚報告が提起している問題」『日本史研究』379。
――――［1995］『日本的自治の探求——名望家自治論の系譜——』名古屋大学出版会。
石田雄［1954］『明治政治思想史研究』未来社。
――――［1959］『近代日本政治構造の研究』未来社。
――――［1995］『社会科学再考——敗戦から半世紀の同時代史——』東京大学出版会。
――――［1998］『一語の辞典 自治』三省堂。
石母田正［1952］『歴史と民族の発見——歴史学の課題と方法——』東京大学出版会。
井戸庄三［1983］「明治初期の大区小区制の地域性について」『歴史地理学』123。
今西一［1993］『近代日本の差別と村落』雄山閣。
色川大吉［1970］『明治の文化』岩波書店。
岩本由輝［1978］『柳田国男の共同体論——共同体論をめぐる思想状況——』御茶の水書房。
――――［1989］『村と土地の社会史——若干の事例による通時的考察——』刀水書房。
宇沢弘文［2000］『社会的共通資本』岩波書店。
宇沢弘文・茂木愛一郎［1994］『社会的共通資本——コモンズと都市——』東京大学出版会。
丑木幸男［2005］『戸長役場史料の研究』岩田書院。
潮見俊隆［1951］『日本における漁業法の歴史とその性格』日本評論社。
潮見俊隆・渡辺洋三・石村善助・大島太郎・中尾英俊［1957］『日本の農村』岩波書店。

潮見俊隆・利谷信義［1974］『日本の法学者』日本評論社。

宇野重規［2016］『保守主義とは何か——反フランス革命から現代日本まで——』中央公論新社。

海野福寿・渡辺隆喜［1975］「明治国家と地方自治」、原秀三郎・峰岸純夫・佐々木潤之介・中村正則『大系日本国家史 4 近代Ⅰ』東京大学出版会。

大石嘉一郎［1961］『日本地方財行政史序説』御茶の水書房。

───［1990］『近代日本の地方自治』東京大学出版会。

大石嘉一郎・西田美昭［1991］『近代日本の行政村——長野県埴科郡五加村の研究——』日本経済評論社。

大石嘉一郎・室井力・宮本憲一［2001］『日本における地方自治の探究』大月書店。

大石慎三郎［1969］『地方凡例録 下巻』近藤出版社。

大島太郎［1968］『日本地方行財政史序説』未来社。

大島美津子［1959］「地方制度（法体制確立期）」、鵜飼信成・福島正夫・川島武宜・辻清明『講座日本近代法発達史 第8巻』勁草書房。

───［1977］『明治のむら』教育社。

───［1994］『明治国家と地域社会』岩波書店。

大竹秀男［1950］「近世農業水利組合の性格」『法学』14（2）。

大塚久雄［1955］『共同体の基礎理論』岩波書店。

大森彌・石川一三夫・木佐茂男［2000］『地方分権改革』法律文化社。

奥村弘［1984］「『大区小区制』期の地方行財政制度の展開——兵庫県赤穂郡を中心として——」『日本史研究』258。

───［1986］「三新法体制の歴史的位置」『日本史研究』290。

───［1987］「近代形成期の地域構造」『日本史研究』295。

落合弘樹［2001］『明治国家と士族』吉川弘文館。

小野武夫［1936］『日本村落史概説』岩波書店。

───［1943］『農村史』東洋経済新報社。

戒能通孝［1958］『入会の研究』（増補改訂版）一粒社。

可児市［2008a］『可児市史 第五巻 資料編 古代・中世・近世』可児市。

───［2008b］『可児市史 第六巻 資料編 近・現代』可児市。

───［2010a］『可児市史 第二巻 通史編 古代・中世・近世』可児市。

───［2010b］『可児市史 第三巻 通史編 近・現代』可児市。

可児郷土歴史館編［2016］『可児郷土歴史館調査報告書第2集（1）久々利村八幡神社祭礼記翻刻集（寛文期—明治40年）』大海崇代翻刻。

可児町［1978］『可児町史 史料編』可児町。

神島二郎［1961］『近代日本の精神構造』岩波書店。

神谷力［1959］「明治前期における入会権の内部変化と村方体制の変貌」『法制史研究』9。

───［1960］「明治前期の政治体制と村落」、村落社会研究会編『政治体制と村落』時潮

社。

―――［1976］『家と村の法史研究』御茶の水書房。

川島武宜［1948］『日本社会の家族的構成』学生書房。

―――［1967］『日本人の法意識』岩波書店。

―――［2007］『注釈民法（7）物権（2）』有斐閣。

川田稔［1985］『柳田国男の思想的史研究』未来社。

河村望・蓮見音彦［1958a］「近代日本における村落構造の展開過程――村落構造に関する『類型』論の再検討――（上）」『思想』407。

―――［1958b］「近代日本における村落構造の展開過程――村落構造に関する『類型』論の再検討――（下）」『思想』408。

菅孝行［1977］『反昭和思想論――十五年戦争期の思想潮流をめぐって――』れんが書房新社。

樺俊雄［1967］『歴史と歴史主義』理想社。

亀卦川浩［1955］『明治地方自治制度の成立過程』東京市政調査会。

木坂順一郎［1970］「日本ファシズムと人民支配の特質」『歴史研究』10月別冊。

岐阜県［1967］『岐阜県史 通史編 近代 上』岐阜県。

―――［1972］『岐阜県史 通史編 近代 下』岐阜県。

木村礎［1980］『近世の村』教育社。

熊谷開作［1970］『婚姻法成立史序説』酒井書店。

―――［1988］『日本の近代化と土地法』日本評論社。

栗原百寿［1961］『現代日本農村論（上）』青木書店。

小路田泰直［2002］「日本的公観念と近代化」、佐々木毅・金泰昌『公共哲学 3 公と私の思想史』東京大学出版会。

小山弘健［1953］『日本資本主義論争史（上）』青木書店。

近藤康男［1977］『明治大正農政経済名著集 第16巻 農村法律問題』農山漁村文化協会。

権藤成卿［1932］『農村自救論』文藝春秋社。

―――［1973］『権藤成卿著作集 第2巻』（復刻版）黒色戦線社。

佐々木毅・金泰昌［2001］『公共哲学 1 公と私の思想史』東京大学出版会。

―――［2002］『公共哲学 3 日本における公と私』東京大学出版会。

佐々木雅幸［1994］『都市と農村の内発的発展』自治体研究社。

笹倉英夫［1988］『丸山真男論ノート』みすず書房。

芝田進午［1970］『現代日本のラディカリズム』青木書店。

島恭彦［1958］「町村合併と農村行政機構の展開」、島恭彦・宮本憲一・渡辺敬司『町村合併と農村の変貌』有斐閣。

―――［1975］「現代自治体論の潮流と課題」『現代と思想』19。

島恭彦・宮本憲一・渡辺敬司［1958］『町村合併と農村の変貌』有斐閣。

清水三男［1996］『日本中世の村落』（改訂版）岩波書店。

渋沢敬三［1955］『明治文化史 12 生活編』洋々社。

白川部達夫［1999］『近世の百姓世界』吉川弘文館。

末弘厳太郎［1924］『農村法律問題』改造社。

杉原弘恭［1994］「日本のコモンズ『入会』」、宇沢弘文・茂木愛一郎『社会的共通資本』東京大学出版会。

鈴江英一［1985］『北海道町村制度史の研究』北海道大学図書刊行会。

鈴木栄太郎［1968］『鈴木栄太郎著作集Ⅰ』未来社。鈴木『日本農村社会学原理』（時潮社、1940年）を所収。

住友陽文［1993］「近代地方自治制確立期の地方行政」『日本史研究』368。

園田英弘・浜名篤・広田照幸［1995］『士族の歴史社会学的研究』名古屋大学出版会。

高木鉦作［1976］「日本の地方自治」、辻清明『行政学講座 2 行政の歴史』東京大学出版会。

高久嶺之介［1997］『近代日本の地域社会と名望家』柏書房。

高橋徹ほか訳／マンハイム，K.・オルテガ，y. G.［1971］『世界の名著 68 マンハイム オルテガ』中央公論社。

武井正臣・熊谷開作・神谷力・山中永之佑［1965］『日本近代法と「村」の解体』法律文化社。

田島昇［1983］「大区小区制と区会議について」『近代史研究（福島近代史研究会年報）』6。

玉野井芳郎［1977］『地域分権の思想』東洋経済新報社。

千葉正士［1956］『法社会学と村落構造論』日本評論新社。

辻清明［1976a］『日本の地方自治』岩波書店。

―――――［1976b］『行政学講座 2 行政の歴史』東京大学出版会。

筒井正夫［2005］「大区小区制下の地方行財政――静岡県駿東郡御殿場・小山地方の村々を事例として――」『滋賀大学経済学部研究年報』12。

鶴見和子［1997］『鶴見和子曼荼羅 Ⅰ 基の巻 鶴見和子の仕事・入門』藤原書店。

―――――［1998a］『鶴見和子曼荼羅 Ⅳ 土の巻 柳田国男論』藤原書店。

―――――［1998b］『鶴見和子曼荼羅 Ⅴ 水の巻 南方熊楠のコスモロジー』藤原書店。

鶴見和子・川田侃［1989］『内発的発展論』東京大学出版会。

暉峻淑子［1989］『豊かさとは何か』岩波書店。

遠山茂樹［1987］『近代天皇制の成立』岩波書店。

徳田良治［1940］「わが国における町村会の起源」『都市問題』31（4）。

―――――［1942］「明治初年の町村会の発達 1」『法律時報』14（6）。

―――――［1943］「明治初年の町村会の発達 2」『法律時報』15（1）。

戸坂潤［1977］『日本イデオロギー論』（改訂版）岩波書店。

富沢克＝谷川昌幸訳／ニスベット，R. A.［1990］『保守主義――夢と現実――』昭和堂。

鳥越皓之［1994］『地域自治会の研究』ミネルヴァ書房。

中岡成文［2018］『増補 ハーバーマス――コミュニケーション的行為――』筑摩書房。

中島勝国［1997］『可児歴史叢書 6 久々利今泉家文書』中島勝国。

中島岳志［2016］『リベラル保守宣言』新潮社。

中田薫［1938］『法制史論集 第2巻』岩波書店。

中田実・板倉達文・黒田由彦［1998］『地域共同管理の現在』東信堂。

中野卓［1980］「都市・村落の構造連関」、『伝統と現代 43 共同体論』伝統と現代社。

中村吉治［1957］『日本の村落共同体』日本評論社。

─────［1970］『日本社会史』（新版）山川出版社。

中村正則［1984］『日本近代と民衆』校倉書房。

西川善介［1957］『林野所有の形成と村の構造』御茶の水書房。

野呂栄太郎［1954］『日本資本主義発達史』岩波書店。

橋川文三［1968］『近代日本政治思想の諸相』未来社。

─────［1986］『橋川文三著作集 6』筑摩書房。

橋本誠一［2005］『在野「法曹」と地域社会』法律文化社。

林真貴子［2022］『近代日本における勧解・調停──紛争解決手段の歴史と機能──』大阪
　　大学出版会。

平野義太郎［1934］『日本資本主義社会の機構』岩波書店。

─────［1962］『法の変革の理論』（改訂版）法律文化社。

福島正夫・徳田良治［1939］「明治初期の町村会」『国家学会雑誌』53（4-6）。

福武直［1960］「農村部落の共同体的性格とその民主化の方向」『思想』437。

藤田省三［1966］『天皇制国家の支配原理』未来社。

藤田武夫［1941］『日本地方財政制度の成立』岩波書店。

古川貞雄［1986］『村の遊び日』平凡社。

北條浩［1979］『林野法制の展開と村落共同体』御茶の水書房。

星野英一［1998］『民法のすすめ』岩波書店。

細谷貞雄＝山田正行訳／ハーバーマス，J.［1973］『公共性の転換構造』（初版）未来社。

保母武彦［1996］『内発的発展論と日本の農山村』岩波書店。

堀越久甫［1979］『村の中で村を考える』日本放送出版協会。

前田正治［1950］『日本近世村法の研究』有斐閣。

松沢裕作［2003］「『大区小区制』の構造と地方民会」『史学雑誌』112（1）。

─────［2016］「日本近代村落論の課題」『三田学会雑誌』108（4）。

松下圭一［1996］『日本の自治・分権』岩波書店。

松宮朝［2001］「内発的発展概念をめぐる諸問題──内発的発展論の展開に向けての試論
　　──」『社会福祉研究』3（1）。

丸山真男［1961］『日本の思想』岩波書店。

─────［1992］『忠誠と反逆──転形期日本の精神史的位相──』筑摩書房。

三阪佳弘［2013］「明治前期民事判決原本にあらわれた代人──1877─90年の京滋阪地域の
　　代人の事例──」『阪大法学』63（3・4）。

水林彪［2002］「日本的『公私』観念の原型と展開」、佐々木毅・金泰昌『公共哲学 3 公と

私の思想史』東京大学出版会。

水本邦彦［1987］『近世の村社会と国家』東京大学出版会。

─────［2015］『村　百姓たちの近世』岩波書店。

南方熊楠［1912］「神社合祀反対意見」『南方熊楠全集　第8巻』乾元社。

宮沢俊義［1943］『公法叢書　1　固有事務と委任事務の理論』有斐閣。

宮地正人［1970］「地方改良運動の論理と展開」『史学雑誌』79（8）（9）。

─────［1973］『日露戦後政治史の研究』東京大学出版会。

宮本憲一［1958］「明治大正期の町村合併政策」、島恭彦・宮本憲一・渡辺敬司『町村合併と農村の変貌』有斐閣。

─────［1986］『地方自治の歴史と展望』自治体研究社。

─────［2001］「21世紀の地方自治の展望　維持可能な社会（Sustainable Society）をもとめて」、大石嘉一郎・室井力・宮本憲一『日本における地方自治の探求』大月書店。

宮本常一［1984a］『忘れられた日本人』岩波書店。

─────［1984b］『家郷の訓』岩波書店。

明治史料研究連絡会［1956］『明治史研究叢書　第2集　地租改正と地方自治制』御茶の水書房。

─────［1959］『明治史研究叢書　第7集　明治権力の法的構造』御茶の水書房。

茂木陽一［1986］「大小区制下における町村の位置について」『社会経済史学』52（4）。

森武麿［1971］「日本ファシズムの形成と農村経済更生運動」『歴史学研究』1月別冊。

守田志郎［1978］『日本の村』朝日新聞社。

森博訳／マンハイム，K.［1969］『歴史主義・保守主義』恒星社厚生閣。

役重眞喜子［2019］『自治体行政と地域コミュニティの関係性の変容と再構築──「平成大合併」は地域に何をもたらしたか──』東信堂。

柳田国男［1969a］『定本柳田国男集　第16巻』筑摩書房。

─────［1969b］『定本柳田国男集　第25巻』筑摩書房。

矢野達雄［2010］『庄屋抜地事件と無役地事件──近世伊予から近代愛媛へ、土地をめぐる法と裁判──』創風社出版。

山崎丈夫［1996］『地域自治の住民組織論』自治体研究社。

─────［1999］『地縁組織論』自治体研究社。

山田公平［1991］『近代日本の国民国家と地方自治──比較史研究──』名古屋大学出版会。

山中永之佑［1974］『日本近代国家の形成と官僚制』弘文堂。

─────［1975］『日本近代国家の形成と村規約』木鐸社。

─────［1988］「書評　大石嘉一郎「地方自治制の確立──行政村の定着を中心として──」」『法制史研究』38。

─────［1999］『日本近代地方自治制と国家』弘文堂。

米山俊直［1967］『日本のむらの百年』日本放送出版協会。

蝋山政道［1948］『農村自治の変貌』農林省農業綜合研究所。

我妻栄［1954］『民法 1　総則・物権法』一粒社。

渡辺宗太郎［1935］『地方自治の本旨』弘文堂書房。

渡辺尚志［1994］『近世の豪農と村落共同体』東京大学出版会。

――――［1997］『江戸時代の村人たち』山川出版社。

渡辺洋三［1959］『法社会学と法解釈学』岩波書店。

――――［1960］「村落と国家法」『政治体制と村落　年報 7 巻』村落社会研究会。

――――［1963］『農業水利権の研究』（増補版）東京大学出版会。

人名索引

〈ア 行〉

網野善彦　57
阿利莫二　38, 52, 56, 72, 135
有賀喜左衛門　77
安西敏三　8
飯塚一幸　120, 132, 137, 208
井ヶ田良治　16, 31, 99–101, 120, 142
石井良助　17
石川一三夫　7
石田雄　33, 36, 37, 52, 72, 89, 109, 135, 137, 138, 207
石村善助　40
石母田正　8, 60
磯田進　61
板倉達文　208
伊藤好一　119
井戸庄三　148, 206
今西一　132
色川大吉　73–75, 80, 136
岩谷十郎　8
岩本由輝　80, 84, 136
ウェーバー，M.（Weber, M.）　44, 80
鵜飼信成　56
宇川盛三郎　13, 30
宇沢弘文　127, 133
潮見俊隆　31, 37, 40–42, 52, 54, 120, 135
丑木幸男　148
宇野重規　208
馬田綾子　27, 32
海野福寿　93, 144
大石嘉一郎　8, 25, 53, 61, 64–66, 72, 103–105, 115–118, 125, 130, 136–138, 144, 148, 204
大石慎三郎　159, 183, 205
大門正克　117
大島栄子　117
大島太郎　37, 40, 52, 115, 135, 148
大島美津子　88, 147, 148, 206–208
大竹秀男　43, 57
大塚久雄　43–45, 52, 72, 123, 135
大森彌　131

奥村弘　119, 137, 148
小野武夫　20, 21, 28, 52, 128, 134, 208

〈カ 行〉

戒能通孝　1, 19, 20, 28–30, 33, 42, 44, 52, 54, 64, 128, 134, 142, 143, 208
金沢史男　117
神島二郎　47, 48, 52, 135
神谷力　97, 98, 103, 104, 115, 128, 142
川島武宜　33, 36, 39, 49, 52, 56, 123, 135, 204
川田稔　121, 137
河村望　77–79, 136
菅孝行　84
樺俊雄　8
菊地利夫　123
亀卦川浩　17, 148
木坂順一郎　89
木佐茂男　131
きだみのる　76
金泰昌　7, 129
木村礎　123, 159
陸羯南　7, 13, 30
熊谷開作　96, 98, 128, 142, 207
グラムシ，A.（Gramsci, A.）　93, 94
栗原百寿　58
栗原るみ　117
黒田由彦　208
小路田泰直　7
後藤総一郎　73
小山弘健　7, 32
コント，A.（Comte, A.）　80
権藤成卿　34, 47, 56
近藤康男　32

〈サ 行〉

桜井徳太郎　73
佐々木潤之介　123
佐々木毅　7, 129
佐々木雅幸　133
笹倉英夫　58
芝田進午　85

渋沢敬三　48
島崎藤村　159
島田隆　123
島恭彦　63, 72
清水三男　26-28
白川部達夫　122, 128, 137
末弘厳太郎　17, 28, 31, 134, 142, 208
杉浦民平　76
杉原弘恭　127, 137
鈴江英一　119, 148
鈴木栄太郎　1, 13, 14, 28, 52, 54, 77, 80, 125,
　134, 140, 208
スペンサー，H.（Spencer, H.）　80
住友陽文　132
住谷一彦　123

〈タ　行〉

高木鉦作　71, 136
高久嶺之介　119, 137
高牧実　123
武井正臣　98
竹内利美　33, 50-53, 135, 138
竹越与三郎　13, 31
田崎宣義　117
田島昇　119, 148
谷川健一　57, 73
玉野井芳郎　133
千葉正士　32
辻清明　7, 56, 71, 72
筒井正夫　117, 148
筒井迪夫　123
鶴見和子　73-75, 80, 97, 111, 124, 131, 136-138,
　144
暉峻淑子　128
テンニース，F.（Tonnies, F.）　80
ドーア，R. P.（Dore, R. P.）　83
徳田良治　18, 28, 64, 134, 148
徳富蘇峰　7, 9, 10, 13, 30
戸坂潤　56
利谷信義　31
鳥越皓之　133

〈ナ　行〉

中岡成文　7

中尾英俊　40
中島勝国　152
中島岳志　133
中田薫　1, 14-16, 28, 31, 44, 54, 64, 134, 142, 148,
　205, 208
中田実　208
中野卓　80, 136
中村吉治　67-69, 123, 136
中村哲　73
中村正則　83
西川善介　44, 142
西田美昭　115, 117, 204
ニスベット，R. A.（Nisbet, R. A.）　8, 144
野呂栄太郎　3, 24

〈ハ　行〉

ハーバーマス，J.（Habermas, J.）　7, 129, 140
芳賀登　73
橋川文三　8, 73, 90-93, 136, 144
橋本誠一　148
蓮見音彦　77-79, 136
林真貴子　175
林宥一　117
原田敏丸　123
土方苑子　117
平野義太郎　3, 25, 142
深谷克己　123
福沢諭吉　7, 31
福島正夫　18, 28, 56, 64, 119, 134, 148
福武直　54, 77
藤田省三　46-48, 52, 135
藤田武夫　22, 23, 28, 128, 134, 159, 176, 184, 200,
　203, 208
藤原正人　30
古川貞雄　196
古島敏雄　123
北條浩　70, 71, 123, 136, 142
星野英一　145
細谷貞雄　7
保母武彦　75, 111, 124, 126, 130, 137, 138
堀越久甫　75, 76

〈マ　行〉

松沢裕作　7, 148

人 名 索 引　　*229*

松下圭一　　131, 133
松田之利　　123
松本健一　　73
マルクス，K.（Marx, K.）　　24, 30, 43, 44, 60,
　　73, 74, 78, 80, 83, 94, 131, 138
丸山真男　　33, 35, 36, 52, 54, 63, 72, 73, 111, 115,
　　135, 138, 144, 207
マンハイム，K.（Mannheim, K.）　　8, 145
三阪佳弘　　148
水林彪　　7
水本邦彦　　108, 122
南方熊楠　　10, 28, 54, 72, 74, 92, 97, 125, 128, 134,
　　140, 208
美濃部達吉　　31
宮沢俊義　　31
宮地正人　　89, 136
宮本憲一　　53, 64, 72, 110, 130, 136–138, 144
宮本常一　　166, 185, 208
室井力　　131
茂木愛一郎　　127, 133
茂木陽一　　119, 148, 207, 208
森征一　　8
森武麿　　89

守田志郎　　75, 76

〈ヤ　行〉

役重眞喜子　　148, 176
安田浩　　117
柳田国男　　11, 12, 28, 54, 72, 74, 80, 92, 97, 125,
　　128, 134, 140, 208
矢野達雄　　148, 167
山県有朋　　8, 25, 90, 91, 111, 138
山崎丈夫　　126, 137
山田公平　　106, 112–114, 125, 137
山田正行　　7
山中永之佑　　98, 102–104, 148

〈ラ・ワ行〉

蝋山政道　　33, 49, 50, 52, 53, 72, 135, 138
我妻栄　　204
渡辺宗太郎　　31
渡辺隆喜　　93, 144
渡辺尚志　　122, 123, 128, 137, 158, 167
渡辺洋三　　1, 33, 37, 39, 40, 42, 43, 53, 54, 60, 64,
　　72, 135, 138, 142, 208

《著者紹介》

石川 一三夫 (いしかわ ひさお)

　1944年　香川県生まれ
　1967年　大阪大学法学部卒業
　1974年　大阪大学大学院法学研究科博士課程修了
　同　年　中京大学法学部専任講師
　1987年　中京大学法学部教授、愛知県史編纂専門委員、可児市史編纂部会長など
　　　　　を経て、
　現　在　中京大学名誉教授、法学博士
　専　攻　法制史、法社会史

主要著書

『近代日本の名望家と自治──名誉職制度の法社会史的研究──』(木鐸社、1987年)
『日本的自治の探求──名望家自治論の系譜──』(名古屋大学出版会、1995年)
『法史学への旅立ち──さまざまな発想──』(共編著、法律文化社、1998年)
『日本議会史録 第1巻』(共著、第一法規出版社、1991年)
『地方分権改革』(共著、法律文化社、2000年)
『福澤諭吉の法思想──視座・実践・影響──』(共著、慶應義塾大学出版会、2002年)

地方自治史研究の課題と方法
──地域公共圏像の相克──

2024年9月20日　初版第1刷発行		＊定価はカバーに表示してあります

著　者　　石　川　一　三　夫 ©

発行者　　萩　原　淳　平

印刷者　　藤　森　英　夫

発行所　株式会社　晃　洋　書　房

〒615-0026　京都市右京区西院北矢掛町7番地
電話　075(312)0788番(代)
振替口座　01040-6-32280

装幀　HON DESIGN(北尾 崇)　　　印刷・製本　亜細亜印刷㈱

ISBN978-4-7710-3860-8

JCOPY 〈㈳出版者著作権管理機構 委託出版物〉
本書の無断複写は著作権法上での例外を除き禁じられています.
複写される場合は, そのつど事前に, ㈳出版者著作権管理機構
(電話 03-5244-5088, FAX 03-5244-5089, e-mail : info@jcopy.or.jp)
の許諾を得てください.